Dello stesso autore nel catalogo Einaudi

Il Vangelo secondo la Scienza
La matematica del Novecento

Piergiorgio Odifreddi

C'era una volta un paradosso

Storie di illusioni e verità rovesciate

Einaudi

www.einaudi.it

ISBN 978-88-06-17507-8

What we call the beginning is often the end
And to make an end is to make a beginning,
The end is where we start from.

T.S. ELIOT, «Little Gidding», da *Four Quartets*

A Laura,
paradosso che il tempo non ha risolto

Indice

Introduzione paradossale

«C'era una volta un paradosso, ma ora il tempo l'ha risolto», dice Amleto a Ofelia[1]. Shakespeare sta parlando dell'amore: il quale, naturalmente, è già un bel paradosso di per sé. Ma, come spesso accade, i poeti vedono piú lontano di quanto essi stessi immaginino.

L'espressione *paradoxon* significa, infatti, «oltre l'opinione comune». E poiché gli individui possono anche essere intelligenti e colti, ma le masse sono sicuramente beote e ignoranti, l'opinione comune è quasi sempre sbagliata. Dunque, i paradossi sono quasi sempre pure e semplici verità, e il tempo si diverte a sollevare lembi del grande velo che le nasconde.

Il che significa, spesso, che ambiguità, rompicapi, dilemmi, enigmi, misteri, illusioni, inganni, abbagli, sbagli, inconsistenze, contraddizioni e assurdità si risolvono. E, risolvendosi, si trasformano in curiosità e sottigliezze, quando non addirittura, come vedremo, in teoremi.

E significa anche che i paradossi sono dappertutto. Dunque, nemmeno un'enciclopedia può contenerli tutti, e qualsiasi libro può solo sperare di mostrarne qualcuno. Questo, in particolare, non tratterà degli ubiqui paradossi della vita quotidiana, che investono le nostre abitudini piú inveterate e le nostre credenze piú viscerali.

Ad esempio, il fatto che spendiamo fior di quattrini per mantenere i nostri locali a temperature invernali

[1] «This was sometime a paradox, but now the time gives it proof», *Hamlet*, III, 1.

d'estate ed estive d'inverno. O corriamo ad arrostirci al mare nel periodo piú caldo dell'anno e a gelare in montagna nel periodo piú freddo. O ci illudiamo di andare all'avventura in luoghi inaccessibili, con viaggi organizzati e in villaggi turistici. O ci entusiasmiamo allo sport, seduti di fronte alla televisione. O ci esibiamo a tavola e ci nascondiamo in bagno, immemori de *Il fantasma della libertà* di Buñuel.

O fingiamo di credere che ne uccidano piú la pistola, l'HIV e la siringa, che la bottiglia e la sigaretta, scordando che in Italia ogni anno ci sono «solo» seicento omicidi, ottocento morti di AIDS e mille di droga, ma ben trentamila per l'alcool e novantamila per il tabacco. Il che significa che il terrorismo mondiale ha fatto meno vittime, nella sua intera storia, di quante ne facciano gli osti e i tabaccai italiani in qualche chiaro di luna.

O ci illudiamo di ottenere un miracolo a Lourdes, benché in centocinquant'anni la Madonna ne abbia ufficialmente concessi solo sessantacinque, a cento milioni di pellegrini. Una media, inferiore a uno su un milione, di gran lunga piú bassa della percentuale delle remissioni spontanee dei tumori, che è dell'ordine di uno su diecimila. Senza contare che, come osservava Émile Zola, fra gli ex voto si vedono molte stampelle ma nessuna gamba di legno.

Enunciare paradossi, nel senso di andare contro l'opinione comune, su simili questioni equivarrebbe a dichiarare guerra ai mulini a vento. E scatenerebbe la reazione della potente armata di politici, preti, pubblicitari e giornalisti al soldo dei vari dipartimenti del Ministero della Propaganda.

Il nostro tempo e il nostro spazio saranno, dunque, meglio investiti se ci interesseremo di paradossi piú istituzionali. I quali, lungi dal distruggere l'universo, come pensava il protagonista di *Ritorno al futuro II*, si limitano a imbarazzare il pensiero con la loro caratteristica essenziale: di essere *argomenti sorprendenti, perché poco probabili ma molto credibili, o molto probabili ma poco credibili.*

Poiché un argomento come Dio (o logica) comanda si compone di premesse, ragionamento e conclusione, questa definizione permette un'immediata classificazione in tre tipi:

1) Un paradosso è *logico*, o *negativo*, se riduce all'assurdo le premesse su cui si basa. L'attributo «negativo» non è da intendersi in senso denigratorio. Significa soltanto che l'argomento mostra l'inaccettabilità di assunzioni apparentemente innocue, e spesso implicite. E stimola una rifondazione delle aree del sapere che su di esse, consciamente o inconsciamente, si fondano.
2) Un paradosso è *retorico*, o *nullo*, se si limita a esibire la sottigliezza di un ragionamento, o a esaltare l'abilità di chi lo produce. Usato didatticamente o letterariamente, l'artificio può anche essere efficace. Ma come metodo filosofico rischia di ridurre la cultura al sofismo, e per questo fu severamente criticato da Platone nel *Gorgia*.
3) Un paradosso è *ontologico*, o *positivo*, se attraverso un ragionamento inusuale rafforza le conclusioni a cui arriva. A questo si riferiva Schopenhauer, quando diceva che «la verità nasce come paradosso e muore come ovvietà». O Quine, quando notava che «quello che per uno è contraddittorio, per un altro diventa paradossale, e per un altro ancora banale».

Quanto ai modi, sono anch'essi molteplici. Oltre al ragionamento formale, nudo e crudo, alcuni paludamenti e figure letterarie si prestano particolarmente bene all'esposizione di argomenti paradossali. Ad esempio, l'enfasi di un'*iperbole*, quale: «Tutto è paradosso».

O la concisione dell'*ellissi*, la cui forma paradossale piú pura è: «*o* = *1*». O la trasposizione della *parabola*, che presenta un paradosso come metafora di un problema. O l'inversione del *chiasma*, che rivolta affermazioni come «il reale è paradossale» in «il paradossale è reale». O la contrapposizione dell'*ossimoro*, il miglior esempio del quale è «ossimoro»[2]. O l'*antifrasi*, tipica dei discorsi che dicono una cosa intendendo il contrario. O l'*ironia*, sempre implicita e spesso esplicita, in argomenti sorprendenti. E cosí via.

Una volta classificati i tipi e i modi dei paradossi, ci si può domandare che farne. Tutto dipende dall'atteggiamento con cui essi sono considerati, che può andare dal tragico all'umoristico, dal rifiuto all'accettazione. Fra gli estremi appena accennati è possibile inserire una intera tassonomia.

Aristotele e Russell li hanno temuti come la natura aborrisce il vuoto, cercando di proporne soluzioni piú o meno soddisfacenti e utili. Pirrone e Hegel hanno abbracciato le contraddizioni come i *kamikaze* andavano incontro alla morte, basando su di esse il loro rifiuto della conoscenza e della realtà. Kant ha brandito le antinomie come il cacciatore un fucile a quattro canne, sparando pallettoni sui merli che credono di credere e invece si illudono soltanto di pensare. Kierkegaard ha usato i paradossi come le spinte che si ricevono sul trampolino, per favorire un salto nel vuoto oltre il bordo della ragione. Carroll, Kafka e Borges hanno costruito le loro opere letterarie su girandole di situazioni paradossali, al limite e oltre. Bateson e Watzlavick sono arrivati a considerare paradossale ogni forma di comunicazione umana, fondando su questa visione una singolare terapia psichiatrica.

Insomma, la storia dei paradossi è letteralmente uno

[2] Da *oxis*, «furbo», e *moron*, «scemo». Cioè, letteralmente, «idiot savant».

sterminato spettacolo di varietà, con scene che vanno dalla tragedia all'operetta. Come avevamo già annunciato, noi potremo mostrare solo dei *trailer*, che speriamo almeno stimolanti.

Poiché anche l'occhio vuole la sua parte, inizieremo il nostro trattamento dalle illusioni dei sensi, che costituiscono un analogo percettivo dei paradossi della ragione. E scopriremo che ci lasciamo continuamente e sistematicamente ingannare, probabilmente con buone ragioni evolutive, dalla natura e dagli artisti. Benché le percezioni siano protagoniste di un intero capitolo della *Storia universale della menzogna*, noi dedicheremo loro soltanto uno sguardo fugace, perché i nostri interessi stanno altrove: nei labirinti dello spirito, piú che della carne.

Dalle immacolate percezioni dei sensi passeremo dunque alle immacolate concezioni del pensiero religioso e filosofico. Senza dimenticarne, naturalmente, le manifestazioni orientali. All'occidentale provinciale che storcesse il naso di fronte all'Oriente, e domandasse perché mai dovremmo (pre)occuparcene, non possiamo che ripetere quanto rispose George Mallory[3] al giornalista che gli domandava perché mai volesse scalare l'Everest: «Perché c'è». Ovviamente, cercheremo di non fare la sua stessa fine, rimanendo stecchiti e congelati sulle vette del pensiero.

Nell'attesa delle fiamme dell'inferno, che speriamo questo libro contribuirà a farci meritare, usufruiremo dei surriscaldamenti degli integralisti, provocati dai nostri «diletti» di lesa divinità. E gireremo loro le parole che Rousseau sembra aver scritto apposta per noi nell'*Emile*: «Lettori volgari, perdonate i miei paradossi. Bisogna farne, quando si riflette. E io preferisco essere un uomo di paradossi, che un uomo di pregiudizi».

La discussione sui sensi, la religione e la filosofia co-

[3] *New York Times*, 18 marzo 1923.

stituisce un'ideale prima parte del libro. A questo punto, come disse De Gaulle ai sessantottini francesi, «la ricreazione è finita». Il ritorno in classe sarà inaugurato da un'analisi diacronica dei due paradossi piú famosi della storia, che seguiremo in innumerevoli vicissitudini umanistiche e scientifiche.

Il primo studio riguarda la piú insidiosa delle nozioni logiche: *la verità*, la quale si illude di essere assoluta, pur essendo soltanto (un anagramma di) *relativa*. Di verità, comunque, sicuramente ce ne sono: perché se non ce ne fosse nessuna, questa sarebbe già una. Varrà dunque la pena di rendere testimonianza alla Verità, affrontando a viso aperto la Menzogna.

Il secondo studio è dedicato alla nozione matematica piú sofisticata: l'infinito, nel mare del quale non si può che naufragare, dolcemente o amaramente. Lo affronteremo nella versione del regresso all'infinito, che ha permeato la secolare storia del pensiero filosofico, scientifico e artistico.

Studi analoghi si potrebbero fare per ciascun paradosso, ma altri percorreranno questa via: noi ci accontentiamo di averla indicata. Nei capitoli successivi, che costituiscono un'ideale terza parte del libro, ne indichiamo un'altra: la soluzione dei paradossi per dimostrazione. Ovvero, la loro metamorfosi da paradossi a teoremi.

Incominceremo, questa volta, dalla democrazia, e analizzeremo a fondo le problematiche legate a uno dei dilemmi dell'*Amleto*: come assassinare legalmente un re? O meglio, in maniera simmetrica e piú moderna: come eleggere democraticamente un dittatore? Sembrerebbe una contraddizione in termini, e invece è successo piú di una volta nel passato, da Cesare a Hitler. E magari, senza che qualcuno se ne sia neppure accorto, anche nelle ultime elezioni politiche.

Il libro si conclude in bellezza, almeno per noi, con

una storia della matematica attraverso i suoi paradossi. Nell'ultimo capitolo abbasseremo la guardia della divulgazione, e alcuni dei quadri di cui si compone l'esibizione potranno forse risultare leggermente piú tecnici. Ma essi sono tutti indipendenti fra loro: ciascuno potrà soffermarsi a osservare quelli che gli sono congeniali, e sorvolare sugli altri.

Questo, dunque, è il nostro libro sui paradossi. E questa è l'introduzione, che non possiamo terminare senza citare il paradosso dell'introduzione a un libro[4]. Doverosamente, eccolo qua: «Questo libro contiene almeno un errore». Il paradosso sta nel fatto che ci si potrebbe aspettare che, per sapere se ci sono errori nel libro, sia necessario leggerlo. E invece lo sappiamo già fin dall'introduzione, che fa pur parte del libro.

Infatti, se ci sono errori, ci sono. E se non ce ne sono, c'è quello che dice: «Questo libro contiene almeno un errore». Dunque sappiamo già che in questo libro un errore c'è, anche se non sappiamo ancora qual è. A scanso di equivoci, l'errore *non* sta nel leggerlo. O, almeno, lo speriamo.

Possiamo invece dimostrare che nel libro non ci sono contraddizioni. Anzi, che non ce ne sono proprio da nessuna parte. Supponiamo, infatti, che ce ne siano: prendendone una, otterremmo appunto una contraddizione. Dunque l'ipotesi è assurda, come volevasi dimostrare.

Naturalmente siamo di nuovo di fronte a un bel paradosso, perché basta guardarsi attorno per trovare contraddizioni dovunque. Ma questo l'abbiamo già detto. Per evitare di cadere in un circolo vizioso, sarà bene abbandonare immediatamente i preamboli e passare ai fatti. Non senza aver speso un'ultima parola per augurare al lettore: «Buona lettura!»

[4] D. Markinson, «The paradox of the preface», *Analysis*, 25 (1965): 205-7.

C’era una volta un paradosso

Sono grato a Claudio Bartocci, Paolo Bozzi, Luigi Civalleri, Maurizio Ferraris, Andrea Frova, Vittorio Girotto, Gabriele Lolli, Michele Luzzatto, Corrado Odifreddi e Massimo Piattelli Palmarini per i loro paradossali suggerimenti e le loro non paradossali correzioni.

Capitolo primo
Immacolate percezioni

Sembra che la conoscenza piú sicura e indubitabile ci venga fornita dai sensi. È proprio perché immaginiamo che le percezioni sensoriali siano irrefutabili, che nei momenti di scetticismo o incredulità richiediamo di «vedere con i nostri occhi», «toccare con le nostre mani» o «sentire con le nostre orecchie». Ma la ragione ci dice che, spesso, i sensi ci ingannano in maniera inaspettata: a volte siamo vittime di veri e propri paradossi percettivi, ai quali stiamo ora per rivolgerci.

Questi paradossi mostrano come a uno stesso stimolo possano corrispondere percezioni diverse, o a stimoli diversi possano corrispondere percezioni uguali. Essi ci dimostrano che, da un lato, le nostre percezioni non sono date e immediate, bensí dedotte e mediate, e, dall'altro lato, che esse ci possono comunque fornire soltanto un'immagine contingente del mondo, dipendente dalla particolare struttura biologica fornitaci dai nostri *a priori*.

Occhio per occhio, orecchio per orecchio.

Partiamo dalla vista, che è il senso piú soggetto agli abbagli. Sappiamo tutti di avere due occhi, che funzionano entrambi come lenti: eppure, il mondo non ci appare né sdoppiato, né speculare e capovolto. La soluzione di questo enigma richiese addirittura l'intervento di due geni, che a distanza di un secolo esatto pubblicarono due opere fondamentali, entrambe intitolate *Ottica*.

Nel 1604 Keplero capí che a vedere non è l'occhio, ma il cervello[1]. Benché l'immagine retinica presenti effettivamente inversioni destra-sinistra e alto-basso, la cosa non ha importanza perché essa non costituisce la percezione, ma soltanto l'*informazione* sulla base della quale viene elaborata dal cervello. Ed è proprio perché la percezione non è un dato conscio, ma una *deduzione inconscia*, che si verificano molti dei paradossi ai quali accenneremo in questo e nel prossimo capitolo.

Nel 1704 Newton intuí che la visione è stereoscopica proprio perché è binoculare. Le due immagini fornite dalle retine sono infatti leggermente differenti, come si può facilmente verificare tenendo un dito o una matita a poca distanza dagli occhi e chiudendoli alternativamente. Le due immagini bidimensionali sono combinate in un'unica immagine tridimensionale mediante una valutazione inconscia delle loro differenze, che permettono di calcolare la distanza di un oggetto sulla base degli angoli da esso formati rispetto ai due occhi.

L'effetto è talmente istintivo che se si invertono le immagini ricevute dai due occhi, facendo arrivare all'occhio destro l'immagine che dovrebbe arrivare al sinistro e viceversa, in certe condizioni si ottiene un effetto di inversione spaziale: le cose vicine appaiono lontane e le lontane vicine.

Cosí come la vista è stereoscopica perché abbiamo due occhi frontali[2], l'udito è stereofonico perché abbiamo due orecchie laterali. Gli occhi devono infatti essere sufficientemente vicini, per fornire una visione si-

[1] Già Plinio aveva dichiarato, nella *Naturalis Historia* (XI, 146): «La mente è il vero strumento della vista e dell'osservazione, gli occhi agiscono come una sorta di vaso che riceve e trasmette la parte visibile della coscienza». Ma all'epoca queste erano soltanto opinioni filosofiche, non fatti scientifici.

[2] Pesci, uccelli e altri animali non hanno una visione stereoscopica, perché la posizione laterale dei loro occhi non permette una combinazione delle due immagini. Essa fornisce, invece, una visione a piú largo raggio.

multanea, ma anche sufficientemente lontani, per fornire due immagini significativamente distinte. Le orecchie, invece, devono solo essere sufficientemente lontane, per registrare l'arrivo di uno stesso suono in istanti diversi.

Mentre le due immagini oculari di uno stesso oggetto arrivano agli occhi praticamente nello stesso istante, a causa dell'alta velocità della luce (300 000 chilometri al secondo o un miliardo di chilometri all'ora), le due percezioni auricolari di uno stesso rumore arrivano alle orecchie in istanti leggermente diversi, a causa della bassa velocità del suono (350 metri al secondo o 900 chilometri all'ora). L'effetto stereofonico è appunto la registrazione percettiva di questa differenza temporale.

Tornando alla visione, un altro paradosso fisiologico sta nel fatto che noi vediamo il mondo a fuoco, mentre in realtà soltanto una piccola parte dell'immagine oculare lo è. Nella retina c'è infatti una piccola zona centrale di meno di mezzo millimetro di diametro, chiamata *fovea*, con una grande densità di recettori. L'acuità visiva e la percezione cromatica sono massime in questa zona e diminuiscono progressivamente verso l'esterno (figura 1).

La soluzione del paradosso sta nel fatto che gli occhi si muovono in continuazione, con una serie di oscillazioni lente, salti veloci e tremiti velocissimi, proprio per permettere alla fovea di focalizzare le varie parti di un'immagine[3]. Questo risolve un problema, ma ne introduce un altro: il fatto, cioè, che noi vediamo un'immagine statica del mondo, nonostante tutti i movimenti dell'occhio.

[3] Paradossalmente, gli occhi si muovono anche quando non possono vedere, perché sono chiusi. Ad esempio, la fase di sonno REM è caratterizzata da rapidi movimenti oculari dai quali prende il nome (*Rapid Eye Movement*). Per le sue caratteristiche, che rendono questa fase di sonno profondo simile a una veglia involontaria, il sonno REM si chiama appunto *sonno paradossale*. Il termine, oggi comune, è stato introdotto da Michel Jouvet in «Paradoxical dream: a study of its nature and its mechanisms», *Progress in Brain Research*, 18 (1965): 20-62.

Al contrario, movimenti bruschi e ampli del capo mostrano effettivamente un mondo che gira. Lo stesso fanno i movimenti non spontanei dell'occhio, ad esempio quando spingiamo un globo oculare con un dito. Se la visione normale non provoca questo effetto, è perché durante i movimenti inconsci degli occhi la percezione viene inibita. In altre parole, ciò che si chiama visione è, in realtà, un processo continuamente intervallato da istanti di cecità.

A questo proposito, è sorprendente venire a sapere che in ciascun occhio c'è un *punto cieco*. Come già previsto nel Seicento da Edme Mariotte, esso sta in corri-

Figura 1.

Per mantenere la stessa acuità visiva allontanandosi dalla fovea, è necessario aumentare l'intensità dello stimolo in maniera proporzionale alla grandezza delle lettere.

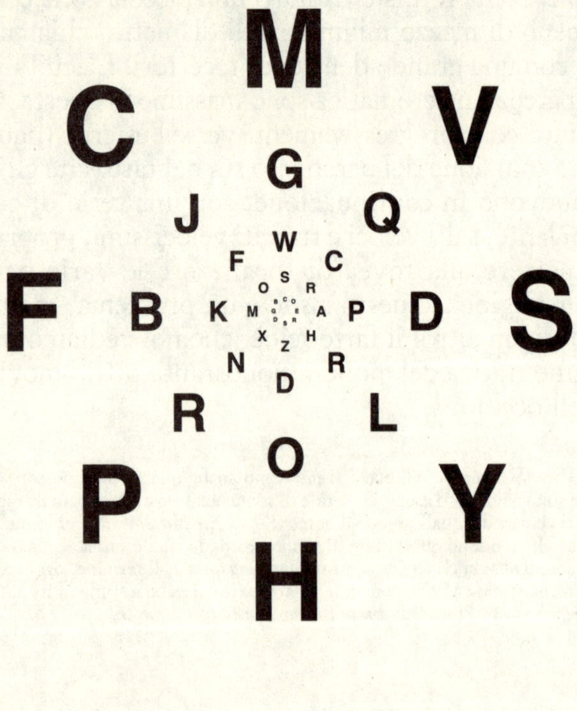

Figura 2.

Per individuare il punto cieco, coprire l'occhio sinistro, osservare la croce con il destro, e avvicinare o allontanare la pagina fino a che il cerchio nero scompare.

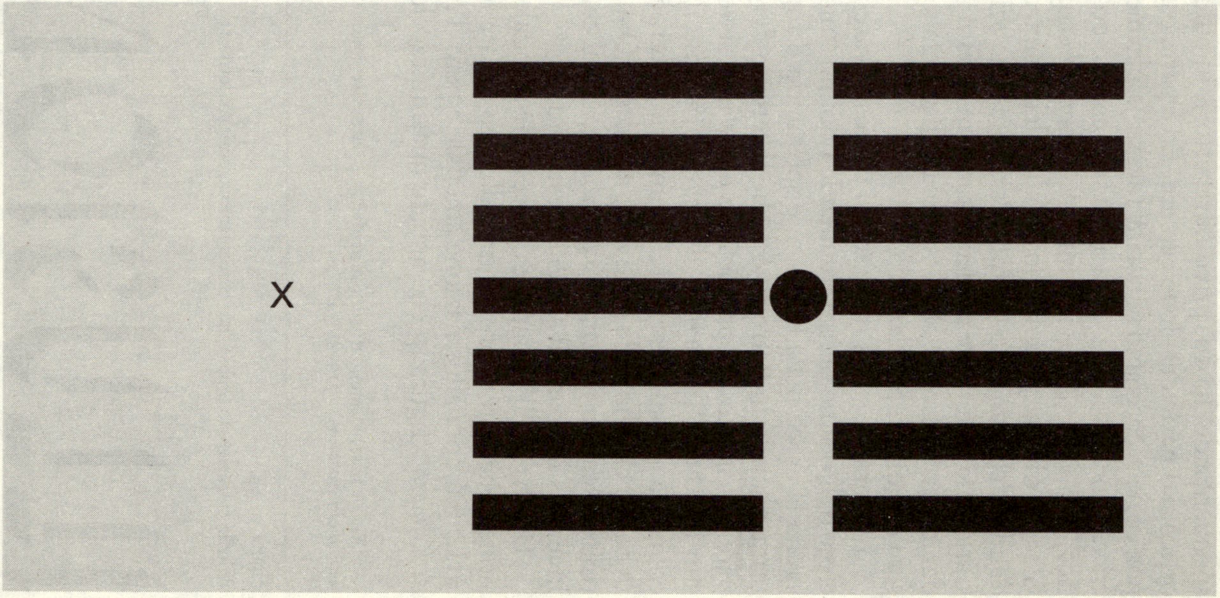

spondenza del luogo, privo di recettori, in cui il nervo ottico si diparte dal globo oculare. Ed è paradossale che non ce ne accorgiamo se non attraverso esperimenti specifici. Anche se, una volta allertati e con un po' di pratica, si può sfruttare il punto cieco per far scomparire la testa di una persona posta a qualche metro, guardandola con un solo occhio. Pare che il re scienziato Carlo II si divertisse a «decapitare» in questo modo le dame di corte, oltre che i criminali che stavano per essere decapitati per davvero.

In maniera meno macabra, si può osservare il punto cieco dell'occhio destro chiudendo l'occhio sinistro, fissando la croce nella figura 2, e spostando il foglio o la testa avanti e indietro fino a che il cerchio nero scompare. L'aspetto piú paradossale è che non si veda nessun buco nell'immagine: il cervello riempie il buco e completa automaticamente l'immagine, interpolandola in base a ciò che vede nelle zone adiacenti. Questo è un tipico esempio di *percezione amodale*, che il cervello si inventa sulla base di stimoli inesistenti.

Un altro bell'esempio di percezione amodale è l'illusione delle lettere provocata dalle loro ombre in figura 3. La piú nota allucinazione amodale è però il *triangolo di Kanizsa*[4] (figura 4) che appare quasi miracolosamen-

[4] G. Kanizsa, «Countour without gradients or cognitive countours», *Italian Journal of Psychology*, 1 (1974): 93-113.

Figura 3.
Benché ci siano solo ombre, noi percepiamo in realtà le lettere di una scritta.

te dalle incisioni nei cerchi, interpretate dal cervello come i vertici di un triangolo. Il triangolo non c'è ma il cervello se lo inventa, come fa con tutta una serie di analoghe *superfici anomale*.

Le percezioni amodali non sono soltanto visive: si possono verificare anche nel tatto e nell'udito. Ben nota, fortunatamente in genere soltanto per sentito dire, è la sensazione dell'*arto mancante* che si continua a percepire per un certo tempo dopo un'amputazione. Essa fu notata nel Cinquecento da Ambroise Paré, e sperimentata dall'ammiraglio Nelson dopo la perdita del braccio destro in battaglia.

Altrettanto conosciuta è la cosiddetta *fondamentale mancante*: una nota non suonata, che viene ricostruita automaticamente e indirettamente attraverso le sue armoniche. Su questo principio si basano i sistemi acustici (non) usati dalle discoteche per evitare di produrre i fastidiosi bassi che, a causa della loro grande lunghezza d'onda, superano facilmente gli ostacoli e rimangono udibili a distanza. Registrando soltanto le armoniche delle note bas-

Figura 4.
Triangolo di Kanizsa.

se, queste vengono percepite soltanto dai frequentatori della discoteca: contenti loro, e contenti tutti[5].

Il contrario della percezione amodale, in cui si vede o si sente qualcosa che non c'è, è la mancata percezione di qualcosa che c'è. L'esempio piú tipico è un suono uniforme e continuo, come quello prodotto nella *Sinfonia monotona* di Yves Klein: dopo un certo periodo smettiamo di percepirlo coscientemente, anche se ci accorgiamo di esso quando poi finisce realmente. La cosa accade anche per la vista, che rimuove le immagini stabilizzate sulla retina, benché la mobilità dell'occhio richieda un esperimento specifico per accorgersene.

Piú in generale, sembra che pochissimi recettori siano sensibili a stimoli continui e costanti, e che la maggior parte sia in grado soltanto di segnalare discontinuità e cambiamenti. Un esempio estremo è l'occhio della rana, che non percepisce la presenza di insetti morti nelle vicinanze neppure se sta morendo di fame, ed è invece sensibilissimo al loro movimento.

Se ne vedono di tutti colori.

La luce si compone, come tutte le onde elettromagnetiche, di quanti di energia chiamati *fotoni*. Per poter percepire la luce, gli occhi devono dunque essere sensibili a questi quanti. Ma non c'è certamente da attendersi che lo siano a quanti isolati, cosí come non ci si aspetta che la lingua sia sensibile a singole molecole di zucchero (che sono, comunque, immensamente piú grandi e complesse dei quanti).

[5] Il *terzo suono*, scoperto da Giuseppe Tartini nel 1714, non è una percezione amodale. Si tratta di un suono reale dovuto all'interferenza di due suoni ad alta intensità, e ha una frequenza pari alla differenza dei due suoni interferenti. Lo si può sfruttare, però, in maniera analoga a quella della fondamentale mancante, ad esempio per ottenere all'organo bassi acustici che richiederebbero altrimenti canne di enorme lunghezza.

E invece gli occhi sono quasi in grado di percepire singoli fotoni. Quasi, perché in realtà ce ne vuole una mezza dozzina per stimolare i recettori della retina. In ogni caso, una tale sensibilità è veramente eccessiva, visto che corrisponde alla capacità di percepire una candela accesa a trenta chilometri di distanza, o una lampadina da 50 watt a mille chilometri! In pratica, naturalmente, nessuno ha una vista cosí buona, perché il resto del sistema oculare è molto piú rudimentale e dispersivo.

Le onde elettromagnetiche differiscono fra loro in base alla lunghezza, e si possono classificare in maniera decrescente secondo uno spettro che va dalle onde radio ai raggi gamma, passando per le onde radar, le microonde, l'infrarosso, la luce visibile, l'ultravioletto e i raggi X. Noi percepiamo l'esistenza di queste onde indirettamente, attraverso strumenti di vario tipo: apparecchi radio, antenne radar, forni a microonde, binocoli all'infrarosso, lampade ultraviolette, radiografie e contatori Geiger. Inoltre, la componente infrarossa della luce solare si percepisce come calore e quella ultravioletta è responsabile di eritemi e congiuntiviti.

I campi elettromagnetici si possono toccare, indossando guanti di materiale superconduttore e diamagnetico. E si possono vedere mediante lenti polarizzate, specialmente all'alba e al tramonto, nella forma di una croce maltese con un braccio blu e uno giallo, corrispondenti rispettivamente ai campi elettrico e magnetico[6].

Alcuni animali sono direttamente sensibili all'elettromagnetismo: vari uccelli e pesci si orientano in base al campo magnetico terrestre, anguille e razze producono elettricità, i serpenti a sonagli hanno sensori

[6] Il fenomeno è stato scoperto nel 1846 dall'austriaco Wilhelm Karl von Haidinger. Una volta allertati, lo si può percepire anche a occhio nudo. Naturalmente, la capacità di percepire campi elettromagnetici, ad esempio attorno a persone, viene spesso fraintesa come un fenomeno paranormale.

all'infrarosso, le lucciole emettono luce fredda, e cosí via.

Noi, invece, possiamo percepire coi sensi soltanto quella piccola frazione dello spettro elettromagnetico, compresa fra i 380 e i 760 nanometri (miliardesimi di metro), che è la luce visibile (e, non casualmente, quella che l'atmosfera terrestre non filtra). E i colori, che non esistono in natura, sono soltanto il nostro modo di distinguere le varie lunghezze d'onda mediante la vista. In altre parole, non è il mondo a essere colorato, ma siamo noi a colorarne una parte.

Non solo noi, comunque. Molti altri animali, dai rettili agli insetti, possiedono una visione cromatica. Qualcuno, come pesci e uccelli, ce l'ha anche migliore della nostra. Le api, poi, arrivano a vedere l'ultravioletto. Tra i mammiferi, invece, soltanto alcune scimmie, gli scoiattoli e i gatti vedono i colori. E i gatti li vedono soltanto in maniera pallida e sbiadita, oltre a essere ciechi al rosso e ad avere una acuità visiva dieci volte meno sviluppata della nostra[7]. Tipicamente ciechi ai colori sono i bovini: in particolare, i tori non vedono affatto il rosso della muleta.

L'occhio percepisce i colori attraverso i coni e i bastoncelli della retina, che servono rispettivamente per la visione diurna e notturna. I bastoncelli sono di un tipo solo: il che spiega perché di notte vediamo il mondo in bianco e nero. Di coni, invece, ce ne sono di tre tipi: sensibili, rispettivamente, alle lunghezze d'onda di ciò che chiamiamo rosso, verde e blu[8]. Ma allora, perché di giorno non vediamo il mondo a tre soli colori?

[7] In realtà, solo l'aquila vede piú lontano dell'uomo. In questo campo noi battiamo tutti gli altri animali, almeno di giorno. Anche la lince: la quale, nonostante il detto, vede poco piú del gatto.

[8] La mancanza di un tipo di coni, o addirittura di due, provoca il *daltonismo*: un difetto ereditario della vista, scoperto dal chimico inglese John Dalton nel 1794, che impedisce di percepire uno (o, piú raramente, due) dei tre colori fondamentali. La malattia colpisce quasi soltanto gli uomini (circa il dieci per cento), e riguarda quasi esclusivamente i coni sensibili al verde o al rosso.

La risposta alla domanda fu data nel 1801 da Thomas Young: mescolando i tre colori fondamentali percepiti dai coni, si possono ottenere tutti gli altri colori dello spettro. La cosa non è affatto ovvia: ad esempio, l'orecchio sovrappone suoni diversi senza mescolarli, e dunque noi udiamo accordi e non suoni composti. E i compositori sfruttano questa capacità dell'orecchio per costruire musiche polifoniche orizzontali basandosi su una struttura armonica verticale.

Benché tre colori indipendenti siano necessari e sufficienti per generare tutto lo spettro, la scelta di quali prendere come fondamentali è abbastanza ampia, e la natura ne ha fatta una. Non a caso, visto che i tre colori stanno praticamente agli estremi e al centro dello spettro visibile.

Alcuni colori composti costituiscono percezioni amodali, costruite dal cervello per interpolazione. Particolarmente evidente è il caso del *porpora*, che non corrisponde a nessuna lunghezza d'onda della luce visibile. Lo spettro fisico dei colori va infatti dai 380 nanometri del violetto ai 760 del rosso, passando attraverso blu, verde, giallo e arancio. Il porpora non c'è, ma noi lo percepiamo ugualmente quando combiniamo rosso e violetto. In questo modo il cervello chiude gli estremi dello spettro lineare dei colori fisici, costruendo una *ruota dei colori* percettiva.

Un'ulteriore forma di amodalità della percezione cromatica è stata scoperta da William Turner nel 1820. Si tratta del fatto che, per la percezione di colori composti, non è necessaria la sovrapposizione di colori fondamentali: basta la loro giustapposizione. Ciò che succede fisiologicamente è che il cervello combina le percezioni contrastanti prodotte dai colori giustapposti, ricevute da uno stesso ricettore a causa dei continui movimenti dell'occhio.

Questa tecnica è stata sviluppata artisticamente dai

mosaicisti bizantini, dagli impressionisti e dai puntinisti, e oggi viene applicata negli schermi delle televisioni e dei computer. Benché i *fosfori* e i *pixel* possano infatti prendere soltanto i tre soliti colori rosso-verde-blu (codificati nella sigla RGB, che sta per *Red-Green-Blue*), sullo schermo si vedono ugualmente tutti i colori dello spettro. E anche piú, visto che la giustapposizione di verde e rosso produce l'inesistente *grigio luminoso* ottenuto per la prima volta da Georges Seurat.

Il fatto che porpora e grigio luminoso siano fisicamente inesistenti non ci turba particolarmente. Molto piú paradossale è che neppure bianco e nero esistano. Il *bianco* è, in realtà, una composizione di tutti i colori dello spettro. Fu Newton ad accorgersene, nel 1672, facendo passare la luce bianca attraverso un prisma: il risultato è una separazione dei vari colori, che possono essere ricomposti facendoli ripassare attraverso un altro prisma invertito. Oggi basta guardare la luce bianca attraverso un posacenere di cristallo, o di traverso su

Figura 5.
I tre cerchi dei colori fondamentali e le loro intersezioni.

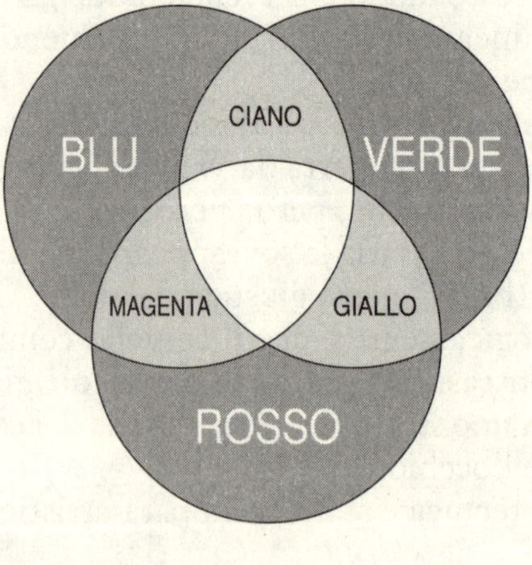

un *compact disc*, per vedere immediatamente i vari colori che la compongono.

I colori dello spettro sono praticamente infiniti (non lo sono letteralmente, solo perché la lunghezza d'onda è quantizzata). Newton ne isolò sette bande, per motivi simbolici, ma è piú sensato parlare di sei. D'altronde, se si rappresentano i tre colori fondamentali mediante cerchi, le zone che vengono individuate sono appunto sette (figura 5), che corrispondono ai sei colori e al bianco. Il quale, come ormai sappiamo, non è appunto un colore.

Il bianco è, comunque, relativo. Il cervello classifica come bianca qualunque illuminazione, indipendentemente dal suo colore: ad esempio, i fari di un'automobile e la fiamma di una candela sono gialli e poco luminosi alla luce, ma vengono percepiti come bianchi e luminosi al buio. L'importanza dello sfondo per i colori è messa in evidenza dalla figura 6, in cui uno stesso grigio viene percepito con tonalità differenti a seconda che sia visto su uno sfondo nero o bianco (la cosa si no-

Figura 6.

Lo stesso grigio viene percepito con tonalità differenti a seconda che sia visto su uno sfondo nero o bianco.

ta meglio mettendo una matita lungo la verticale che separa le due parti).

Un altro modo per accorgersi della relatività del bianco, sta nel guardarlo dopo aver fissato a lungo del rosso: invece del bianco, si vede allora del verde (piú in generale, invece di un colore si vede il suo complementare). Analogamente, guardando una linea retta dopo averne fissata a lungo una curva, si vede una linea curvata nella direzione opposta.

Queste illusioni visive hanno un analogo tattile, che si ottiene immergendo le due mani in acqua tiepida, dopo che se ne era immersa una nell'acqua calda e l'altra nell'acqua fredda: si ha allora la sensazione che la prima sia immersa nell'acqua calda e l'altra in acqua fredda. In entrambi i casi, visivo e tattile, una percezione precedente determina uno «sfondo» che interagisce con una percezione successiva, falsandola.

Il *nero*, invece, non è uno dei colori, ma la loro assenza. In altre parole, un oggetto appare nero non quando riceve luce nera, che non esiste, ma quando non riceve luce colorata[9]. L'esempio piú paradossale è la *retina*, che sembra nera perché quando guardiamo attraverso una pupilla interrompiamo il flusso di luce che vi entra. Usando un oftalmoscopio, cioè un banale specchio a 45 gradi che permette di guardare frontalmente un'occhio illuminandolo da un lato, la retina appare di colore rosa con ramificazioni rosso sangue (che sono i vasi sanguigni, dal cui intrico la retina prende appunto il nome). Quando viene illuminato da una luce diretta come quella del flash, questo colore impressiona la pellicola e produce fotografie con il noto effetto degli occhi rossi.

[9] Gli oggetti acquistano il loro colore non *sommando* colori fondamentali, ma *sottraendoli* alla luce bianca mediante assorbimento (in altre parole, i materiali funzionano da *filtri*). Se uno solo dei tre colori fondamentali è sottratto, l'oggetto acquista il colore complementare composto dai due rimanenti. Se due sono sottratti, rimane il terzo. Se tutti e tre sono sottratti, l'oggetto appare nero.

A proposito della retina, è paradossale che coni e bastoncelli si trovino non davanti a essa, ma dietro! In questo modo la luce deve attraversare l'intero sistema, prima di raggiungere i fotorecettori. A nessuno verrebbe in mente di costruire una macchina fotografica in cui il lato sensibile della pellicola si dovesse rivolgere non verso l'obiettivo, ma verso il fotografo. La natura l'ha fatto nei vertebrati, benché non in tutti gli animali (ad esempio, non nel polipo), per motivi di sviluppo embriologico: la retina dei vertebrati è, infatti, un'estensione della corteccia cerebrale.

Possiamo finire il discorso sui colori con un ultimo paradosso scoperto da Edwin Land[10], l'inventore della Polaroid. Si tratta della possibilità di ottenere immagini colorate usando soltanto pellicole in bianco e nero! Basta prendere due volte la stessa foto, una volta con un filtro rosso e l'altra con un filtro verde. Se le due diapositive sono proiettate sovrapposte e senza filtri, si ottiene ovviamente un'immagine in bianco e nero. Se si proietta invece con un filtro rosso quella presa col filtro rosso, si dovrebbe ottenere un'immagine in bianco, rosso e nero, e invece si ottengono tutti i colori! Evidentemente il cervello riesce a ricostruirli, deducendoli soltanto dalle differenze di contrasto e luminosità fornite dalla vista.

Eppur (non) si muove.

Non poter vedere i colori renderebbe certamente piú grigia la nostra vita, ma non avrebbe effetti traumatici sulla nostra sopravvivenza. Non poter percepire il movimento sarebbe, invece, non solo tragico ma letale. La natura ci ha quindi dotati di due sistemi visivi, com-

[10] E. Land, «Experiments in color vision», *Scientific American*, maggio 1959, pp. 84-99.

plementari e integrati, per registrare il moto degli oggetti attorno a noi: il movimento delle immagini sulla retina e il movimento degli occhi. Oltre, naturalmente, al sistema uditivo della percezione del suono.

Ciò nonostante, spesso sia il movimento che la quiete producono illusioni paradossali, che sembrano scambiarli a vicenda. Ad esempio, a certe velocità di rotazione i raggi di una ruota danno l'impressione di essere fermi. Viceversa, a certe velocità di proiezione i fotogrammi di una pellicola danno l'impressione di un movimento.

Il primo effetto è facilmente comprensibile nel caso del cinema e della televisione: basta che in un secondo la ruota compia esattamente tanti giri quanti sono i fotogrammi che vengono scattati perché appaia ferma. Se invece ne compie poco meno, allora sarà leggermente in ritardo e darà addirittura l'impressione di andare indietro. Gli stessi fenomeni si possono vedere anche a occhio nudo, ad esempio quando la strada è illuminata da una luce artificiale: in questo caso le accensioni della lampadina prodotte dalla corrente alternata prendono il posto dei fotogrammi.

Cinema e televisione si basano ovviamente proprio sul secondo effetto, che è reso possibile da due caratteristiche complementari della percezione. La prima è la *persistenza delle immagini* sulla retina, che impedisce di accorgersi del veloce cambiamento di immagini. La soglia oltre la quale non ci accorgiamo piú dell'alternanza delle immagini è di 50 al secondo.

La frequenza della corrente alternata è stata fissata a 50 Hertz in Europa (60 negli Stati Uniti) proprio per permetterci di percepire una luce continua delle lampadine. La frequenza delle immagini televisive è la stessa, ma l'alta luminosità degli schermi la rende appena sufficiente per la visione centrale: con la coda dell'occhio si percepisce spesso un caratteristico sfarfallio.

La persistenza fisiologica delle immagini sulla retina ha un corrispettivo psicologico nella persistenza degli oggetti nel mondo quand'essi escono dal campo visivo, o sono temporaneamente nascosti da ostacoli. Soltanto un bambino molto piccolo, o un grande filosofo come George Berkeley, possono immaginare che gli oggetti cessino di esistere quando non sono direttamente percepiti.

Già a partire dal secondo anno di vita i bambini si aspettano di veder ricomparire gli oggetti temporaneamente occultati alla vista, e si stupiscono se la cosa non succede. Ad esempio, se un oggetto sparisce dietro uno schermo da un lato e non esce dall'altro, o se esce invece un altro oggetto. Su quest'ultima possibilità si basano alcuni effetti comici sfruttati nei cartoni animati e nei film.

La seconda caratteristica della percezione che rende possibile cinema e televisione è il cosiddetto *fenomeno phi*[11], che fa percepire due punti in posizioni vicine e in istanti successivi come un unico punto in movimento apparente. Quest'effetto viene sfruttato nei segnali autostradali e nelle insegne luminose per dare l'impressione di un punto o di una scritta in movimento, mediante l'accensione sincronizzata di una serie di lampade o lampadine. In televisione l'effetto si ottiene campionando le scene in movimento con una frequenza di 25 fotogrammi al secondo in Europa (30 negli Stati Uniti). Per arrivare alla soglia necessaria per la persistenza delle immagini, ciascun fotogramma viene allora trasmesso due volte di seguito.

A proposito di «effetti speciali» legati al movimento, Aristotele ne notò uno interessante nei *Parva naturalia*: se si guarda a lungo un fiume e poi si rivolge l'occhio alle sponde, sembra che queste si muovano in sen-

[11] Scoperto da Max Wertheimer, *Experimentelle Studie über das Sehen von Bewegung*, 1912.

so contrario a quello della corrente. Lo stesso effetto fu notato nel 1834 da Robert Adams con una cascata, e sembra che si possa osservare anche con «fiumi umani», come i militari in marcia. Una cosa analoga succede quando si ferma bruscamente il piatto del giradischi dopo averlo guardato a lungo girare, o se ci fermiamo di colpo dopo aver girato velocemente su noi stessi: si ha l'impressione che la rotazione continui, ma in direzione opposta.

Le spirali in rotazione sembrano invece espandersi e contrarsi, e a questa illusione si aggiunge un vero e proprio paradosso: l'impressione di espansione o contrazione si produce, infatti, nonostante la percezione delle dimensioni della spirale si mantenga costante. In tutti questi casi si tratta di un effetto postumo generato da un movimento continuo, che produce un illusorio movimento contrario.

Anche la relatività del moto può provocare illusioni di movimenti contrari in assenza di punti di riferimento adeguati. Ad esempio, succede spesso che quando due treni sono fermi in stazione, i viaggiatori di uno abbiano l'impressione che sia il proprio a partire in una direzione, mentre invece è l'altro che parte in direzione contraria.

Illusioni di movimento si possono creare anche con i suoni. In particolare i sistemi quadrifonici, ma anche già quelli stereofonici, possono dare l'impressione di una fonte sonora in movimento per tutta la stanza. O a mulinello attorno alla testa dell'ascoltatore, come in *Turenas* di John Chowning.

Un altro tipo di illusione del moto deriva dal fatto che noi tendiamo a considerare gli oggetti piccoli in movimento, e quelli grandi in quiete. Già nel 1632 Galileo notava, nei *Dialoghi sopra i due massimi sistemi del mondo* (II, 281), che spesso ci sembra che la Luna si muova fra i tetti delle case o fra le nuvole, soltanto perché la sua grandezza apparente è piú piccola di quella dei tetti o delle nuvole.

Per lo stesso motivo, la Luna ci appare piú grande e piú vicina quando è all'orizzonte o fra le montagne che quando è alta nel cielo, perché nel secondo caso non abbiamo punti di confronto. L'effetto è ancora piú evidente con il Sole, e mostra che noi percepiamo la volta celeste non come un emisfero, ma come un semiellissoide schiacciato allo zenith, piú di giorno che di notte, e allungato all'orizzonte.

Che la valutazione delle grandezze dipenda fortemente dai riferimenti, è mostrato in maniera convincente dai *cerchi di Lipps*[12] (figura 7): uno stesso cerchio ci appare piú piccolo se circondato da cerchi grandi, e piú grande se circondato da cerchi piccoli. Passando un dito sui due cerchi, non si registrano invece differenze: questo paradosso interessa la vista, ma non il tatto.

Il che non significa che il tatto sia completamente immune da influenze della vista: ad esempio, gli oggetti pic-

[12] T. Lipps, *Raumästhetik und geometrisch-optische Täuschungen*, 1897.

Figura 7.

Illusione di Lipps. Il cerchio circondato da cerchi piccoli ha la stessa dimensione di quello circondato da cerchi grandi.

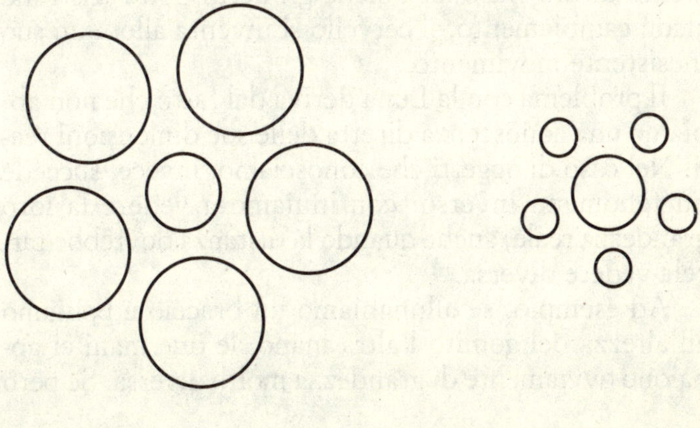

coli ci sembrano piú pesanti di quelli grandi. Lo si può verificare facilmente, mettendo in due saliere o zuccheriere di dimensione diversa la stessa quantità di sale o zucchero. Valutandone il peso, non importa se insieme o separatamente, la piú piccola sembra piú pesante. Se però si stima il peso a occhi chiusi, non ci si sbaglia.

Ancora a proposito di valutazione istintiva delle grandezze, le immagini cinematografiche ci appaiono piú grandi di quelle televisive. In realtà, sulla retina non c'è molta differenza: il vantaggio delle maggiori dimensioni dello schermo cinematografico è praticamente annullato dallo svantaggio della maggior distanza da cui lo si guarda. Di fronte a due immagini retiniche della stessa grandezza, il cervello deduce però correttamente che quella che viene da piú lontano corrisponde a un oggetto piú grande.

Per tornare alla Luna, quando la osserviamo guidando di notte la vediamo muoversi nella nostra stessa direzione, benché essa ci stia sempre di fronte. Questo è un effetto costruito dal cervello, per far quadrare due sensazioni contradditorie. Anzitutto, la distanza della Luna viene valutata istintivamente soltanto in qualche centinaio di metri. Quando ci muoviamo velocemente, ci attenderemmo dunque di vederla aumentare rapidamente di dimensione. Poiché gli occhi non registrano alcun cambiamento, il cervello si inventa allora un suo inesistente movimento.

Il problema con la Luna deriva dal fatto che non abbiamo una conoscenza diretta delle sue dimensioni reali. Nel caso di oggetti che conosciamo, invece, succede un fenomeno inverso: continuiamo a vedere la loro grandezza reale, anche quando la distanza dovrebbe farcela vedere diversa.

Ad esempio, se allunghiamo un braccio e poniamo all'altezza del gomito l'altra mano, le due mani ci appaiono ovviamente di grandezza molto diversa. Se però allarghiamo le braccia, ma manteniamo le mani alla stessa distanza di prima dagli occhi, queste ci appaiono della stessa grandezza. Il cervello non registra dunque le due diverse grandezze apparenti, perché sa che le due mani hanno la stessa grandezza reale.

Questo effetto di *costanza della grandezza* è stato descritto per la prima volta nel 1637 da Cartesio, nella *Diottrica*. Esiste anche un analogo fenomeno di *costanza del colore*, che fa sí che il colore degli oggetti non subisca mutamenti percettivi sensibili quando cambiano le condizioni naturali di illuminazione.

Ancor meno che nel caso della Luna, conosciamo direttamente la grandezza reale delle stelle. La loro grande distanza dovrebbe farcele sembrare tutte della stessa grandezza apparente, e invece le vediamo diverse: il cervello traduce, infatti, le differenze di luminosità in differenze di grandezza. Anche i raggi che associamo alle stelle sono, ovviamente, illusori: derivano dalle aberrazioni sferiche dell'occhio e dalla struttura del cristallino, che diffondono la luce dei punti luminosi e ne producono un'immagine sfrangiata. Altrettanto illusorio è il tremolio delle stelle, che è invece causato dalla turbolenza dell'atmosfera.

Oltre alle stelle, gli unici oggetti cosmici di cui abbiamo una percezione diretta sono la Via Lattea e Andromeda. Delle altre galassie non vediamo la luce direttamente, perché è troppo debole. Ma se la vedessimo, ci accorgeremmo che essa non è bianca come quella del Sole, ma rossastra. Questo effetto ottico, chiamato *red shift*, «spostamento verso il rosso», è l'analogo visivo del famoso *effetto Doppler* acustico, che fa percepire il suono di una sirena come piú o meno acuto, a seconda che essa si allontani o si avvicini. Analogamente, la luce bianca emessa da una sorgente in movimento viene percepita come piú o meno rossa o blu, a seconda che essa si allontani o si avvicini. Il *red shift* delle galassie, scoperto nel 1929 da Edwin Hubble, è dunque una prova del fatto che esse si allontanano da noi, e che l'universo si espande.

A proposito, gli oggetti rossi ci sembrano in generale piú vicini di quelli blu o verdi, a causa della diversa rifrazione dei colori nell'occhio. Disegnare oggetti rossi su sfondo blu o verde produce dunque un effetto tridimensionale, già notato da Leonardo nel *Trattato della pittura*. E alternare macchie rosse e blu (o verdi) sulla superficie di un oggetto rende difficile percepirlo, come ben sapevano gli esperti di camuffamento militare della prima guerra mondiale.

Specchio delle mie brame.

Una delle prime illusioni ottiche che furono notate nell'antichità è il riflesso dello *specchio*, che ha ispirato innumerevoli descrizioni letterarie e raffigurazioni pittoriche: dal mito di Narciso ad *Alice attraverso lo specchio* di Lewis Carroll, da *Las Meninas* di Diego Velázquez alla serie degli *Specchi* di Roy Lichtenstein.

Lo specchio funziona in maniera paradossale, tanto che Cocteau ebbe a dire: «Dovrebbe riflettere, prima di riflettere». Anzitutto, esso produce un'immagine virtuale della stessa grandezza dell'oggetto riflesso, ma noi la vediamo molto piú piccola. Per convincercene, basta che misuriamo con le dita la nostra faccia riflessa, o che ne segnamo il contorno sul vetro appannato.

Inoltre, lo specchio inverte la direzione perpendicolare (davanti/dietro), ma *non* quella parallela (destra/sinistra): l'immagine di un dito puntato verso lo specchio punta nella direzione contraria, ma l'immagine di un dito puntato a destra o a sinistra punta nella stessa direzione. Lo stesso succede per l'alto e il basso, e questo spiega perché lo specchio non li inverta.

Che esso *sembri* invece invertire destra e sinistra, è un paradosso dovuto al fatto che noi ci mettiamo nei panni dell'immagine, antropomorfizzandola: ciò che noi vediamo su uno dei nostri lati, ad esempio l'orologio a un polso, «lei» la vede sull'altro dei suoi. Ma è tutto un'illusione, come d'altronde lo è anche l'inversione delle scritte riflesse: il foglio l'abbiamo girato noi per porgerlo allo specchio, e se è trasparente ci rendiamo conto che attraverso di esso vediamo esattamente quello che ci mostra lo specchio. Non ci dovremmo stupire, come non ci stupiamo se vediamo il foglio invertito dopo che l'abbiamo girato sottosopra.

Volendo veramente vedere un'inversione destra/sinistra, basta che rivolgiamo i fianchi allo specchio. Analogamente, per vedere un'inversione alto/basso basta che mettiamo lo specchio per terra e ci saliamo coi piedi sopra. Oppure che mettiamo uno specchio sul soffitto, e lo guardiamo da sotto (ma non da sdraiati, come si fa negli alberghi a ore, perché in quel caso saremmo da capo).

Volendo, si può comunque dire correttamente che lo specchio inverte destra e sinistra, se ci si riferisce non alla direzioni ma alle mani. In altre parole, ciascuna mano è effettivamente l'immagine speculare dell'altra. Ma questo tipo di inversione si può ottenere anche senza lo specchio, passando attraverso una quarta dimensione, nello stesso modo in cui si può ribaltare una figura sul piano passando attraverso lo spazio. Cosí fecero dapprima Herbert Wells in *La storia di Plattner*, e poi Ludwig Wittgenstein nel *Tractatus* (6.36111), per risolvere il problema posto da Immanuel Kant nei *Prolegomeni ad ogni metafisica futura*: come riuscire a far calzare un guanto destro alla mano sinistra? Volendo invece rimanere nello stesso numero di dimensioni, basta fare un giro su una striscia di Möbius, della quale parleremo in seguito.

Il mondo reale e quello speculare sono talmente simili, che viene da chiedersi se sia possibile distinguerli. A livello macroscopico, la cosa è facile: persino una bambina come Alice si accorge, cercando di leggere la poesia *Jabberwocky*, che è scritta rivoltata.

A livello microscopico, le cose invece si complicano. Ogni molecola può infatti esistere in due forme, dette stereoisomeri, che sono una l'immagine speculare dell'altra. Un esempio noto a tutti è quello dei due tipi di zucchero, chiamati appunto destrosio e levulosio. Non sempre, però, gli isomeri sono intercambiabili. Ad esempio, uno dei due tipi di morfina è completamente innocuo. Anzi, la vita privilegia molecole e aminoacidi sinistrorsi, senza che ci siano motivi apparenti né a favore di questa scelta, né contro quella opposta.

Probabilmente si tratta del risultato di un processo evolutivo che, a partire da un casuale inizio sinistrorso, ha lentamente preso il sopravvento ed esautorato l'alternativa destrorsa. Alice dubita, prima di passare attraverso lo specchio, che «forse il latte speculare non sarebbe buono da bere», e ha ragione: non solo avrebbe un gusto diverso, ma probabilmente non sarebbe neppure assimilabile. In un mondo destrorso, insomma, si morirebbe presto di fame.

A livello atomico le difficoltà oggettive ad accorgersi di un passaggio oltre lo specchio crescono ulteriormente. Nessun fenomeno gravitazionale, elettromagnetico o nucleare forte (relativo, cioè, alla coesione delle particelle negli atomi) permette infatti di scoprire una differenza fra destra e sinistra. Nel 1956 i fisici cinesi Tsung Dao Lee e Chen Ning Yang scoprirono, però, che una tale differenza esiste al livello dei fenomeni nucleari deboli (cioè, del decadimento radioattivo). E la scoperta valse loro il premio Nobel del 1957.

Un esempio tipico di fenomeno atomico non speculare è il senso, rigorosamente antiorario rispetto alla direzione del moto, della rotazione (detta *spin*) dei neutrini. Tra l'altro, questo dimostra anche che i neutrini viaggiano alla velocità della luce: altrimenti correndo dietro a uno lo si vedrebbe ruotare in senso antiorario, e dopo averlo superato lo si vedrebbe ruotare in senso orario. Invece, vedere un neutrino che ruota in senso orario è la prova che si sta osservando il mondo speculare, e non quello reale.

Non facciamoci troppe illusioni.

Fisicamente, l'immagine virtuale di un oggetto nello specchio ha una certa realtà: tutti gli osservatori vedono infatti la stessa, benché ciascuno dal proprio punto di vista. Psicologicamente, anzi, il nostro *alter ego* riflesso ci appare addirittura piú reale dell'immagine che di noi hanno tutti gli altri: lo dimostra il sottile disagio che proviamo di fronte alle nostre fotografie, nelle quali non ci indentifichiamo mai completamente.

Completamente virtuale è invece l'illusione ottica costituita dal raggio luminoso che si forma sul mare, e sembra

Figura 8.

Illusione di Poggendorff. I tre segmenti stanno su una stessa retta, benché appaiano sfalsati.

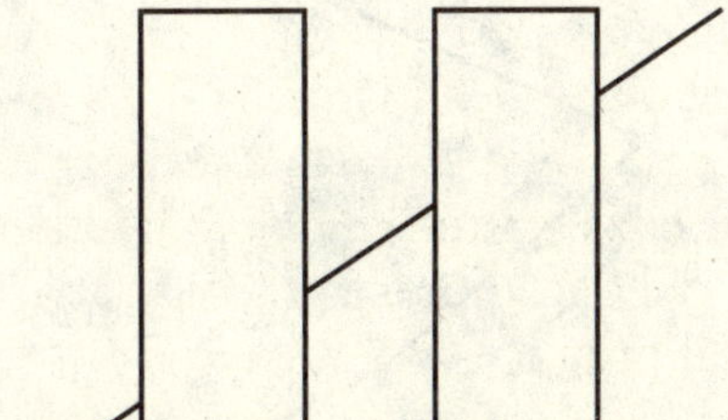

congiungere direttamente il Sole o la Luna con il punto in cui ci troviamo: la sua irrealtà è dimostrata dal fatto che il raggio ci segue quando camminiamo lungo la spiaggia.

Un'altra illusione ottica notata dagli antichi, ad esempio da Platone nella *Repubblica* (x, 602), è il fenomeno del remo (o del ramo) che, immerso nell'acqua, appare spezzato. Il problema deriva dal fatto che l'acqua offre un ostacolo maggiore dell'aria alla propagazione della luce. I raggi vengono dunque rifratti nel passaggio attraverso la superficie che separa i due mezzi, e l'immagine di un oggetto rettilineo si piega. L'oggetto, ovviamente, no. E qui sta appunto il paradosso, una versione puramente percettiva del quale si ha nell'illusione scoperta nel 1860 da Johann Christoff Poggendorff (figura 8): una linea retta che passa attraverso un rettangolo sembra spezzata.

È ancora la rifrazione della luce nelle gocce d'acqua a essere responsabile, insieme alla riflessione, dell'*arcobaleno*. La spiegazione corretta del fenomeno fu anticipata nel 1307 da Teodorico di Freiberg, nel *De iride*, e fu poi ritrovata da Cartesio nella già citata *Diottrica*. L'idea è che un raggio di luce che entra in una goccia

Figura 9.

In una goccia d'acqua, un raggio di luce viene rifratto all'entrata, riflesso all'interno e nuovamente rifratto all'uscita.

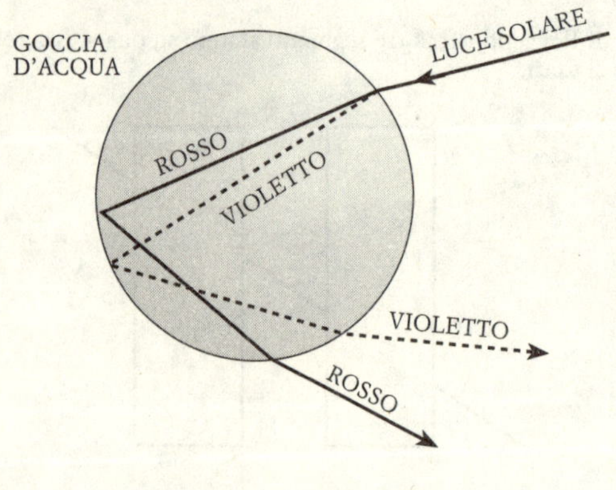

d'acqua viene anzitutto rifratto dalla parete di entrata, poi riflesso dalla parete interna, e infine di nuovo rifratto dalla parete di uscita (figura 9).

Cartesio dimostrò che c'è un angolo di impatto, di circa 42 gradi, per il quale la luce emergente dalla goccia è massima. Le gocce sospese nell'aria, e formanti il vertice di un angolo di 42 gradi tra il Sole e un osservatore che gli volga le spalle, producono cosí un arco luminoso (figura 10). Ma il fenomeno è apparente, e c'è un arco diverso per ogni osservatore. Anzi, uno diverso per ciascun occhio, come dimostra a volte lo sdoppiamento dell'arcobaleno prodotto in giardino dall'acqua spruzzata da una pompa[13].

[13] Stiamo parlando dello sdoppiamento dell'arco principale di un arcobaleno a piccola distanza e non del fatto che l'arcobaleno si compone, in realtà, anche di un arco secondario, oltre a quello principale. Questo arco secondario è formato dalla luce che entra nelle gocce alla base, invece che alla sommità, e ne esce dopo aver subito due riflessioni interne, invece che una sola. Il secondo arco è distinto dal primo, perché in questo caso l'angolo di impatto massimo è di 50 gradi; è anche meno intenso, al punto da non essere sempre visibile, a causa della doppia riflessione.

Figura 10.

L'arcobaleno si forma sulle gocce che formano un angolo di 42 gradi tra il Sole e l'osservatore.

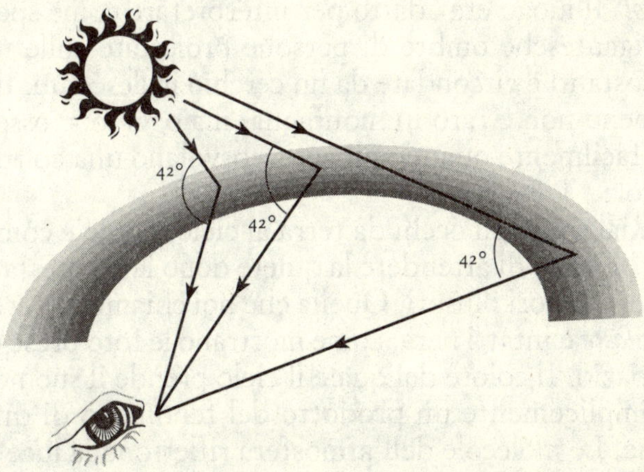

La spiegazione dei colori dell'arcobaleno fu invece data da Newton, nella già citata *Ottica*. Semplicemente, le rifrazioni nella goccia sono leggermente diverse per le varie lunghezze d'onda che costituiscono la luce bianca, esattamente come nel caso di un prisma. Gli angoli di impatto massimi sono sempre intorno ai 42 gradi, ma differiscono per i vari colori, crescendo da un minimo per il violetto a un massimo per il rosso. In tal modo ogni colore genera un suo arco, e tutti insieme questi archi formano l'arcobaleno.

Sullo stesso principio dell'arcobaleno funziona anche la mistica *aureola*, bianca o iridescente, che a volte circonda l'ombra sui prati la mattina, quando c'è rugiada. Essa viene vista da ciascun osservatore sulla propria testa, ma non su quella dei vicini. Il che può generare facili fraintendimenti: come nel caso di Benvenuto Cellini, il quale testimonia nella sua *Vita* di avervi scorto un segno del proprio genio, dopo averla sperimentata nel 1539.

Un fenomeno simile è lo *spettro di Brocken*, che prende il nome dal picco piú alto dei monti Harz, sul quale si celebrava, la notte del 30 aprile (Santa Valpurga), il sabba delle streghe descritto da Goethe nel *Faust*. Il luogo era adatto per interpretare come spettri le gigantesche ombre di persone proiettate sulle nubi sottostanti e circondate da un cerchio iridescente. Il fenomeno non è raro in montagna, ma oggi lo si osserva piú facilmente quando gli aerei sorvolano una coltre di nuvole.

Rialzando gli occhi da terra al cielo, non c'è comunque bisogno di attendere la quiete dopo la tempesta per vedervi colori illusori. Quella che noi chiamiamo la *volta celeste* è infatti nera, come mostrano le foto prese dallo spazio. Il colore dal quale il cielo prende il suo nome è semplicemente un prodotto del fenomeno di diffusione. Le molecole dell'atmosfera riflettono la luce che arriva dal Sole e la spandono in ogni direzione, in accordo con i versi danteschi:

La gloria di colui che tutto move
per l'universo penetra e risplende
in una parte piú e meno altrove[14].

Fu John Tyndall a scoprire nel 1859 che le molecole piccole, come appunto quelle che compongono l'atmosfera secca, diffondono in maniera molto piú efficiente le piccole lunghezze d'onda che non quelle grandi. Piú precisamente, come dimostrò Lord Rayleigh nel 1899, dieci volte di piú il blu che non il rosso.

Il cielo appare dunque blu[15]. Quando però il Sole è all'orizzonte, cioè all'alba e al tramonto, il cielo appare rosso perché la luce del Sole deve percorrere un tratto piú lungo di atmosfera di quando è alto, e nel percorso perde piú blu per diffusione. Quando invece c'è brutto tempo, il cielo appare bianco perché l'atmosfera umida si compone di molecole piú grosse, che diffondono meno. Le nubi, infine, appaiono di color bianco latte perché sono composte di vere e proprie gocce d'acqua in sospensione, che non diffondono affatto.

Una verifica casalinga di questi fenomeni si può effettuare con un bicchiere d'acqua. Versandovi dentro qualche goccia di latte si crea un analogo di atmosfera, e la diffusione prodotta dalle molecole di grasso colora l'acqua di azzurrognolo. Guardando invece attraverso il liquido una lampadina, che corrisponde al Sole al tramonto, essa apparirà rossastra.

Fenomeni simili avvengono anche su Marte. Tuttavia, poiché la sua atmosfera è meno densa di quella terrestre, il colore normale del cielo marziano appare di un blu piú tenue di quello terrestre. Il colore rosso che si

[14] Dante Alighieri, *Paradiso*, I, 1-3.

[15] Non violetto, cioè del colore con la minima lunghezza d'onda, per una serie di fattori secondari. Fra essi, l'assorbimento del violetto negli strati alti dell'atmosfera.

vede nelle foto scattate dalle sonde Viking nel 1977 e Pathfinder nel 1997 è insolito, ed era dovuto alla presenza di particelle ferrose nell'atmosfera, prodotte da tempeste temporanee. Lo stesso effetto è prodotto, a volte, sulla Terra da eruzioni vulcaniche.

Tornando coi piedi per terra, un fenomeno ottico già noto agli Egizi è il romantico *raggio verde*, che ha dato il nome a un romanzo di Jules Verne nel 1882, a un film di Eric Rohmer nel 1985, e a un recente programma televisivo di Michele Santoro. Si tratta di un bagliore colorato che si può vedere al tramonto.

Nella sua forma piú semplice è dovuto alla scomposizione dell'immagine bianca del Sole in tante immagini colorate sovrapposte, causate dalla rifrazione dell'atmosfera. Il Sole appare allora come un disco arancione con un sottilissimo bordo superiore verde, e un altro inferiore rosso (il blu viene, come al solito, diffuso). Nel momento in cui il Sole sparisce all'orizzonte, il bordo verde si dissolve in un bagliore che dà il nome al fenomeno.

Purtroppo i bordi verde e rosso del Sole sono troppo piccoli per poter essere visti a occhio nudo: la risoluzione visiva è di circa 25 secondi, mentre i bordi ne prendono soltanto 10. Perché il raggio verde si veda devono dunque esserci particolari condizioni favorevoli, che amplifichino il fenomeno. Esso può allora acquistare caratteri macroscopici, come quando fu osservato per ben 35 minuti da una spedizione in Antartide, nel 1929.

Una di queste condizioni favorevoli si verifica quando il Sole si riflette nell'acqua del mare, mostrando cosí una doppia immagine. Nel momento in cui il Sole tocca l'orizzonte, i bordi rossi delle due immagini si fondono in un primo bagliore (rosso). Mentre il Sole scende sotto l'orizzonte le due immagini diventano dapprima un «otto», e poi un ovale con un unico bordo verde, che si restringe progressivamente. Nel momento in cui il Sole sparisce, il bordo verde dell'ovale si dissolve in un secondo bagliore (verde).

A volte l'ovale del Sole al tramonto sul mare è un vero e proprio *miraggio*, come dimostra il fatto che esso può apparire interamente al di sopra della superficie dell'acqua, e restringersi e svanire senza mai scendere sotto l'orizzonte. Altri tipici miraggi sono le finte pozze d'acqua che si vedono a volte sulle autostrade o nel deserto, magari con una palma riflessa dentro.

In tutti questi casi è in azione il seguente principio, enunciato da Pierre de Fermat nel 1657: la luce segue sempre il cammino piú veloce per congiungere due punti[16]. Poiché l'aria calda ha minore densità e minor indice di rifrazione di quella fredda, la luce vi viaggia piú velocemente.

Quando la temperatura vicino al terreno è piú alta di quella dell'ambiente circostante, come succede d'estate, la luce del cielo può dunque arrivare ai nostri occhi non seguendo la normale linea retta, bensí attraverso una linea curva concava che passa rasente al suo-

[16] Questo è un caso speciale del *principio di minima azione*, che sarà enunciato in piena generalità da Pierre de Maupertuis nel 1745, in *Les lois du mouvement et du repos déduites d'un principe de métaphysique*, e verrà messo alla berlina da Voltaire nel *Candide*.

Figura 11.
Il meccanismo del miraggio di terra.

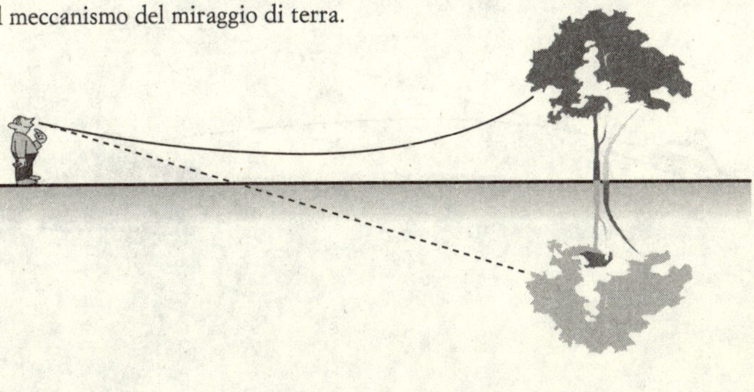

lo. Il cervello scambia questa immagine del cielo con quella di una pozza d'acqua, provocando cosí la sensazione del miraggio. Per lo stesso motivo, l'immagine di una palma può sembrare piú bassa del normale e arrivare addirittura dal terreno, dando l'impressione di essere riflessa nell'acqua (figura 11).

Una situazione simmetrica si ottiene quando la temperatura vicino al terreno è piú bassa di quella dell'ambiente circostante. In questo caso la luce arriva ai nostri occhi attraverso una linea curva convessa che passa alta nel cielo, e l'impressione sarà quella di vedere gli oggetti sollevati da terra (figura 12).

Esempi banali sono la percezione del Sole quando è già tramontato, o l'avvistamento della costa quando è ancora sotto l'orizzonte. Piú spettacolare è invece la cosiddetta *fata Morgana*, tipica dello stretto di Messina, dove fu osservata da padre Ignazio Angelucci già nel 1643. In determinate condizioni le rocce e gli edifici della costa sembrano fluttuare nel cielo e danno l'illusione di castelli in aria, come quelli che la fata Morgana faceva apparire alla corte di Re Artú. Lo stesso av-

Figura 12.
Il meccanismo del miraggio di mare.

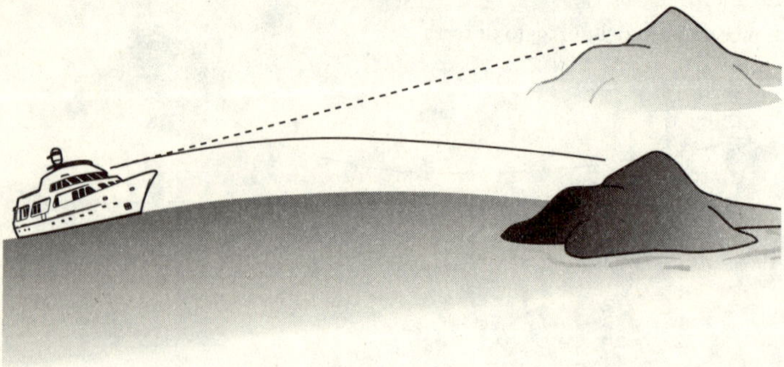

viene nel deserto, come suggerisce il *Salmo 114* (5-6):

> Che fu, o mare, che ti ritraesti?
> Giordano, che a ritroso ti volgesti?
> Perché, monti, saltaste come capretti?
> E voi, colline, come agnelletti?

Anche le navi possono sembrare sospese nel vuoto, ed è probabilmente da un fenomeno di questo tipo che è nata la leggenda del vascello fantasma musicata da Wagner nell'*Olandese volante*.

Capitolo secondo

L'arte dell'illusione

Una classe speciale di paradossi della percezione deriva non dalla fisiologia o dalla natura, ma dall'arte figurativa. O meglio, dalle sue pretese di rappresentare, con mezzi limitati, una realtà attuale o potenziale che li trascende.

L'esempio piú tipico è la raffigurazione di oggetti tridimensionali attraverso immagini bidimensionali. Un problema che naturalmente ha già la retina, ma che la vista aggira facilmente grazie alla visione binoculare. Pittura e cinema devono invece ingegnarsi e suggerire la vicinanza o la lontanza mediante la sovrapposizione delle figure, la differenziazione delle loro dimensioni e dei loro colori, e le leggi della prospettiva.

Questi metodi piú indiretti e ambigui sono ovviamente piú soggetti a generare fraintendimenti, anche paradossali. Al punto che i popoli primitivi, non abituati a questo tipo di raffigurazione bidimensionale, hanno spesso difficoltà a riconoscere gli oggetti rappresentati e a valutarne le distanze relative, soprattutto nel caso della fotografia. La quale, in particolare, inganna spesso pure noi.

Un problema ulteriore si aggiunge quando si pretenda di raffigurare oggetti in movimento mediante immagini statiche. Abbiamo già accennato ai meccanismi che permettono al cinema di raggiungere lo scopo. La pittura si trova invece, in questo caso, di fronte ai limiti delle sue possibilità, ma li ha superati brillantemente inventando nuovi e appropriati linguaggi, dal futurismo all'espressionismo.

Spesso l'arte sa essere cosí veritiera da rivaleggiare con la stessa realtà. È il caso, come dice il loro stesso nome, dei *trompe l'oeil*, gli «ingannaocchi» di cui esistono testimonianze già nell'antichità. Ad esempio, Zeusi dipinse grappoli d'uva cosí realistici che gli uccelli cercarono di beccarli. Parrasio coprí un suo quadro con una tela tanto perfetta che Zeusi cercò di sollevarla (chi la fa, l'aspetti). E il giovane Giotto aggiunse a un quadro di Cimabue una mosca cosí naturale che il maestro tentò di scacciarla.

In alcuni *trompe l'oeil* gli oggetti dipinti seguono i movimenti dell'osservatore. Sorprendentemente, la cosa non avviene se invece l'osservatore sta fermo e viene mosso il quadro.

In questo capitolo, comunque, limiteremo la nostra attenzione ai paradossi dell'arte grafica. In particolare, lasceremo da parte il paradosso della critica artistica: il fatto, cioè, che essa pretenda di descrivere immagini, colori e suoni unicamente attraverso parole. E neppure parleremo di artisti paradossali: pittori daltonici come Whistler e Léger, o quasi ciechi come l'ultimo Monet, o musicisti sordi come il Beethoven maturo, che hanno comunque saputo percepire colori o suoni attraverso gli occhi e le orecchie della mente.

Non perdiamo la prospettiva.

Sappiamo già che quando un oggetto si trova nelle nostre immediate vicinanze, la percezione della sua grandezza non cambia. Con l'aumentare della distanza dell'oggetto da noi la percezione della sua grandezza invece diminuisce, mentre non cambia l'angolo sotto il quale lo vediamo. Se a piccole distanze vale dunque una legge di costanza della grandezza, a grandi distanze vale la *legge di costanza dell'angolo* che caratterizza la cosiddetta *prospettiva lineare*.

Che la prospettiva possa, in generale, produrre effetti paradossali è ovvio. Poiché qualunque immagine prospettica può essere generata in infiniti modi (figura 13), la percezione di un dato visivo è infatti sottodeterminata. Benché in situazioni usuali veniamo guidati dall'esperienza, in casi inusuali diventa facile fare congetture sbagliate e scambiare lucciole per lanterne.

I primi ad accorgersi di un problema specifico furono Leonardo e Piero della Francesca. Essi notarono, ad esempio, che colonne cilindriche vicine possono apparirci piú piccole di quelle lontane (figura 14). Il motivo è che, al crescere della distanza, l'angolo che la colonna forma con l'occhio diminuisce ma la corda aumenta: in altre parole, la colonna ci appare piú grande perché vediamo una parte maggiore della sua sezione.

Probabilmente, uno dei motivi per cui la prospetti-

Figura 13.
Oggetti differenti possono dare la stessa visione prospettica.

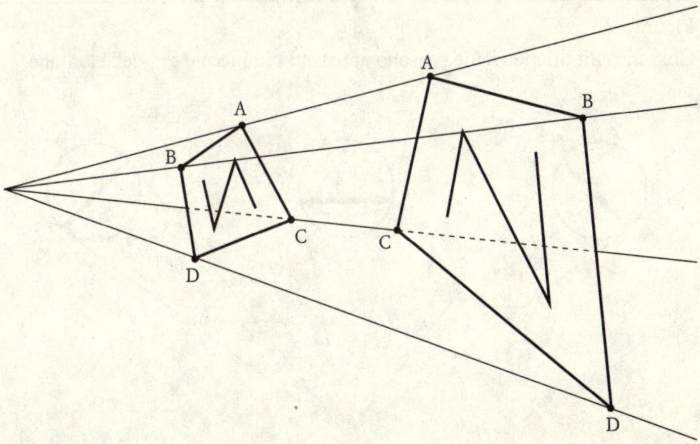

va fu scoperta relativamente tardi nell'arte è appunto che essa non vale per la visione da vicino[1]. Naturalmente l'immagine retinica è rigorosamente prospettica, cosí come lo sono le fotografie. Ma il cervello non tiene conto delle prospettive a breve distanza, e ci fa dunque apparire paradossalmente distorte le fotografie scattate a distanza ravvicinata.

La compensazione dell'effetto prospettico avviene però soltanto per la visione orizzontale a corta distanza, forse perché siamo poco abituati a guardare in alto o in basso. I piani alti degli edifici osservati dalla strada, e gli uomini visti dalle finestre dei piani alti, ci sembrano dunque stranamente schiacciati.

Per ovviare a questi inconvenienti, gli artisti hanno spesso introdotto correzioni prospettiche nelle loro opere. Nella *Storia naturale* Plinio narra lo stupore del pubblico quando una statua di Fidia, con membra e viso deformi, apparve perfetta dopo la sistemazione sulla colonna al-

[1] La piú antica registrazione storica del fatto che gli oggetti sembrano rimpicciolire quando si allontanano si trova in una tavoletta assira del regno di Assurbanipal, nel VII secolo a.C. Le prime rappresentazioni prospettiche risalgono a Greci e Romani, ma la teoria della prospettiva fu sviluppata soltanto nel Rinascimento.

Figura 14.
Colonne cilindriche vicine possono apparirci piú piccole di quelle lontane.

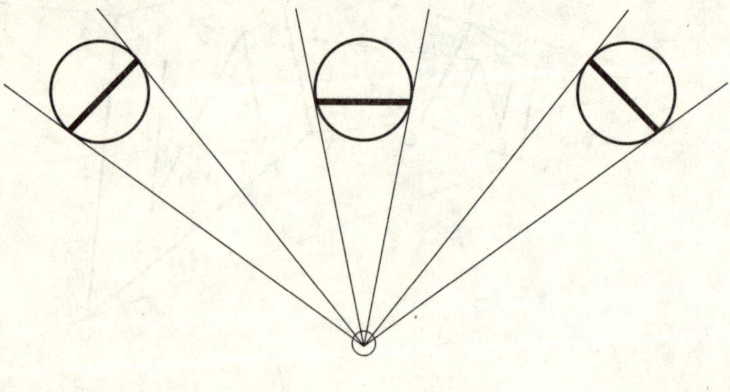

la quale era destinata. Ai tempi di Platone questi accorgimenti erano ormai usuali: nel *Sofista* il filosofo si scagliò contro coloro che li usavano, perché non rappresentavano le cose come sono in realtà. Fra gli esempi classici di correzioni prospettiche ci sono l'inclinazione verso l'interno degli assi delle colonne del Partenone, l'allargamento verso l'alto del campanile di Giotto a Firenze e l'allargamento verso il fondo di piazza San Marco a Venezia.

Per quanto riguarda la prospettiva usuale, la legge di costanza dell'angolo implica che, con l'allontanarsi, un oggetto diventi sempre piú piccolo fino a scomparire in un punto, che si chiama *punto di fuga*. Nella prospettiva due rette parallele si rappresentano dunque come convergenti, e nella percezione due rette convergenti vengono interpretate come parallele.

Ad esempio, il cono di luce di una torcia elettrica o di un faro viene interpretato come un fascio lineare che termina bruscamente in una linea d'orizzonte, benché ovviamente la sua luce si estenda praticamente all'infinito. La lunghezza apparente del fascio è direttamente proporzionale alla distanza tra la torcia e l'osservatore: il fascio appare corto a chi tiene la torcia in mano e lun-

Figura 15.
Segmenti di Ponzo. I due segmenti orizzontali hanno la stessa lunghezza.

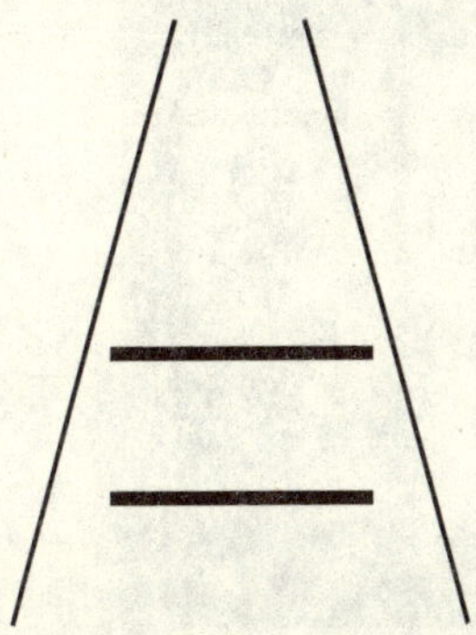

go a chi la vede da lontano. Se il fascio di luce fosse veramente lineare, lo percepiremmo invece come convergente in un punto di fuga.

La prospettiva genera illusioni ottiche come i *segmenti di Ponzo*[2] (figura 15), che sembrano diversi pur essendo in realtà uguali. Da un lato, uno dei segmenti viene considerato piú lontano dell'altro per due motivi: sembra piú vicino al punto di fuga, e appare piú alto rispetto all'orizzonte. Dall'altro lato, le misure apparenti dei due segmenti sono percepite come uguali, e dunque le loro misure reali sono interpretate come diverse. Precisamente, quello considerato piú distante appare maggiore a causa della sua supposta lontananza.

Se i segmenti sono verticali, invece che orizzontali, si ottiene un'illusione analoga. Soltanto, invece di avere una diversa lunghezza, i due segmenti sembreranno avere una diversa altezza. Una versione spettacolare di questa versione è la famosa *stanza di Ames* (figura 16),

[2] M. Ponzo, «Dei processi di riconoscimento di oggetti e figure e della loro denominazione», *Atti del Secondo Congresso della Società Italiana di Psicologia*, 1913.

Figura 16.
Stanza di Ames. Le due persone hanno la stessa altezza.

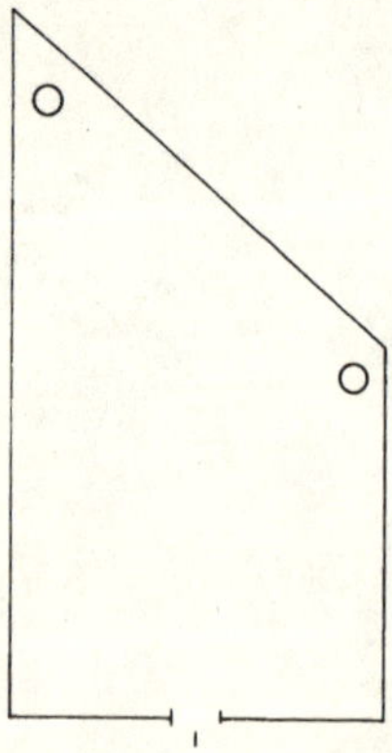

realizzata nel 1946 da Adalbert Ames su un progetto di Helmholtz[3].

Il trucco sta nel costruire una stanza deformata in modo tale che uno dei due spigoli verticali della parete di fondo sia piú vicino e piú basso dell'altro, ma nel dipingerla in modo tale da farla apparire normale. Benché le due persone abbiano la stessa altezza e si trovino a distanza diversa dall'osservatore, esse appaiono di altezza diversa ma alla stessa distanza, come nel quadro *La gigantessa* di René Magritte.

Un complemento paradossale della prospettiva è l'*anamorfosi*, che permette di disegnare figure deformate che appaiono corrette se osservate da un punto di vista particolare. Il piú antico esempio conosciuto si trova nel *Codice Atlantico* di Leonardo (figura 17), e dev'essere guardato con lo sguardo quasi parallelo al foglio.

L'anamorfosi non è soltanto un'impresa futile, come potrebbe sembrare dalle curiose immagini concepite per essere riflesse in specchi cilindrici o conici, introdotte dai cinesi sotto la dinastia Ming e divenute di moda in Europa nel Seicento. Questa tecnica è anche necessaria per realizzare affreschi destinati a essere visti di scorcio o a essere dipinti su superfici curve.

[3] A. Ames, *The Ames demonstration in perception*, 1952.

Figura 17.
Anamorfosi, dal *Codice Atlantico* di Leonardo.

Fra gli esempi piú noti ci sono il *Giudizio Universale* di Michelangelo nella Cappella Sistina e la *Gloria di Sant'Ignazio* di Andrea Pozzo in Sant'Ignazio a Roma. Quest'ultimo sorprendente *trompe l'oeil* copre l'intero soffitto semicilindrico, e se viene osservato da un particolare punto, segnato con un disco di marmo giallo sul pavimento, dà l'illusione di essere una naturale continuazione della struttura della chiesa.

Ci scusiamo per il disturbo.

Se nella prospettiva le linee parallele sembrano convergere, nella percezione esse sembrano divergere. Piú precisamente, nel 1876 Hermann von Helmholtz si ac-

Figura 18.
Vincent Van Gogh, *Stanza di Arles*, olio su tela, ottobre 1888.

corse[4] che lo spazio visivo non è euclideo, come invece aveva supposto Kant nella *Critica della ragion pura*. E nel 1947 Rudolf Luneburg precisò che esso ha caratteristiche iperboliche[5].

Come lo spazio visivo appaia a un artista sensibile che cerchi di rendergli giustizia, lo si può intuire dalla *Stanza di Arles* di Van Gogh (figura 18). Ma che qualcosa «vada storto» nella geometria della percezione chiunque lo può dedurre da una serie di illusioni, tutte basate sul fatto che ci lasciamo facilmente ingannare da elementi di disturbo.

Gli esempi piú semplici riguardano la percezione delle lunghezze, e sono stati scoperti da Fick nel 1851 (figura 19): il segmento interrotto appare decisamente piú corto di quello che lo interrompe, benché le loro lunghezze siano le stesse.

La piú famosa delle illusioni sulle lunghezze è costituita dalle *frecce di Müller-Lyer*[6] (figura 20): anch'esse sono uguali, ma le direzioni delle punte ce le fanno percepire differenti. L'effetto non sembra essere puramente fisiologico, visto che l'illusione sarebbe molto ridotta in soggetti come gli Zulu, nella cui civiltà predominano le linee curve.

Il piú antico dei paradossi sul parallelismo, già illustrato in un mosaico romano del Puy de Dome, è l'illusoria impressione di cunei alternati creata dallo sfasamento delle caselle di una scacchiera (figura 21). Una versione piú astratta dello stesso effetto è stata scoperta nel 1860 da Johann Zöllner, che ha anche stabilito che l'illusione è massima quando le parallele sono a 45 gradi e i segmenti di disturbo formano 30 gradi con esse (figura 22).

[4] H. von Helmholtz, «The origin and meaning of geometrical axioms», *Mind*, 1 (1876): 301-321.

[5] R. Luneburg, *Mathematical analysis of binocular vision*, 1947.

[6] F. Müller-Lyer, «Optische Urtheilstäuschungen», *Archiv für Anatomie und Physiologie*, 9 (1889): 263-270.

Figura 19.
Il segmento interrotto e quello che lo interrompe hanno la stessa lunghezza.

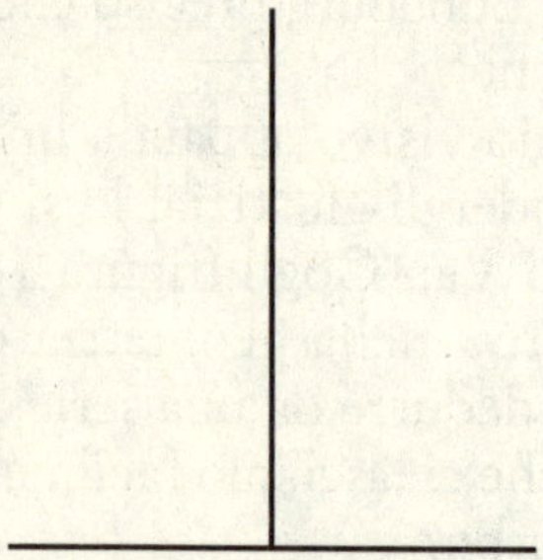

Figura 20.
Illusione di Müller-Lyer. Le due frecce hanno la stessa lunghezza.

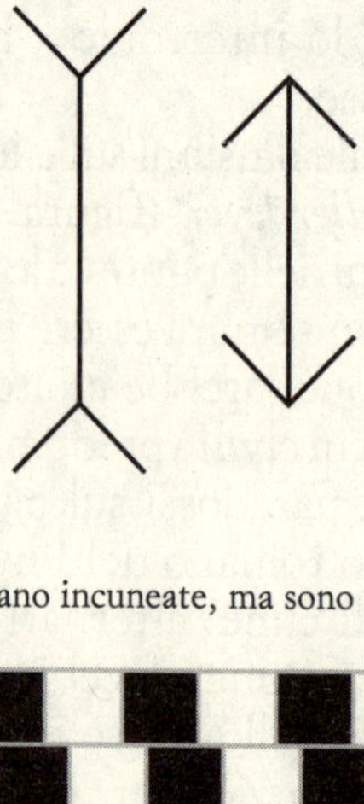

Figura 21.
Le linee orizzontali sembrano incuneate, ma sono in realtà parallele.

Figura 22.
Illusione di Zöllner. Le rette a 45 gradi sono tutte parallele.

Figure 23 e 24.
Effetto di distorsione di due rette parallele provocato da fasci di rette di disturbo.

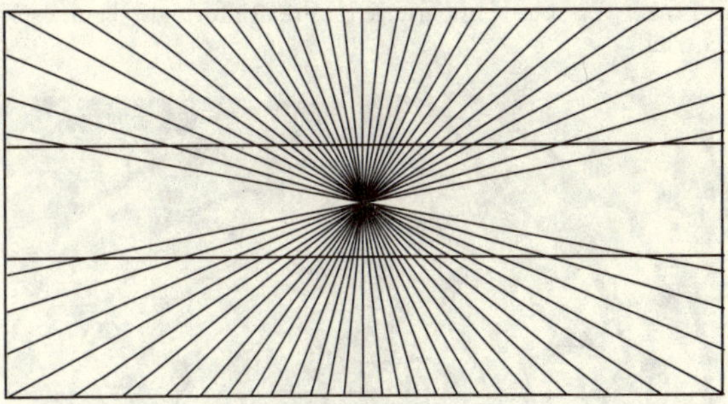

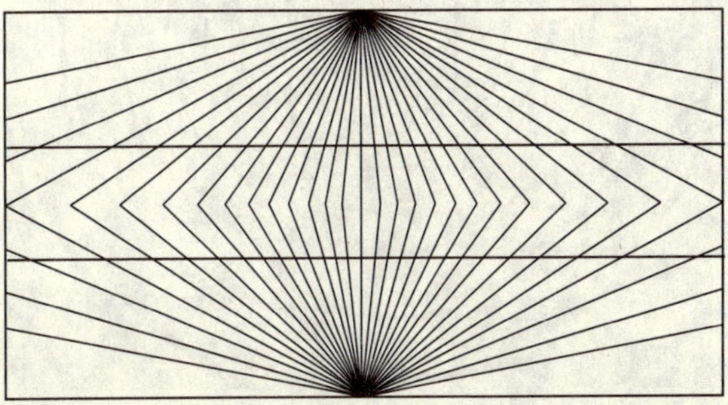

Mentre nei due esempi precedenti le rette parallele sembrano allontanarsi o avvicinarsi, ma mantengono la loro rettilineità, nei due seguenti esse si deformano. L'effetto si ottiene inserendo le due rette parallele in fasci di rette, come scoprirono Ewald Hering[7] e Wilhelm Wundt[8] (figure 23 e 24).

Sostituendo alle rette parallele dei cerchi concentrici, e al fascio di rette un fascio di curve passanti per il centro, si ottiene la sorprendente *spirale di Frazer*[9] (figura 25). La sua illusorietà permane anche dopo aver controllato con un dito o una matita che effettivamente ci sono soltanto cerchi.

[7] E. Hering, *Beiträge zur Physiologie*, 1861.
[8] W. Wundt, *Grundriss der Psychologie*, 1896.
[9] J. Frazer, «A new visual illusion», *The British Journal of Psychology*, 1908.

Figura 25.

Spirale di Frazer. La spirale apparente è in realtà formata da una serie di cerchi concentrici.

Ma chi ci crede?

Le illusioni artistiche piú sorprendenti sono forse quelle che realizzano una convincente impossibilità: che, come ripete due volte Aristotele alla fine della *Poetica*, è preferibile a una non convincente possibilità.

Un esempio ben noto di convincente impossibilità è l'*insegna del barbiere*: un cilindro a strisce alternate bianche e rosse, che sembrano ascendere perpetuamente quando il cilindro ruota.

Una versione acustica di questo paradosso visivo è l'*illusione di Shepard*[10]: un suono le cui armoniche salgono e scendono gradualmente con altezze scelte ad arte, in modo da determinare una curva a dosso che rimane costante (armoniche e dosso corrispondono a stri-

[10] R. Shepard, «Circularity in judgement of relative pitch», *Journal of the Acoustic Society of America*, 36 (1964): 2346-2353.

Figura 26.
Le armoniche di un suono continuamente ascendente.

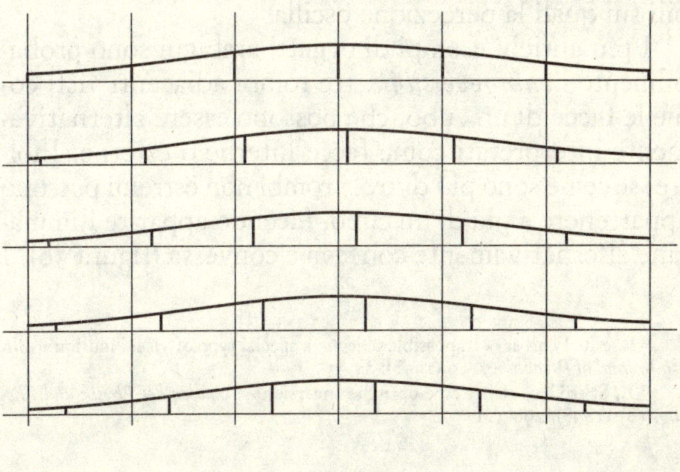

sce e cilindro dell'insegna del barbiere). L'orecchio percepisce le variazioni di tono nella parte alta del dosso, ma non si accorge che le armoniche a un estremo svaniscono per lasciare il posto ad altre simili all'estremo opposto (figura 26). Il risultato è l'impressione di un impossibile suono continuamente ascendente o discendente, sfruttato da Bach in un canone «a spirale» dell'*Offerta musicale* (n. 6), col commento: «Possa analogamente ascendere la gloria del Re».

Una raffigurazione grafica molto efficace dell'ascesa infinita si ha nella *scala di Lionel Penrose*[11] (figura 27). In realtà la scala è in piano, come si intuisce tenendo l'immagine non perpendicolarmente al campo visivo, ma parallelamente a esso. Piú precisamente, gli scalini sono disposti uno sull'altro come tegole su un tetto piano, o libri su un tavolo, in modo da formare un quadrilatero (figura 28). In particolare, siamo di fronte a un'anamorfosi.

A proposito di scale, altrettanto paradossale di quella di Penrose è la *scala di Schröder*[12], che sembra sia salire da un pavimento che scendere da un soffitto (figura 29). Tuttavia, mentre la scala di Penrose è semplicemente un oggetto impossibile, quella di Schröder è un oggetto ambiguo: rappresenta, cioè, due oggetti possibili sui quali la percezione oscilla.

I piú antichi esempi di oggetti ambigui sono probabilmente i *cubi reversibili*: tre rombi adiacenti visti come le facce di un cubo, che possono essere alternativamente interpretati come facce interne o esterne. Inoltre, se ce ne sono piú di tre, i rombi non estremi possono appartenere a piú di un cubo, facendo apparire l'immagine alternativamente concava e convessa (figura 30). I

[11] L. e R. Penrose, «Impossible objects: a special type of visual illusion», *British Journal of Psychology*, 49 (1958): 31-33.

[12] E. Schröder, «Über eine optische Inversion», *Annalen der Physik und Chemie*, 181 (1858): 298-311.

Figura 27.

Disegno impossibile di una scala continuamente ascendente.

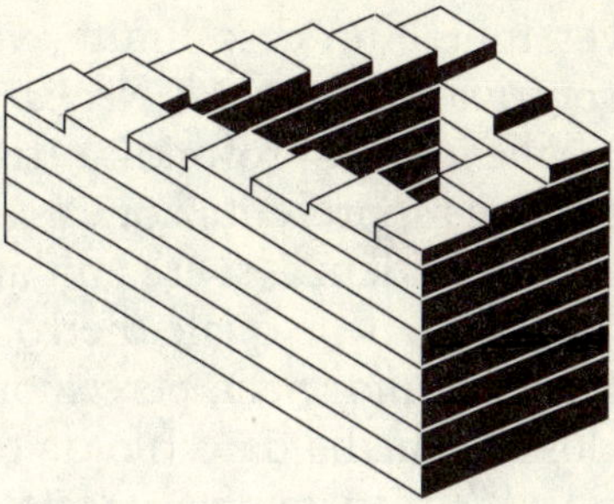

Figura 28.

Quattro scalini disposti in modo da formare una scala continuamente ascendente.

Figura 29.

Disegno ambiguo di una scala, che si può interpretare come ascendente dal pavimento o discendente dal soffitto.

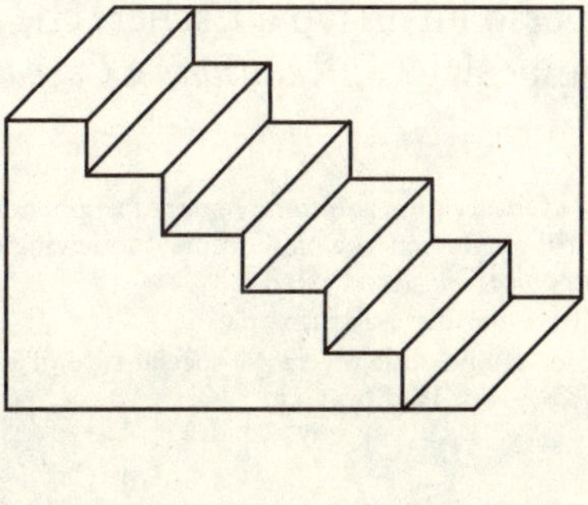

cubi reversibili erano già noti ai romani, e nel Novecento sono stati usati a profusione da Victor Vasarely nella creazione di variopinte figure paradossali.

Un cubo reversibile è un caso limite, visto da una particolare prospettiva, del *cubo di Necker*[13], che sembra alternarsi in rilievo e in profondità (figura 31). A causa della particolare rappresentazione prospettica, in cui tutti i lati sono in evidenza, si crea un'ambiguità su quale delle facce sia davanti e quale dietro. Due possibili cubi si alternano quindi nella percezione, creando un effetto paradossale che ha dato filo da torcere ai filosofi, ad esempio a Wittgenstein nel *Tractatus* (5.5423).

Il tentativo di disegnare in maniera tridimensionale il cubo di Necker porta a un cubo impossibile, che fa parte di una intera famiglia di analoghe figure immaginarie. La prima di queste fu il *triangolo di Reutersvärd*[14], disegnato in prospettiva in modo da dar l'illusione di avere tre angoli retti (figura 32), e ottenuto in origine espandendo la stella di David che gli sta al centro.

L'idea era stata anticipata per scherzo nel 1916 da Marcel Duchamp, che in *Apolinère enameled* aveva trasformato una pubblicità nell'immagine di un letto impossibile. Il primo esempio conscio di figura impossibile che si conosca è *La gazza sulla forca* di Pieter Bruegel, che risale addirittura al 1568 (figura 33). Ma fu Oscar Reutersvärd il primo a comprendere e sfruttare sistematicamente le potenzialità artistiche di questo genere di costruzioni. In seguito il triangolo impossibile fu riscoperto da Roger Penrose[15], e attraverso lui arrivò a Escher, che lo usò in due sue famose composizioni: *Relatività* e *Cascata*.

[13] L. A. Necker, «Observations on some remarkable phenomena seen in Switzerland; and an optical phenomenon which occurs on viewing of a crystal or geometric solid», *Philosophical Magazine*, 1 (1832): 329-337.

[14] O. Reutersvärd, *Opus 1 n. 293 aa*, 1934.

[15] L. e R. Penrose, «Impossible objects: a special type of visual illusion», *British Journal of Psychology*, 49 (1958): 31-33.

Figura 30.
Cubi reversibili, che si possono interpretare come concavi o convessi.

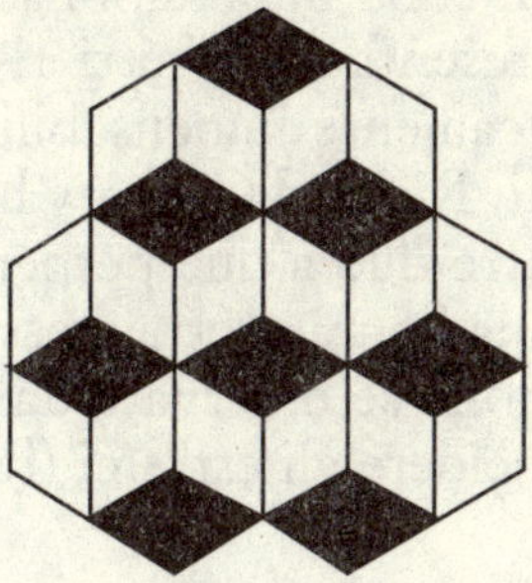

Figura 31.
Cubo ambiguo, di cui non si sa quale sia il fronte e quale il retro.

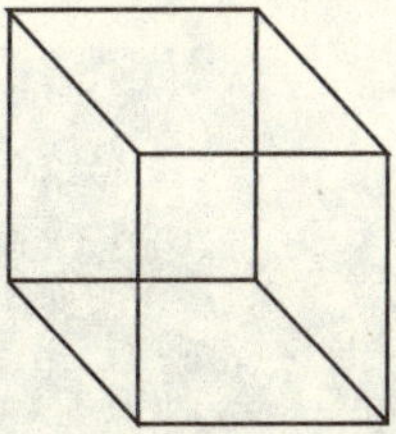

Figura 32.
Oscar Reutersvärd, *Opus 1 n. 293*.

Il triangolo e il cubo impossibili sono figure molto particolari: rappresentano oggetti fisicamente inesistenti e psicologicamente impensabili, ma non percezioni irrealizzabili. Richard Gregory ha infatti mostrato[16] come tre sbarre due a due perpendicolari, ovviamente formanti una figura aperta, possano sembrare un triangolo impossibile se osservate da una prospettiva che ne faccia coincidere gli estremi (figura 34). Analo-

[16] R. Gregory, *The intelligent eye*, 1970.

Figura 33.
Pieter Bruegel, *La gazza sulla forca*, olio su tavola, 1568 (particolare).

gamente, un modello di cubo con due lati discontinui può sembrare un cubo impossibile se osservato da un particolare punto di vista che permetta di vedere i lati sul retro attraverso le discontinuità sul davanti.

Molto piú facile da realizzare, ad esempio con carta e forbici, è invece la *figura di Thiéry*[17] (figura 35), che compare già in mosaici bizantini. Benché apparentemente rappresenti l'impossibile congiunzione di due parallelepipedi, in realtà si può anche pensare in maniera non paradossale, come un unico parallelepipedo esteso con due pareti (in due modi diversi).

Cosí come alcune figure appaiono impossibili a pri-

[17] A. Thiéry, *Optisch-geometrische Täuschungen*, 1895.

Figura 34.
Percezione reale di un triangolo impossibile.

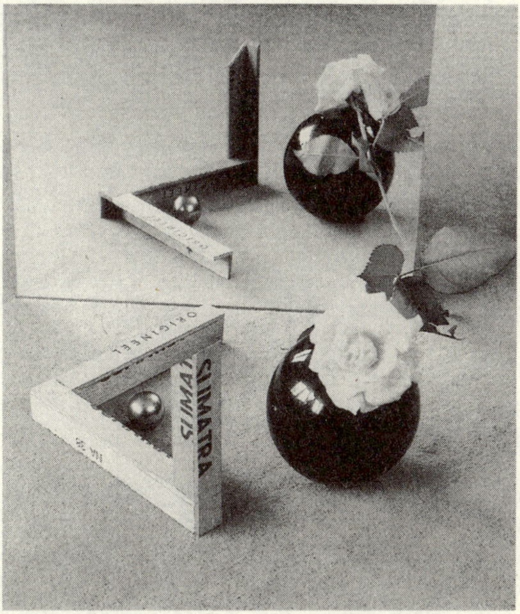

ma vista, ma risultano non esserlo in un secondo momento, può sorprendentemente succedere anche il contrario. Ad esempio, la figura 36 mostra un oggetto che percepiamo senza esitazioni come un tronco di piramide. E invece la figura non può corrispondere a nessun oggetto reale, perché i prolungamenti dei tre lati verticali non si incontrano in un unico punto.

Il triangolo impossibile rimane, comunque, il piú noto esempio del suo genere. La figura ambigua piú famosa è invece il *vaso di Rubin*[18], in cui due profili di facce possono anche essere visti come il contorno di un vaso (figura 37). L'effetto è causato dal fatto che non esiste in questo caso una suddivisione naturale dell'immagine in figura e sfondo, cosí che la percezione alterna le due possibilità.

Salvador Dalí ha illustrato artisticamente questo effetto in vari quadri, da *Apparizione di un viso e di una coppa di frutta su una spiaggia* a *Mercato di schiavi con apparizione del busto invisibile di Voltaire*. Ma l'artista che

[18] E. Rubin, *Synsopplevede Figurer*, 1915.

Figura 35.
Congiunzione impossibile di due parallelepipedi.

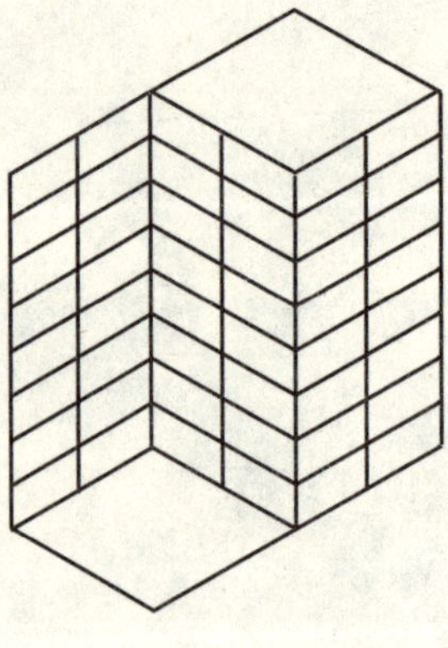

l'ha piú sfruttato è Escher: in una sessantina di suoi lavori appaiono frammenti di tassellazioni policrome del piano, composte di due o piú tipi di tasselli che svolgono, alternativamente, il ruolo di figura e sfondo. Que-

Figura 36.
Disegno di un tronco di piramide impossibile.

Figura 37.
Figura ambigua, che si può interpretare come un vaso o due profili.

ste opere illustrano dinamicamente sia il passaggio dal bidimensionale al tridimensionale che la morfogenesi, facendo evolvere indipendentemente e gradualmente i due tipi di tasselli in figure indipendenti e spaziali.

L'esempio piú noto, o almeno il piú venduto, è *Giorno e notte* (figura 38), in cui la tassellazione bidimensionale centrale si evolve in raffigurazioni tridimensionali ai lati. Queste rappresentano la stessa immagine non solo di giorno e di notte, come il titolo suggerisce, ma anche specularmente, oltre che in positivo e negativo.

Figura 38.
Maurits Cornelis Escher, *Giorno e notte*.

Capitolo terzo
Cose dell'altro mondo

I paradossi percettivi sono momenti di difficoltà dei sensi, smascherati dalla ragione. Ma anche la ragione incontra simmetriche difficoltà nei paradossi logici, smascherati dall'evidenza sensoriale. Anzi, si può dire che molte delle idee astratte su cui si basa la nostra cultura finiscono per rivelarsi paradossali, a un esame piú ravvicinato.

Con questo capitolo abbandoniamo dunque i paradossi dei sensi e iniziamo ad affrontare quelli della ragione, seguendo il pensiero in un percorso che va dalle sue forme piú primordiali a quelle piú sofisticate. Ovvero, dalla religione alla matematica, passando attraverso la filosofia e la logica.

Iniziamo, appunto, dagli aspetti paradossali della religione. Di quelli del Cristianesimo abbiamo già trattato brevemente nel *Vangelo secondo la Scienza* (Einaudi, 1999), in un paragrafo che riportiamo qui per comodità del lettore. Per *par condicio* parleremo poi, oltre che dello *zen*, anche di alchimia, psicanalisi e surrealismo: tutte cose che hanno molto piú in comune con la religione di quanto si potrebbe a prima vista pensare.

La religione in pillole.

Prima di andare avanti, volgiamo ancora all'indietro lo sguardo un'ultima volta, per notare un ulteriore paradosso sensoriale. L'imbarazzante fatto, cioè, che le esperienze religiose di tipo mistico possono essere indotte e riprodotte con mezzi elettrochimici. Il che fa pensare, ovviamente, che esse siano piú immanenti che trascendenti. O, come dicono coloro che se ne intendono, che il regno di Dio sia dentro di noi. Piú precisamente, dentro la nostra testa.

La tradizione chimica del misticismo si perde nella notte dei tempi. E la connessione fra droghe e religioni è troppo diffusa per essere casuale, come dimostrano i vari «cibi e nettari degli dèi» della storia: il soma vedico, la manna ebraica, il loto omerico, il vino bacchico, la canapa indiana, il *peyote* messicano, la coca incaica, l'*ayahuasca* amazzonica, la *ganja* giamaicana, la *kava* fijiana...

Non c'è comunque bisogno di andare troppo lontano, per vedere chimicamente Dio. Basta il gas, come racconta William James in *Volontà di credere*. O, ancora piú semplicemente, basta la vasca di deprivazione sensoriale, descritta da Richard Feynman in *Sta scherzando, Mr. Feynman!* O il deserto, come per sant'Antonio. O la cella (del carcere o del convento), come per san Giovanni della Croce. O i digiuni e le veglie. O le *trances* indotte da danze, canti o mantra ossessivi. O gli esercizi di respirazione guidata o forzata che accomunano le tecniche meditative piú disparate, dallo *yoga* allo *za-zen*. Anche se, ovviamente, piú i mezzi sono blandi e maggiore diventa la difficoltà di raggiungere l'illuminazione.

La tradizione elettrica del misticismo è, invece, piú recente e meno diffusa. Si tratta di stimolare artificialmente i lobi temporali, nei quali si situano le connessioni fra i centri sensoriali e l'amigdala, che è la parte del cervello preposta a dare significati emozionali agli avvenimenti esterni. Stimoli inusuali ai lobi temporali possono provocare disfunzioni dell'amigdala, con conseguente assegnazione di valenze cosmiche a oggetti e fatti anche banali[1].

La stimolazione dei lobi temporali può avvenire anche spontaneamente, ad esempio in crisi epilettiche. E, ancora una volta, la connessione fra epilessia e religione è troppo diffusa per essere casuale. Lo dimostrano, simmetricamente, sia le intense esperienze spirituali provate da molti epilettici durante gli attacchi[2], che l'epilessia di molti profeti e santi, da Paolo di Tarso a Maometto.

Naturalmente, il paradosso fisiologico della religione sta proprio nella possibilità di interpretare questi fatti in maniere contrapposte. Da un lato, il credente rifiuterà di ridurre le proprie esperienze religiose a fattori elettrochimici, cosí come rifiutano una tale riduzione l'ansioso, il depresso e lo schizofrenico. Dall'altro lato, il non credente si stupirà che il religioso, cosí come l'ansioso, il depresso e lo schizofrenico, ipostatizzino le proprie turbe fisiche attribuendole a cause metafisiche.

Comunque sia, si conoscono da tempo farmaci psicodislettici, stimolanti dell'esperienza religiosa: ad esempio, la mescalina, l'LSD e l'ecstasy[3]. Farmaci inibitori, analoghi ad ansiolitici, antidepressivi e neurolettici, per ora invece non ci sono. Ma c'è da scommettere che, tra qualche tempo, il medico arriverà a prescrivere una pillola al paziente che mostri sintomi religiosi. E, magari, pillole diverse per religioni diverse.

[1] A. Mandell, «God in the brain», in *The psychobiology of consciousness*, a cura di J. e R. Davidson, 1980; M. Persinger, *Neuropsychological bases of God beliefs*, Praeger, 1987; e V. Ramachandran e S. Blakeslee, «Dio e il sistema limbico», in *La donna che morí dal ridere*, Mondadori, 1999.

[2] K. Dewhurst e A. W. Beard, «Sudden religious conversions in temporal lobe epilepsy», *British Journal of Psychiatry*, 117 (1970): 497-507.

[3] A. Huxley, *The doors of perception*, 1954, e *Heaven and Hell*, 1956; A. Watts, «Psychedelics and the religious experience», *California Law Review*, 56 (1968): 74-85.

Nell'attesa, abbandoniamo i paradossi fisiologici per rivolgerci finalmente a quelli puramente logici.

Dio e Diavolo, S.p.A.

Il primo apparire del paradosso nella storia è la nascita del Diavolo da Dio, cioè del male dal bene. Agli inizi Dio è solo, un'unità indivisa, e tale rimane nelle religioni orientali. Ma nel momento in cui decide di guardare se stesso egli si sdoppia, diventando automaticamente osservatore e osservato, e creando cosí una scissione. In greco «scissione» si dice appunto *diabolé*, un termine il cui contrario è *symbolé*, «riunione»: per questo Dio parla per simboli, e il suo *alter ego* per contrapposizioni.

Il Diavolo (*diabolos*) è dunque il «divisore», anche se altri suoi nomi ricorrenti nell'Antico Testamento sono Demonio (*daimonia*, «privo di valore» o «nullità») e Satana (*satan*, «avversario»). L'analogo termine greco *diaballein*, «gettare attraverso», collega il Diavolo alla insinuazione.

Nella mitologia ebraica (*Genesi*, III, 1-5), alla sua prima entrata in scena il Diavolo viene appunto presentato come un insinuatore, sia per la sua forma fisica di serpente, che per il gioco dialettico su cui basa la sua tentazione:

> Il serpente era il piú astuto di tutti gli animali del campo che il Signore aveva creato. Egli chiese alla donna: «È proprio vero che Dio vi ha detto: Non mangiate il frutto di tutti gli alberi del giardino?»
>
> La donna rispose al serpente: «Noi possiamo mangiare il frutto degli alberi del giardino, e solo del frutto di un albero che sta nel mezzo del giardino Dio ha detto: Non lo mangiate, anzi non toccatelo nemmeno, altrimenti morirete!»
>
> Allora il serpente disse alla donna: «No, voi non morirete. Anzi, il Signore sa che, qualora voi ne mangiaste, vi si aprirebbero gli occhi e diventereste come Dio, acquistando la conoscenza del bene e del male».

Lo scopo esplicitamente dichiarato della tentazione del serpente è dunque il pensiero dualistico, basato sulla dicotomia vero/falso e contrapposto al pensiero olistico. Il Diavolo si rivela cosí come lo spirito della logica, e non a caso come tale viene descritto da Dante[4] e Goethe[5].

Agli inizi la dicotomia Dio/Diavolo e vero/falso non è ancora completamente definita. La Bibbia, infatti, non trascura il sorprendente tema della menzogna divina. Ad esempio, il *Salmo 89* accusa esplicitamente Iahvè di aver rotto il patto stipulato con Davide, e di non aver mantenuto gli impegni presi col popolo eletto. Ma è nel *Libro di Giobbe* che le contraddizioni divine esplodono: tormentando ingiustamente un uomo giusto che, nonostante tutto, mantiene salda la fede, Iahvè si rivela moralmente inferiore a lui.

Nella *Risposta a Giobbe*, Jung isola in questo episodio il germe dell'incarnazione: poiché il Creatore si è rivelato inferiore alla creatura, e in possesso soltanto di una coscienza indifferenziata, egli decide di farsi uomo per migliorarsi e acquistare maggiore coscienza, e di morire in espiazione dei peccati che *lui stesso* ha commesso nei confronti dell'umanità. Nella psicanalisi junghiana, l'incarnazione diventa dunque una immagine mitologica della presa di coscienza psicologica da parte dell'inconscio. E Cristo e Lucifero rappresentano le due polarità complementari della coscienza[6], finalmente ricomposta dopo la rimozione agostiniana del manicheismo.

Benché verità e menzogna, e dunque Dio e Diavolo, sembrino indistricabilmente legati alle origini, la mito-

[4] «Tu non pensavi ch'io loico fossi», *Inferno*, XXVII, 123.

[5] *Ich rat' Euch drum Zuerst Collegium Logicum*, «ti consiglio anzitutto di iscriverti ad un corso di logica», *Faust*, vv. 1910-1911.

[6] Gli gnostici credevano che il serpente della tentazione fosse in realtà un travestimento che il Figlio aveva assunto per poter offrire all'uomo la capacità di riconoscere l'imperfezione del Padre.

logia cristiana tentò di stabilire una netta separazione (*Vangelo secondo Giovanni*, VIII, 44):

> Voi avete per padre il Diavolo, e volete soddisfare i desideri del padre vostro. Egli fu omicida fin dal principio, e non perseverò nella verità, perché in lui non c'è verità. Quando mente parla di ciò che gli è proprio, perché è bugiardo e padre della menzogna. A me invece, poiché vi dico la verità, non credete.

Nelle parole di Cristo il Diavolo diventa cosí padre della menzogna, e genera la sua progenie attraverso l'opera dei bugiardi. Non stupisce allora che le Scritture abbiano fatto il possibile per render loro la vita difficile, ordinando di «non dire falsa testimonianza» (*Esodo*, XX, 16), ammonendo che «la menzogna uccide l'anima» (*Sapienza*, I, 11), e minacciando che «la sorte dei bugiardi è uno stagno ardente di fuoco e zolfo» (*Apocalisse*, XXI, 8).

Se Cristo, affermando «io dico la verità», intende contrapporsi al Diavolo, quest'ultimo non potrà che affermare: *io dico il falso*. Questa è veramente un'affermazione diabolica, e genera un paradosso cosí subdolo che gli dedicheremo un intero capitolo. Volendo contrapporsi a Iahvè, il Diavolo avrebbe invece dovuto affermare: *io non sono colui che sono*. Non sappiamo se l'abbia mai fatto, ma è stato certo lui a suggerire l'affermazione al suo degno discepolo Iago, nell'*Otello* (I, 1, 65).

La mitologia islamica ritorna a una contrapposizione meno netta fra Dio e Diavolo. Ad esempio, il racconto della creazione dell'uomo prende una piega inaspettata (*Corano*, XV, 28-43, e XXXVIII, 71-85):

> Il Signore disse agli angeli: «Io creerò un uomo di argilla secca, presa da fango nero impastato, e quando l'avrò modellato e gli avrò soffiato dentro il mio spirito, prostratevi davanti a lui in adorazione». E tutti gli angeli si prostrarono, eccetto Iblis, che si rifiutò di unirsi a loro.
>
> E Dio gli chiese: «Iblis, che hai, perché non ti prostri con

gli altri in adorazione?» Iblis rispose: «Non sia mai che io adori un uomo, creato dall'argilla secca, dal fango impastato!»

Disse allora Dio: «Vattene di qui, reietto, e che tu sia maledetto sino al giorno del giudizio!» Iblis rispose: «Signore, poiché tu mi hai ingannato io renderò bella agli occhi dell'uomo ogni turpitudine, e li ingannerò tutti».

Dio crea cosí un dilemma veramente diabolico, un'alternativa da cui si può uscire soltanto disobbedendo: o direttamente, all'ingiunzione di adorare Adamo, o indirettamente, al comandamento di non adorare altri che Dio. E il Diavolo si trova chiuso di fronte ad una coppia di ordini contraddittori che non gli lasciano scampo, e che costituiscono un tipico esempio di quei *doppi vincoli* sui quali torneremo in seguito.

I paradossi in croce.

La prima apparizione del paradosso nel cristianesimo si trova negli *Atti di Giovanni*, che ci mostrano un Gesú piú in sintonia col musical *Jesus Christ Superstar* che coi Vangeli canonici. Durante l'ultima cena egli avrebbe infatti diretto un girotondo degli apostoli, e mentre essi danzavano in cerchio tenendosi per mano lui avrebbe intonato un inno, nei cui versi è palese la coincidenza degli opposti (nella forma attivo/passivo):

Voglio essere salvato e voglio salvare. Amen.
Voglio essere liberato e voglio liberare. Amen.
Voglio essere ferito e voglio ferire. Amen.
Voglio essere generato e voglio generare. Amen.
Voglio essere mangiato e voglio mangiare. Amen.
Voglio essere lavato e voglio lavare. Amen.
Voglio essere unificato e voglio unificare. Amen.

Anche Paolo di Tarso presenta, nella *Prima lettera ai Corinzi* (I, 17-29), il cristianesimo come una teologia molteplicemente paradossale. Esso predica infatti un

Dio che si fa uomo, un immortale che diventa mortale, un onnipotente che finisce crocifisso, una sapienza rivolta agli ignoranti, una ricchezza riservata ai poveri, una potenza destinata ai deboli. La fede cristiana viene esplicitamente descritta da Paolo come uno scandaloso manifestarsi della divinità, che sconfigge la ragione dell'uomo:

> Mentre i giudei chiedono miracoli e i greci cercano la sapienza, noi predichiamo Cristo crocifisso, scandalo per i giudei e follia per i gentili. Ma per i chiamati, giudei e greci, Cristo è potenza di Dio e sapienza di Dio, perché la follia di Dio è piú sapiente degli uomini, e la debolezza di Dio è piú forte degli uomini.

A Tertulliano, vissuto verso il 200, viene attribuita la memorabile frase: *credo quia absurdum*, «credo perché è assurdo». In maniera forse meno memorabile, ma sullo stesso tono, Tertulliano ribadiva poi:

> È credibile che il figlio di Dio sia morto, perché è inconcepibile. È certo che sia risorto, perché è impossibile.

Queste posizioni portavano alle estreme conseguenze la concezione della fede cristiana inaugurata da Paolo: invece di stare sulla difensiva accettando di credere *benché* fosse assurdo, esse partivano all'attacco proponendo di credere *perché* lo era.

Anselmo d'Aosta inaugurò nel secolo XI una fase nuova della teologia, quando asserí: *credo ut intelligam*, «credo per capire». Egli contrapponeva infatti la sua posizione a quella del «capisco per credere», che sembrava essere la naturale conseguenza della sua prova ontologica dell'esistenza di Dio. Questa prova generò comunque un tentativo di ricostruzione razionale della teologia, durato tutta la scolastica e culminato nella *Summa theologiae* di Tommaso d'Aquino, che mirava a ridurre la fede alla ragione. In altre parole, a eliminarne appunto l'aspetto paradossale.

In tutt'altra direzione vanno le affermazioni del mistico Johannes Eckhart (1260-1327), secondo il quale fuori di Dio non c'è che il nulla, e Dio stesso è nulla di nulla. Le due dichiarazioni si completano a vicenda, poiché propongono da un lato un radicale nichilismo, e dall'altro un globale panteismo: tutto è niente, ma niente è Dio, dunque tutto è Dio.

Esse sono, però, anche interpretabili come espressioni di una teologia negativa, secondo cui ogni essere è negazione dei rimanenti, e Dio è negazione di ciascun essere. Dunque doppia negazione, cioè pura affermazione.

La teologia negativa venne perfezionata da Nicola Cusano (1401-1464), ne *La dotta ignoranza*: poiché parlare di Dio in modo positivo lo riduce ad una creatura, se ne può parlare soltanto in modo negativo. Il pensiero teologico di Cusano attraversò tre momenti di successiva radicalizzazione.

In una prima fase egli ritenne che, parlando di Dio, le negazioni sono piú veritiere delle affermazioni: Dio è quindi infinito, cioè *non*-finito, immortale, immateriale, e cosí via. In una seconda fase Cusano indentificò Dio con la coincidenza degli opposti: allo stesso tempo Dio è e non è, è finito e infinito, e cosí via. In una terza fase Cusano uní i due approcci precedenti, e identificò Dio con la coincidenza di opposti negativi: Dio quindi né è né non è, non è né finito né infinito, e cosí via.

La teologia negativa di Eckhart e Cusano sancí il fallimento dell'impresa scolastica di razionalizzazione della fede, e il ritorno ad una concezione religiosa basata sul paradosso. Non a caso, nel 1518 Martin Lutero intitolò le tesi di Wittenberg *Theologica Paradoxa*.

Egli vide, anzitutto, una contraddizione interna fra il «Dio rivelato» e il «Dio nascosto». Poiché il primo è l'aspetto che il secondo ha scelto di farci conoscere, è inutile, se non addirittura blasfemo, cercare di andare oltre. Ad esempio, voler interpretare le Scritture, alla cui «chiarezza» bisogna invece abbandonarsi passivamente.

Lutero vide poi una contraddizione esterna fra le libertà di Dio e dell'uomo. Se Dio è libero, non si può far nulla che Egli non voglia. Dunque, sia le azioni dell'uomo che la sua salvezza sono predestinate. Se invece l'uomo è libero, allora sono le sue azioni a determinarne la salvezza, che non può quindi essere predeterminata da Dio.

Sia Lutero che Calvino optarono per la predestinazione e il servo arbitrio dell'uomo, andando cosí contro l'opinione cattolica del libero arbitrio. Fu proprio su questo punto che il Concilio di Trento ruppe con la Riforma, asserendo che la grazia è condizione necessaria ma non sufficiente per la salvezza.

Con Blaise Pascal la contrapposizione fra ragione e fede acquista, nel secolo XVII, il suo aspetto moderno. Egli giunge a considerare sia il teismo che l'ateismo, in quanto prodotti di un'attività intellettuale, equidistanti dalla vera religione cristiana «delle acque benedette e delle messe». In altre parole, il Dio dei filosofi e dei dotti non è quello dei miserabili e dei peccatori.

A quest'ultimo si arriva, tanto per cambiare, attraverso le contraddizioni, ma non piú astrattamente intellettuali, bensí concretamente esistenziali. Piú precisamente, attraverso il peccato e la redenzione. Se proprio c'è bisogno di un argomento per credere, non sarà piú la ferrea logica a fornirlo, ma l'empirica teoria delle probabilità. Ecco dunque la famosa «scommessa», secondo cui si rischia di meno a credere se Dio non c'è, che a non credere se Dio c'è.

Il percorso dei paradossi sul terreno della fede raggiunge il suo apice nel secolo XIX col pensiero di Søren Kierkegaard, che ha scorto in essi l'essenza di ciò che Dio cerca di comunicare all'uomo e che questi non può cogliere mediante la ragione. In tal senso i paradossi teologici, primo fra tutti l'incarnazione, sono uno scandalo nel senso letterale, una «trappola» (*skandalon*) in cui la ragione cade andando alla ricerca del divino, e da cui si può uscire soltanto con un balzo, un salto di fede nell'ignoto.

Nel caso che poi la cosa non fosse sufficientemente chiara, Kierkegaard ha precisato che «il segno della fede è precisamente la crocifissione della ragione». Quest'ultima diviene dunque, come Cristo stesso, un agnello sacrificale destinato a patire una lunga *via crucis* di flagellazioni e sputi, per togliere i peccati dal mondo.

L'inesauribile vitalità della concezione irrazionale della religione è testimoniata dalle numerose proposte che essa ha avanzato nella seconda metà del secolo XX. La piú radicale ha preso le vuote forme della *teologia della morte di Dio* di Thomas Altizer, William Hamilton e Paul van Buren: autori di opere dai titoli memorabili, quali *Il Vangelo dell'ateismo cristiano*. Questa teologia offre variazioni sul tema di Nietzsche «Dio è morto» (*Gaia Scienza*, 125), che a sua volta è una variazione su un tema di Plutarco: «Il grande Pan è morto».

La morte di Dio è stata intesa in vari modi, accomunati soltanto da una negazione dell'idea tradizionale di Dio. Egli è oggi oscurato, o silente, o assente, o partito, o da qualche parte ma non nel mondo, o mai esistito. Oppure, è sintatticamente inesprimibile, o semanticamente vuoto e senza senso, o dialetticamente scomparso nella sintesi (incarnazione) di tesi (divinità) e antitesi (umanità).

Il risultato di queste premesse è l'ossimoro della *teologia ateista*, secondo cui si dovrebbe vedere l'essenza dell'incarnazione nel passaggio dal divino all'umano. O, in assenza del Padre, ci si dovrebbe accontentare del Figlio, o di versioni ancora piú deboli (forse il Nipote, il cui Nonno potrebbe essere l'On*nipote*nte). O si dovrebbe ammettere che Dio non è ancora arrivato, ma continuare a sperare che arrivi, religiosamente «aspettando God(ot)». O si potrebbe essere credenti soltanto non credendo, o sacri soltanto essendo profani, e cosí via.

In quest'ottica, la *teologia della secolarizzazione* di Harvey Cox propone di essere religiosi essendo secolari. Essa pretende di classificare i tratti essenziali della secolarizzazione come una conseguenza logica dell'insegnamento biblico: la creazione testimonia il distacco della natura da Dio; l'esodo ispira alla ribellione contro il potere totalitario; il popolo errante propone un modello sociale basato sulla mobilità; e Cristo definisce un'etica di amore e di dedizione al prossimo.

Altrettanto paradossali, sebbene in un'accezione diversa, sono le varie teologie che intendono farsi carico, da una prospettiva religiosa, delle problematiche di classe, razza e genere. Rivolgendosi, cioè, a Cristo come alternativa a Che Guevara, Malcolm X o Simone de Beauvoir. E dimenticando che proprio nel nome di Cristo sono state sistematicamente avversate le innovazioni scientifiche, filosofiche e politiche piú significative degli ultimi secoli: dal sistema copernicano all'evoluzionismo, dal razionalismo all'esistenzialismo, dagli stati di diritto alle rivoluzioni.

Ovviamente, la paradossalità di tutti questi equilibrismi teologici sta appunto nel fatto che, evitando di trarre dalle proprie analisi la possibile conclusione che il cristianesimo è parte integrante del potere capitalista, razzista e sessista, e come tale andrebbe combattuto e abbandonato, essi offrono invece a tale potere, mediante nuove interpretazioni dottrinali, una possibilità di sopravvivenza.

Possibilità che non tarda a divenire attualità. Come dimostrano, da un lato, il sostanziale fallimento delle varie lotte di liberazione. E, dall'altro, il ristabilimento dell'ortodossia da parte di Giovanni Paolo II, che ha definitivamente chiuso sia le aperture del Concilio Vaticano II, che le ingenue speranze delle teologie paradossali.

Applausi a una mano sola.

Lao Tze (secolo VI a.C.) apre il *Tao Tze Ching*, primo classico del taoismo, con l'affermazione: «Il Tao di cui si parla non è il vero Tao». E lo conclude dicendo: «Chi sa non parla, chi parla non sa». Naturalmente, ciò che sta in mezzo procede sullo stesso tono, e dichiara di passaggio: «La verità è paradossale».

Con queste premesse, cercare di capire positivamente cosa sia il Tao è impossibile, essendo esso indicidibile e ineffabile. Il che permette di identificarlo, a piacere, con l'Assoluto, la Natura, il Vuoto, il Cammino, la Via, eccetera. Non stupisce, allora, che invece di trattati filosofici il taoismo abbia prodotto raccolte di aforismi e aneddoti, con l'intento di mostrare con esempi ciò che non si può esprimere con parole.

La piú nota di queste raccolte è certamente il *Chuang Tzu*, che prende il titolo dal nome del suo autore (369-286 a.C.) A sua volta, la piú nota storiella del libro è la seguente:

> Una volta Chuang Tzu sognò che era una farfalla svolazzante e soddisfatta della sua sorte, e ignara di essere Chuang Tzu. Bruscamente si risvegliò, e si accorse con stupore di essere Chuang Tzu. Non seppe piú allora se era Tzu che sognava di essere una farfalla, o una farfalla che sognava di essere Tzu.

La morale, naturalmente, è che non si può distinguere la realtà dal sogno, e dunque neppure la verità dalla falsità. Anzi, non si può distinguere proprio niente, come dichiara esplicitamente il titolo del capitolo da cui l'aneddoto è tratto: «L'uguaglianza di tutte le cose».

Su queste premesse, il taoismo sviluppò un pensiero paradossale e antintellettuale che considerava gli opposti non contradditori, come nella logica occidentale, ma complementari. Il Tao fu identificato con la loro combinazione, vista come metafora dell'incessante avvicendarsi delle stagioni e delle vite, e venne rappresentato col *t'ai-chi*, «trave maestra» (figura 39), simbolo dell'unione di *yin* e *yang*.

Anche in Occidente non sono mancate scuole di pensiero che hanno accettato la complementarità degli opposti: basti pensare a sofisti, dialettici e decostruzionisti. Ma da noi il principio di non contraddizione non ha mai perduto la sua posizione dominante, soprattutto nel pensiero scientifico. In Cina, invece, la complementarità taoista ha segnato lo sviluppo del pensiero religioso e filosofico, innestandosi spesso anche su ceppi ad essa estranei.

Il caso piú eccellente di questa fecondazione lo si ebbe certamente col buddhismo, che fu esportato in Cina nel 520 dal monaco indiano Bodhidharma (470-534). Naturalmente, viste le caratteristiche del buddhismo stesso, la confluenza col taoismo era da prevedere. Anzi, i cinesi arrivarono addirittura a pensare che il

Figura 39.
T'ai-chi, simbolo dell'unione di *yin* e *yang*.

buddhismo fosse una versione indiana del taoismo, ritornata finalmente in patria.

Effettivamente, molti aforismi e aneddoti buddhisti hanno un inconfondibile sapore taoista. Pensiamo, ad esempio, alla definizione di Po-Chang (720-814) dell'essenza del buddhismo: «Mangiare quando si ha fame, dormire quando si ha sonno». Cosa, paradossalmente, piú facile da dire che da fare, soprattutto nella nostra società.

O, piú mitologicamente, ricordiamo la leggenda che la tradizione associa alla nascita stessa del buddhismo cinese. Un giorno al Buddha, sul Picco dell'Avvoltoio, fu offerto un fiore e richiesto di fare un sermone sulla legge. Egli fece lentamente girare il gambo del fiore fra le dita, senza parlare. Solo Kasyapa, il migliore degli studenti, capí e sorrise in silenzio. Quel muto insegnamento fu da lui trasmesso a una serie di ventotto successivi patriarchi, l'ultimo dei quali fu appunto Bodhidharma.

Arrivato al monastero di Shaolin, Bodhidharma rimase seduto per nove anni di fronte a una roccia, lasciandovi un segno che si vede ancor oggi. La nuova scuola cinese da lui fondata fu chiamata *Ch'an*, «meditazione», perché in origine si basava appunto sulla meditazione come unico mezzo per raggiungere l'illuminazione. Poiché, però, non tutti possono o vogliono stare per anni seduti a meditare, la scuola assunse presto un carattere privato ed elitario.

Per ovviare all'inconveniente e rendere il *Ch'an* piú accessibile, verso la fine del secolo IX fu inventata la tecnica del *koan*, «certificazione pubblica», che dall'esterno appare come una vera e propria insensatezza (e, magari, lo è per davvero). Il suo scopo è di stimolare il raggiungimento dell'illuminazione presentando problemi paradossali che, non potendosi risolvere secondo la logica convenzionale, dovrebbero cortocircuitare il pensiero razionale.

Per avere almeno un'idea di cosa stiamo parlando, ecco alcuni famosi *koan* storici:

Che suono fa un applauso a una mano sola?
Che faccia avevi prima di essere concepito?
Un cane ha la natura di Buddha?
Se sei cosí libero, perché hai tutti questi impegni?
Rispondi a questa domanda!

Inutile dire che, se non ci si pensa, non si arriva alla risposta. E se ci si pensa, nemmeno. Se però si arriva ugualmente a una risposta, è sbagliata. E chi dice che ha capito, non ha capito. Insomma, non c'è via d'uscita, se non quella di accettare che ci sono domande senza risposta. Il che, detto di passaggio, è anche uno dei grandi insegnamenti della logica moderna. La quale andrà poco lontano, ma certamente va piú lontano di qualunque altra cosa.

Spesso, per stimolare la ricerca dell'inesistente soluzione ai paradossali *koan*, i maestri *ch'an* integravano l'insegnamento con metodi che forse dovrebbero essere adottati anche nelle nostre scuole: insulti, urla, schiaffoni, pugni o bastonate, che sembra abbiano a volte il salutare effetto di produrre un'illuminazione improvvisa. Il primo a usare questa tecnica fu Te Shan (780-865), che era solito avvertire i suoi allievi: «Se dici sí, trenta bastonate. Se dici no, anche. Se taci, invece, trenta bastonate».

Con l'andare del tempo si costituí un vero e proprio canone, sistematizzato da Hakuin (1685-1768). Oggi esso ammonta a circa 1700 *koan*, divisi in sei gradi di difficoltà. Ci vogliono circa trent'anni di studio per padroneggiare l'intera materia e diventare un maestro, ma un addestramento normale si limita a una cinquantina di *koan*. Ovviamente, le soluzioni sono tenute segrete. Anche perché l'importante è come si ottengono, non quali sono. Ammesso, naturalmente, che le soluzioni ci siano. Cosa di cui si può dubitare, alla luce del classico dialogo buddhista:

– Maestro, qual è la natura ultima della realtà?
– Domandalo a quel palo.
– Non ho capito.
– Neppure io.

Nel 1191 il *Ch'an* fu esportato dal monaco Eisai (1141-1215) in Giappone, dove attecchí col nome di *zen*. Paradossalmente, un pensiero che si ispirava all'insegnamento di un pacifista divenne la pratica ufficiale dei *samurai*, che avevano da poco conquistato il potere. E la sua applicazione all'arte della guerra, chiamata *bushido*, costituí l'analogo orientale dell'altrettanto paradossale applicazione del cattolicesimo al militarismo occidentale, dalla cavalleria medioevale al fascismo europeo e sudamericano[7].

Le scuole *zen* oggi piú diffuse in Giappone sono la Rinzai e la Soto. La prima conta due milioni di seguaci e favorisce l'illuminazione improvvisa ottenuta mediante lo studio dei *koan* e le botte. La seconda, ovviamente piú popolare, ha circa sei milioni di aderenti e favorisce invece l'illuminazione graduale raggiunta attraverso la pratica meditativa dello *za-zen*, «zen seduto».

In Cina, invece, il *Ch'an* prosperò fino alla dinastia Ming. In seguito le varie scuole buddhiste stemperarono le loro diversità e confluirono nella scuola della Terra Pura, che limita la pratica alla ossessiva ripetizione del nome di Amitabha (*O-mi-to-fo*). Il *Ch'an* si dissolse cosí in una vuota ritualità popolare, analoga ai rosari e alle litanie cristiane, e oggi è praticamente scomparso.

[7] Un analogo e tipico paradosso dei reazionari è di essere, simultaneamente, contrari all'aborto ma favorevoli alla pena di morte. A questo proposito, si ricordi che il Vaticano ha cancellato la pena di morte dalla sua costituzione (Legge Fondamentale) solo nel 2001, e che gli Stati Uniti la mantengono tuttora in vigore.

Vogliamo scherzare?

Poiché, sostanzialmente, lo *zen* è un gioco di parole, non può stupire che anche in Occidente siano stati sviluppati degli equivalenti, piú o meno blandi, dei *koan*.

C'è, anzitutto, una tradizione di umorismo paradossale, un bell'esempio del quale è la risposta di John Maynard Keynes (1883-1946) a un intervistatore che gli chiedeva una previsione economica a lungo termine: «Alla lunga, saremo tutti morti». Lo stile ricorda quello del maestro *zen* che risolse il problema teologico di che cosa succede dopo la morte, dicendo: «Si sta sotto mezzo metro di terra, a pancia in su».

Già i sofisti venivano considerati degli umoristi. La stessa cosa si può dire degli scettici. O dei retori come Erasmo da Rotterdam, che nel 1511 scrisse un *Elogio della follia*, e del suo seguace Ortensio Lando, che nel 1544 pubblicò una serie di trenta *Paradossi* in cui prese le assurde difese di povertà, ignoranza, guerra, prigionia e morte. Cosa, peraltro, anticipata dagli apprezzamenti dell'*Ecclesiaste* (VII, 1-6) per mugugni, mestizia, pianto, lutto e morte.

Il *nonsense* inglese è certamente una reincarnazione del *koan*. Il suo esponente piú significativo è stato Lewis Carroll, che, guarda caso, era un prete e un matematico. Le sue opere letterarie, da *Alice nel paese delle meraviglie* a *Silvia e Bruno*, sono delle vere antologie di ciò che Alice chiama «indovinelli senza risposta», osservando che «sono certamente nella mia lingua, ma non li capisco». Eccone alcuni esempi:

> Che cosa, esattamente, non ricordi?
> Chi, precisamente, non hai preso in giro?
> Vuoi un regalo di non-compleanno?
> Con l'esercizio, puoi abituarti a credere anche le cose impossibili.
> Se un senso non c'è, non dobbiamo cercare di trovarlo.

Le piú tipiche immagini *zen* di Carroll sono sicuramente il sorriso del gatto del Cheshire, che rimane dopo che tutto il resto è svanito, e la fiamma della candela, che rimane dopo che questa si è completamente consumata.

Quanto al taoismo, basterà ricordare che *Alice attraverso lo specchio* riproduce la storiella della farfalla di Chuang Tzu. Tweedledum e Tweedledee dicono infatti ad Alice che l'intera storia è soltanto un sogno del Re Rosso, che dorme per tutto il tempo, e quando lei si risveglia non sa piú chi ha sognato cosa. L'ultimo verso della poesia finale, conferma il dubbio: *Life, what is it but a dream?*, «La vita cos'è, se non un sogno?»

Un'altra reincarnazione occidentale del *koan* è, ovviamente, il *surrealismo*. Basti pensare, ad esempio, agli aforismi che compaiono nel saggio *L'immacolata concezione* di André Breton e Paul Eluard, del 1930, che non sfigurerebbero in una raccolta *zen*:

> Assegna un valore sconosciuto ai tuoi sogni dimenticati.
> Scrivi imperituramente sulla sabbia.
> Non stare mai ad aspettare te stesso.
> Lascia che sia il cuscino a svegliarti.
> Bussa, dí: «Avanti!», e non entrare.

Una delle innovazioni piú significative del surrealismo è stata l'allargamento del mezzo espressivo del *koan* dalle parole alle immagini. Le arti *ch'an* e *zen*, peraltro ben sviluppate, non si proponevano infatti di illustrare visivamente i *koan*. Se non, forse, nella famosa immagine della trascendenza di Kyoto Tomikichiro Tokuriri per i *Dieci tori* di Kakuan (figura 40). Immagine, per altro, simile al *Ritratto di Sua Immanenza l'Assoluto* posto in copertina dalla rivista *Mind* sul numero di Natale del 1901 (figura 41).

I paradossali quadri di Salvador Dalí, Max Ernst e René Magritte, cosí come gli altrettanto paradossali film

Figura 40.
Kyoto Tomikichiro Tokuriri, *Il toro e l'io trascesi entrambi*.

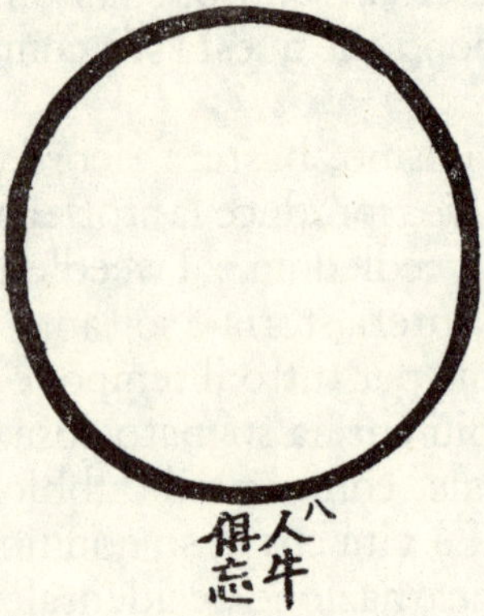

Figura 41.
Riproduzione del frontespizio della rivista *Mind*, numero speciale di Natale, 1901.

RITRATTO DI SUA IMMANENZA L'ASSOLUTO

Istruzioni per l'uso: rivolgi, con passione ma anche con fermezza, l'occhio della fede al centro della pagina; strizza l'altro; osserva attentamente fino a che Lo vedi.

di Luis Buñuel, crearono invece una nuova forma visiva di *koan*, aprendo le porte dell'arte all'irrazionale e all'inconscio.

Mettiamo la mamma a letto.

Il legame del surrealismo con Freud e la psicanalisi è esplicito, e lo fu fin dall'inizio. Quello con la religione diventa plausibile non appena si noti che la psicanalisi costituisce una versione secolarizzata del Cristianesimo, in cui il Paradiso Terrestre è lo stato prenevrotico, la Caduta il trauma dell'infanzia, il Peccato la nevrosi, il Messia lo psicanalista, e la Grazia l'analisi. O che è surrealista l'atteggiamento delle tre religioni rivelate, di scambiare il linguaggio mitologico dei propri libri sacri per un linguaggio logico, assegnando valenza metafisica a pagine letterarie che ne possiedono tanta quanto i poemi omerici.

Dalla plausibilità si passa alla necessità quando si ricordi che la religione, sfrondata di ciò che Keynes chiamava «tradizione, convenzione e circonvenzione», si può appunto ridurre all'identificazione di Dio con l'Inconscio, e della salvezza con la Sua scoperta[8].

Questa identificazione è ben nota a tutti coloro che hanno occhi per vedere e orecchie per intendere. Ad esempio, in Occidente, a William James (1842-1910), che nel classico *Le varie forme dell'esperienza religiosa*, del 1902, ipotizzava: «Ciò con cui ci sentiamo connessi nell'esperienza religiosa è il prolungamento inconscio della nostra vita conscia». In Oriente, possiamo citare Daisetz Suzuki (1869-1966), che nell'altrettanto classi-

[8] Le religioni occidentali mirano a rendere conscio l'inconscio *mentale*, che identificano appunto con Dio. Quelle orientali si dedicano invece a rendere conscio l'inconscio *fisico*, cioè alcuni (nel tantrismo tutti i) processi di respirazione, digestione, defecazione, orgasmo, sonno, sogno e morte.

co *L'esercizio koan come mezzo per realizzare il satori*, del 1933, definiva: «L'illuminazione *zen* è la realizzazione dell'Inconscio».

Per ottenere questa realizzazione lo *zen*, la psicanalisi e il surrealismo propongono di seguire la stessa via, già anticipata dal taoismo: «Agire senza agire», cioè adattarsi al naturale fluire delle cose senza interferirvi artificialmente. A seconda dei casi si parla di «vuoto mentale», di «associazioni libere» o di «automatismo». Benché i nomi cambino, in tutto il discorso precedente la sostanza rimane comunque la stessa: svincolare il pensiero dalle corazze della ragione e permettergli di seguire la sua vocazione paradossale. Il che è, appunto, ciò che stiamo cercando di fare in questo libro.

Il legame fra psicanalisi e paradossi è comunque piú stretto di quanto si possa supporre. Anzitutto, esiste una scuola orientale esplicitamente basata sul *koan*. Si chiama *terapia Morita*[9], dal nome del suo inventore Shoma Morita (1874-1938). In una prima fase, il paziente viene tenuto in un isolamento e un'inattività totali per vari giorni. In una seconda fase, il terapeuta conversa con lui per iscritto e risponde in maniera paradossale alle sue osservazioni. In particolare, dando consigli del tipo: «Permetti ai sintomi di rimanere come sono», o «Non agire come un paziente».

Simmetricamente, esiste un'analoga psicoterapia occidentale che prende il nome di *scuola di Palo Alto*, e si fonda sul concetto di doppio vincolo introdotto da Gregory Bateson (1904-1980). Questa nozione, sulla quale torneremo in seguito, è stata fin dagli inizi esemplificata facendo un esplicito riferimento al *koan* sulle bastonate visto sopra[10]. Simili situazioni senza uscita di-

[9] Takehisa Kora e Koji Sato, «Morita therapy. A psychotherapy in the way of Zen», *Psychologia*, 1 (1958): 219-225.

[10] G. Bateson, D. Jackson, J. Haley e J. Weakland, «Toward a theory of schizophrenia», *Behavioural Science*, 1 (1956): 251-264.

sorientano e possono anche scatenare la schizofrenia, se troppo ripetute. Lo *zen* e la terapia hanno dunque come comune scopo la soluzione paradossale di problematiche simili e apparentemente insolubili, con una conseguente illuminazione o guarigione.

Naturalmente, schizofrenia e terapia paradossale sono un male estremo e un estremo rimedio. Piú diffuso è invece il disagio causato dalla deumanizzazione della vita occidentale, per il quale un'arte paradossale di consumo può forse svolgere un'analoga funzione terapeutica. Questo spiegherebbe, almeno in parte, il successo di Franz Kafka e Harold Pinter, che descrivono l'*assurdo* che permea ogni aspetto della quotidianità. O di George Orwell e Aldous Huxley, che espongono le demenziali costrizioni imposte dal totalitarismo. O di Primo Levi e Aleksandr Solženicyn, che narrano le disumane condizioni di vita dei lager. I circoli viziosi e tragici sembrano, infatti, esprimere la condizione del Novecento europeo meglio dei circoli virtuosi e comici da cui siamo partiti, forse piú adatti ad altri tempi e luoghi.

La chimica del paradosso.

I paradossi del surrealismo ci hanno permesso di gettare un ponte di collegamento fra taoismo e psicanalisi. Questi estremi, apparentemente lontani, si possono anche collegare seguendo un percorso alternativo che passa attraverso i paradossi dell'alchimia.

Le origini orientali dell'impresa di trasformazione degli elementi si trovano nell'*I Ching*, «Libro delle mutazioni»: un testo risalente al primo millennio a.C., che divenne un classico sia taoista che confuciano. La sua struttura si basa su 64 esagrammi, ottenuti combinando in tutti i modi possibili sei righe intere (*yang*) o spezzate (*yin*). Gli esagrammi compaiono nel testo a coppie complementari o simmetriche, ma l'ordine delle coppie è apparentemente casuale. A partire dal secolo XI essi furono riordinati in maniera numerica, pensandoli come rappresentazioni binarie di numeri composti delle sole cifre 0 e 1 (figura 42). Gli esagrammi costituiscono dunque la base dell'aritmetica binaria, (ri)scoperta in Occidente da Leibniz soltanto nel 1679.

Come suggeriscono sia la complementarità di *yin* e *yang*, sia lo stesso titolo del libro, l'idea dominante dell'*I Ching* è che le linee intere possono spezzarsi, e quelle spezzate integrarsi. In tal modo gli esagrammi si mutano l'uno nell'altro, con un processo che rappresenta la corrispondente trasmutazione degli elementi chimici ad essi associati. Se i taoisti lessero l'*I Ching* come un testo di alchimia, oggi i chimici possono vedere nella tavola dei 64 esagrammi una prefigurazione della tabella di Mendeleev: tra l'altro, con un numero comparabile di

Figura 42.

I 64 esagrammi nell'ordinamento originario degli *I Ching* (in cerchio) e nell'ordinamento aritmetico binario (al centro).

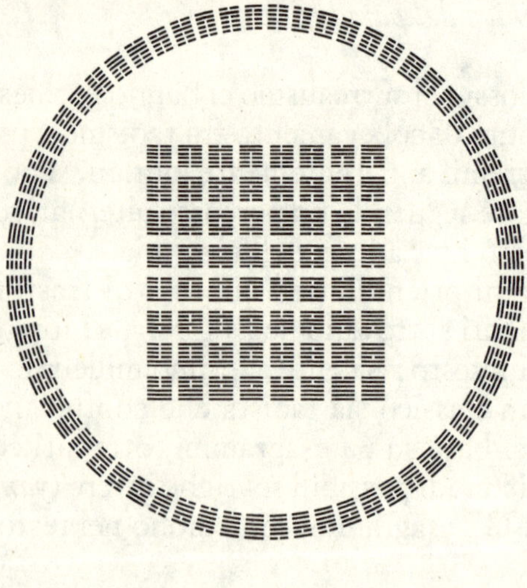

elementi. Il tutto ha, naturalmente, anche un'interpretazione psicologica, legata alle massime associate agli esagrammi e messa in evidenza dalla famosa prefazione di Jung.

Quanto alle origini occidentali dell'alchimia, esse sono registrate direttamente nella parola stessa, che è il nome arabo dell'Egitto: *al-Khem*. L'impresa si fa risalire a Ermete Trismegisto, sincretica combinazione di tre divinità: il Toth egizio, l'Hermes greco e il Mercurio romano. L'appellativo Trismegisto, che significa «tre volte grande», enuncia espressamente il dogma dell'unità di questa Trinità.

I quindici comandamenti dell'alchimia furono incisi da Ermete su una tavola di smeraldo, che sarebbe stata ritrovata nella sua tomba da Alessandro Magno. Alla tavola era associato il sigillo VITRIOL, acrostico di *Visita Interiora Terrae, Rettificando Inveniens Occultum Lapidem*, «Scendi nelle viscere della terra e, interpretando[11], trova la pietra nascosta». Il secondo dei quindici comandamenti, «Cosí è in Cielo come in Terra, e in Terra come in Cielo», stabiliva la paradossale identità di macrocosmo e microcosmo, che sarebbe divenuta uno dei tratti caratteristici del pensiero alchemico.

L'alchimia occidentale seguí due vie classiche. La piú antica, secca, usava il fuoco per la fusione. Gli arabi la chiamarono *al-iksir*, «asciutto», da cui deriva la parola «elisir». La seconda via, umida, risale a Maria l'Ebrea, che nel I secolo d.C. scoprí ad Alessandria il procedimento detto, in suo onore, «bagnomaria». Furono però gli arabi a inventare lo strumento principe di questa via, l'alambicco (da *al-ambiq*, «vaso»), che serví per la di-

[11] Sia l'*ermeneutica* che l'*ermetismo*, cioè le possibili tecniche di interpretazione e le teorie di impossibile interpretazione, derivano il loro nome da Ermete. L'interpretazione era infatti vista come un messaggio che gli uomini ricevevano dagli dèi attraverso Hermes, loro messaggero. Ancor oggi, in russo, si usa «ricevere» (*poluciat*) nel senso di ottenere un risultato o una dimostrazione.

stillazione dell'alcool (da *al-ghul*, «demonio», significato che si è conservato sotto «spirito»). Ai recipienti veniva poi apposto il Sigillo di Hermes, che sarebbe la nostra chiusura ermetica.

Poiché non possiamo, ovviamente, correre dietro alla storia dell'alchimia, ci limiteremo a ricordare che essa subí varie persecuzioni, da Diocleziano nel 296 a Carlo V nel 1380, per svariati motivi. Per un certo periodo, dopo la sua riscoperta medioevale, aveva però attecchito negli ambienti ecclesiastici. Ad esempio, la praticarono francescani come Ruggero Bacone e Raimondo Lullo, e domenicani come Tommaso d'Aquino e Alberto Magno. A quest'ultimo si deve addirittura la prima sintesi di un elemento chimico elementare: l'arsenico. In genere, però, l'alchimia fu considerata un'attività demoniaca, come ogni impresa di conoscenza non derivante esclusivamente dalle Scritture.

Questa caratteristica è esplicita nella vicenda di Faust, che è l'archetipo dell'alchimista. Già nella prima anonima versione della sua storia, pubblicata da Johann Spiess nel 1587, compare il patto col Diavolo:

> Io, dottor Iohannes Faust, essendomi proposto di indagare gli elementi, e non ritrovandone la capacità nella mia testa, secondo i doni graziosamente elargitimi dal Cielo, né potendo apprendere tali cose dagli uomini, mi sottometto al qui presente spirito Mefistofele, inviato e servitore del Principe Infernale d'Oriente, ed eleggo il medesimo a mio insegnante di tali cose.

Se il dottor Faust è l'alchimista letterario piú noto, grazie anche agli omonimi capolavori di Christopher Marlowe, Wolfgang Goethe e Thomas Mann, l'eroe storico dell'impresa fu Philippus Aureolus Theophrastus Bombast von Hohenheim, meglio noto come Paracelso (1493-1541). A lui si deve, tra l'altro, l'introduzione del termine «quintessenza». E il suo nome è all'origine dell'espressione inglese *bombast*, che corrisponde a «rodomontata» o «guasconata». Il che testimonia il carattere di esagerazione paradossale che oggi viene attribuito alle sue supposte imprese.

In realtà, l'alchimia rinascimentale si trovava a metà del guado tra ciarlataneria e scienza: parlava ancora il linguaggio della magia e del cristianesimo, ma compiva ormai esperimenti di chimica. La sua ambivalenza si trascinò fino a Newton, che Keynes descrisse come:

> L'ultimo dei maghi, l'ultimo dei babilonesi e sumerici, l'ultimo delle grandi menti che guardarono al mondo visibile e intellettuale con gli stessi occhi di coloro che iniziarono a costruire la nostra eredità culturale diecimila anni fa[12].

Dopo di lui il legame fra religione e scienza fu reciso: lo scienziato dismise i panni del teologo e i linguaggi delle due professioni divennero incompatibili.

Fino ad allora, però, l'alchimia era stata soltanto una delle facce di un paradigma totalizzante che comprendeva anche l'astrologia, oltre alla religione. Ad esempio, poiché Mercurio fungeva simultaneamente da elemento, pianeta e divinità, i discorsi su di esso potevano facilmente scivolare da un piano all'altro senza difficoltà. Per dirla con Jung, che non era certo prevenuto: «La sventura degli alchimisti fu quella di non saper neppure loro di che cosa parlassero». Con l'avvento della chimica, dell'astronomia e della psicanalisi si è finalmente capito che parlavano di una comprensione attiva del mondo atomico, della cosmologia e della psiche umana.

Ostinarsi oggi a voler pensare in termini alchemici, astrologici o religiosi sarebbe, dunque, un anacronismo paradossale. Ma, per fortuna (se non del mondo, almeno di questo libro), i paradossi esistono. Registriamo dunque, fra quelli generici, la sopravvivenza dell'alchi-

[12] J. M. Keynes, «Newton, the Man», in *The Royal Society Newton Tercentenary Celebrations*, Cambridge University Press, 1947.

mia nei circoli esoterici e tra i seguaci della *new age*, e la diffusione dell'astrologia e della religione anche in ambienti e tra persone altrimenti insospettabili[13].

Degli specifici paradossi della religione abbiamo già parlato. A quelli dell'astrologia basterà accennare, notando che la «teoria» non tiene neppure conto del fatto che le costellazioni sono invenzioni mitologiche e non oggetti astronomici. In ogni caso, le costellazioni visibili dello Zodiaco sono tredici e non dodici: manca infatti all'appello Ofiuco, o Serpentario. E il Sole percorre le dodici costellazioni canoniche in tempi diversi, non mensili. E la precessione degli equinozi ha ormai sfasato l'assegnazione classica dei segni, il che non impedisce a chiunque di conoscere il proprio segno (sbagliato) e agli oroscopi di comparire su qualunque giornale e rivista.

I paradossi dell'alchimia richiedono invece un po' piú di attenzione. Iniziamo col notare che la geometria offrí agli alchimisti un linguaggio appropriato per l'espressione di alcune delle loro visioni. Il *punto* rappresentava sia la scintilla dell'anima che il centro creativo della natura. Gli *assi cartesiani*, con le quattro semirette che si dipartono da un punto in direzioni mutuamente perpendicolari, indicavano i quattro elementi derivanti dall'Origine (che si chiama cosí anche in matematica). Il *cerchio infinito*, con il centro dovunque e la circonferenza in nessun luogo, forniva un'adeguata metafora della divinità. Il paradossale *cerchio quadrato*, che nel 1616 diede il titolo a un'opera di Michael Maier, simboleggiava la misteriosa unione degli opposti.

Quest'ultimo simbolo era però troppo astratto per poterlo immaginare. In Oriente lo stesso contenuto fu

[13] Raymond Smullyan ha notato, in *Il Tao è silente*, che le credenze irrazionali non sono necessariamente prova di stupidità: potrebbero essere effetti postipnotici indotti da un'educazione ipnotica, eliminabili soltanto con una deipnotizzazione. Non a caso Joseph de Maistre, teorico della Restaurazione, diceva: «Dateceli dai cinque ai dieci anni, e saranno nostri per tutta la vita».

rappresentato visivamente attraverso il *mandala*: un cerchio racchiuso in un quadrato, solitamente diviso in quattro parti corrispondenti ai quadranti degli assi cartesiani. In Occidente, invece, si preferí far riferimento all'ancor piú concreto *Ouroborus*: il serpente circolare che, come significa il suo stesso nome greco, si mangia la coda (figura 43). Questa suprema visione di autoreferenzialità costituí per l'Occidente un vero e proprio analogo del *t'ai-chi* orientale, al punto che spesso il serpente veniva colorato metà bianco e metà nero.

Nell'antico Egitto l'*Ouroborus* circondava le acque dell'Oceano Primordiale. Nell'*Edda Minore* circondava invece la Terra, in attesa di divorarla al Crepuscolo degli Dèi. Nel cristianesimo passò a indicare il Cristo autofago dell'Ultima Cena, che mangia la propria carne e beve il proprio sangue, prima di autoimmolarsi sulla croce. Nell'alchimia divenne il simbolo delle nozze chimiche fra gli elementi, la cui unione doveva generare frutti meravigliosi: la pietra filosofale, la panacea universale e la quintessenza. Nella psicanalisi esso sta a indicare una coscienza ancora indivisa, primitivamente rivolta su se stessa.

Da quest'ultimo punto di vista, la fase autoreferenziale dell'*Ouroborus* attende una separazione di conscio e inconscio. Che, puntualmente, arriva nel *caduceo*: due serpenti intrecciati fra loro, di solito attorno a un ba-

Figura 43.
L'Ouroborus, il serpente circolare che si mangia la coda.

stone (figura 44). In Oriente esso rappresenta le energie positiva e negativa per il *Kundalini* (che significa appunto «serpente»), l'asse terrestre per i buddhisti, e l'Albero della Vita per gli induisti.

Anche nel *Genesi* il serpente sta attorcigliato all'Albero della Conoscenza, ma è uno solo: la presa di coscienza provocata dalla caduta non è infatti ancora avvenuta. Il secondo serpente del caduceo cristiano è ovviamente Cristo stesso. Non a caso, nel *Mistero della Caduta e della Redenzione dell'uomo* di Giovanni da Modena, in San Petronio a Bologna, Cristo è crocifisso all'Albero della Conoscenza e il serpente vi è attorcigliato. Ai piedi della croce stanno Adamo ed Eva, di cui Cristo e Maria costituiscono versioni rivedute e corrette: i quattro sono infatti gli unici esseri che la mitologia cristiana ritiene nati senza peccato[14].

In Occidente il caduceo divenne il bastone di Hermes

[14] L'immagine di Cristo come secondo Adamo risale alla *Prima Lettera ai Corinti* (xv, 45-49). Quanto all'Immacolata Concezione, essa costituisce un dogma per i cattolici dal 1854, benché sia negata dagli ortodossi.

Figura 44.
Il caduceo, formato da due serpenti attorcigliati attorno a un bastone.

o Mercurio, «che dona e toglie a suo talento il sonno» (*Iliade*, XXIV, 437). Poi passò in dotazione a Asclepio o Esculapio, dio della medicina, della quale rimane ancor oggi il simbolo. In questo caso i serpenti rappresentano i due aspetti, curativo e distruttivo, dei farmaci. Non stupisce dunque che se ne siano impossessati anche gli alchimisti, estendendo la simbologia dalla medicina alla chimica. In particolare, all'unione di zolfo e mercurio, secco e umido, caldo e freddo, e compagnia bella.

L'uso mitologico generalizzato del serpente è in parte dovuto all'attrazione simbolica del suo periodico cambio di pelle, che rappresenta il paradosso della rinascita dopo la morte. L'animale piú indicato allo scopo è, in questo caso, la *fenice* che rinasce dalle proprie ceneri. Nell'antico Egitto essa indicava il Sole, che a ogni alba sorge dalle tenebre nelle quali era sprofondato al tramonto. Nel cristianesimo passò a simboleggiare Cristo, per ovvi motivi: gli stessi che spinsero i Padri della Chiesa a identificarlo col Sole. Nell'alchimia la fenice divenne l'immagine della trasmutazione degli elementi, che nell'alambicco perdono la vecchia identità per acquistarne una nuova. Nella psicologia analitica indica invece la differenziazione della coscienza dall'inconscio.

Le metafore biologiche piú scontate della rinascita vanno dalla procreazione all'autofecondazione, che si situano agli estremi di uno spettro: dalla congiunzione ovvia fra non consanguinei, a quella contraddittoria con se stessi. La miglior approssimazione a quest'ultima impossibilità è l'*incesto*, che non a caso presenta tratti fortemente paradossali. Benché oggi esso sia riservato a psicopatici e pervertiti, nell'antichità costituiva una prerogativa degli dèi e dei sovrani.

La sua immagine piú esplicita la presenta la letteratura greca con la storia di Edipo, che nella psicanalisi freudiana diverrà il paradigma dell'omonimo complesso. Nella mitologia mediorientale l'incesto, benché rimosso, è una conseguenza implicita della generazione dell'umanità da una sola coppia. Sull'argomento possiamo anche fare i finti tonti, ma che del problema si accorgano persino i selvaggi lo dimostra questo dialogo, dal *Supplemento al viaggio di Bougainville* di Denis Diderot:

– È molto che il tuo grande artefice senza testa, senza mani e senza utensili ha fatto il mondo?
– No.
– E ha fatto tutta la specie umana nello stesso tempo?
– Creò solamente un uomo e una donna.
– Ebbero dei figli?
– Certamente.
– Supponi che quei due primi genitori abbiano avuto solo femmine, e che la madre sia morta per prima. O che non abbiano avuto che figli maschi, e che la donna abbia perso il marito.
– Mi metti in imbarazzo. Ma hai un bel dire, l'incesto è un crimine abominevole, e parliamo d'altro.

Anche le relazioni fra il Padre e il Figlio da un lato, e fra Gesú e Maria dall'altro, sono tipicamente incestuose: in entrambi i casi si tratta di autofecondazioni indirette, e Dante descrive appunto la Madonna come «figlia del suo figlio» (*Paradiso*, XXXIII, 1). Quanto alle nozze mistiche di Cristo e della Chiesa, nell'alchimia esse vengono trasposte nella congiunzione del Sole e della Luna, e l'incesto viene esplicitamente assunto a simbolo dell'unione degli elementi.

L'immagine piú paradigmatica di questo pensiero degli alchimisti, contorta come i loro alambicchi e giudicata da Jung «il culmine dei paradossi», è però l'apocrifo epitaffio noto come *enigma bolognese*, la cui prima notizia è del 1548:

Elia Lelia Crispide non fu né uomo né donna, né giovane né vecchia, né casta né lasciva, ma tutto. Non è morta per fame, né per spada, né per veleno, ma per tutto. Non riposa in cielo, né nell'acqua, né in terra, ma dovunque.

Lucio Agatone Priscio non è né marito né amante, né afflitto né lieto, ma tutto. Non ha edificato questo monumento, né una piramide, né un sepolcro, ma tutto.

Lo sa e non lo sa l'autore, chi ha eretto che cosa per chi.

Questo è un sepolcro che non ha cadavere. Questo è un cadavere che non ha sepolcro. Questo è un sepolcro e un cadavere allo stesso tempo.

Siamo qui in presenza di un tipico crittogramma paradossale, in cui si dice una cosa palesemente incomprensibile intendendone un'altra occultamente comprensibile. Che cosa, però, è difficile dire. Per due secoli l'enigma fu dunque oggetto di interminabili interpretazioni alchemiche, quarantacinque delle quali nel solo *L'innata Elia Lelia Crispide risorge* di Carlo Cesare Malvasia, del 1683. A esse va aggiunto un *revival* di interpretazioni psicanalitiche nel *Mysterium coniunctionis* di Jung, del 1955.

Una passione per l'enigmistica.

Questi giochi a doppio senso paradossale erano già noti nell'antichità, e Platone allude a uno nella *Repubblica* (v, 479):

L'enigma che si propone ai bambini sull'eunuco e sul colpo tirato al pipistrello, dove c'è da indovinare con quale oggetto e dove lo colpisca.

Una ricostruzione dell'enigma platonico, risalente alla tarda antichità, è la seguente:

Un uomo che non era un uomo, vedente e non vedente, ha colpito senza colpire, con una pietra che non era una pietra, un uccello che non era un uccello, appollaiato ma non appollaiato, su un albero che non era un albero.

Il tutto va letto come:

Un eunuco monocolo ha sfiorato di striscio con una pietra pomice un pipistrello appeso a un cespuglio.

Naturalmente, è l'intera storia dell'umanità a essere punteggiata di enigmi, piú o meno paradossali: dalla domanda della Sfinge a Edipo ai ventiquattro indovinelli del cadavere al re indiano, dalle profezie ebraiche agli oracoli tibetani. Non stupisce, allora, che il piú antico testo in volgare sia proprio un enigma, rinvenuto nel 1924 a Verona e chiamato, di conseguenza, *indovinello veronese*:

Boves se pareba
alba pratalia araba
albo versorio teneba
et negro semen seminaba.

Sembrerebbe la descrizione di una scena agreste:

Preparava i buoi
arava i bianchi prati
conduceva il bianco aratro
e seminava il nero seme.

E invece si può leggere come un'allegoria della scrittura:

Impugnava con le dita
scriveva sul bianco foglio
muoveva la bianca penna d'oca
e stendeva il nero inchiostro.

La ricerca di significati inusuali e reconditi al di là delle apparenze costituisce di per sé un'attività paradossale, che estende il proprio spettro dalle pene della paranoia ai piaceri della crittografia mnemonica.

La sua forma piú elementare si manifesta nei *bisensi*: parole con doppio significato antitetico, sulle quali è possibile costruire equilibrismi letterari. Pensiamo ad esempio a *farmacon*, i cui due significati di «medicina» e «veleno» erano simboleggiati dai serpenti intrecciati del caduceo: su questa ambivalenza Derrida ha imbastito nel 1972 la funambolica «Farmacia di Platone»[15]. In italiano un'analoga ambiguità si trova in *droga*, inte-

[15] J. Derrida, *La dissémination*, 1972.

sa come «spezia» del droghiere e «stupefacente» del drogato: da noi, probabilmente, il Platone di Derrida avrebbe piuttosto aperto uno «Spaccio».

In realtà, nelle lingue arcaiche la paradossale coincidenza di significati contradditori in un'unica parola sembra essere stata piuttosto comune, come dimostrano i due omonimi saggi sul *Significato opposto delle parole primordiali* di Karl Abel e Sigmund Freud. Questa presenza dei contrari in uno stesso vocabolo costituisce una versione linguistica delle figure ambigue. La separazione dei contrari in vocaboli distinti corrisponde invece alla nascita della dualità dall'unità, cioè del Diavolo da Dio.

Una volta rimossa dal linguaggio evoluto, l'unità degli opposti riaffiora comunque nei sogni, nei lapsus e nelle battute, e contribuisce a determinare la paradossalità di questi aspetti della nostra vita quotidiana, piú o meno inconscia. Basta leggere, per convincersene, *L'interpretazione dei sogni*, *La psicopatologia della vita quotidiana* e *Il motto di spirito e la sua relazione con l'inconscio* di Freud.

Quanto alla vita conscia, sull'ambivalenza semantica si basano i *doppi sensi*. Su quella sintattica giocano invece i *testi omografici* o *omofonici*, che si scrivono o si leggono nello stesso modo, ma hanno struttura grammaticale diversa a seconda di come si interpretino. Un tipico esempio è il verso

> Ratto trascorre e a noi rose dispensa,

che può essere interpretato come riferentesi al mese di maggio o a un topo. Nelle due interpretazioni, ad esempio, «rose» e «dispensa» giocano ruoli simmetrici di sostantivo e verbo.

Testi identici che ammettono una pluralità di letture sono detti *enigmistici* o *crittografici*, in senso lato, e la loro natura multipla può essere prevista dall'autore o scoperta dal lettore. Come ausilio a quest'ultimo, e per una libera lettura creativa, Borges ha proposto[16] la tecnica dell'anacronismo deliberato e delle attribuzioni erronee:

> Questa tecnica, di applicazione infinita, ci invita a scorrere l'*Odissea* come se fosse posteriore all'*Eneide*, e il libro *Le jardin du Centaure* di Madame Henri Bachelier come se fosse di Madame Henri Bachelier. Questa tecnica popola di avventura i libri piú calmi. Attribuire a Louis Ferdinand Céline o a James Joyce l'*Imitazione di Cristo*, non sarebbe un sufficiente rinnovo di quei tenui consigli spirituali?

Un'altra tecnica, detta *crittografia mnemonica*, consiste nel cercare letture alternative di frasi fatte, e può dare risultati sorprendenti. Come nell'esempio del «mezzo minuto di raccoglimento», che si può interpretare come «cucchiaino».

I testi direttamente congegnati in modo da permettere due o piú livelli di lettura abbondano: gli *enigmi*, gli *indovinelli*, le *allegorie*, le *opere aperte*... Un esempio storico è il responso attribuito alla Sibilla Cumana:

> *Ibis redibis non morieris in bello.*

A seconda di dove si mettano le virgole, lo si può intendere come: «Andrai, tornerai, non morirai in battaglia», oppure: «Andrai, non tornerai, morirai in battaglia». Siamo dunque di fronte a un'altra versione linguistica delle figure ambigue.

Spesso la pluralità di tali testi diventa via via piú generica con l'aumentare della loro lunghezza e complessità. Sono rari i casi quali *L'amore assoluto*, un romanzo del 1899 di Alfred Jarry (1873-1907), che può essere letto come:

a) l'attesa di un condannato a morte nella sua cella;
b) il monologo di un uomo che soffre d'insonnia;
c) la storia di Cristo.

[16] J. L. Borges, «Pierre Menard, autor del Quijote», *Sur*, 56 (1939): 7-16.

Proprio questo romanzo, che inizia con: «Sia fatta la tenebra!», e termina con: «Prega per noi adesso, che è l'ora della nostra morte», ci ricorda che anche per l'enigmistica, come già per il surrealismo, è possibile stabilire un collegamento paradossale con la religione. Anzitutto, «divinare» è una forma di «indovinare»: se ha la stessa radice di «divino», un motivo ci sarà. Inoltre, gli enigmi abbondano nei testi sacri, dai *Veda* alla *Bibbia*: anzi, per i cabalisti e i razionalisti, i testi sacri sono tutti un enigma! Infine, per i credenti, le profezie e i misteri della fede sono ineffabili manifestazioni linguistiche dell'indicibile, a cui adeguarsi senza capire.

Insomma, potremmo riassumere, in maniera forse un po' blasfema[17]: «In principio era il Cruciverba». O, se si preferisce, «In principio era la Parola Crociata». Detto altrimenti: enigmistica, che passione!

[17] Anche la blasfemia potrebbe essere vista come una delle facce del paradosso. Cosí come, secondo Borges, la teologia è una forma di letteratura fantastica.

Capitolo quarto

Immacolate concezioni

Occidente e Oriente hanno camminato per millenni su strade contrapposte. Indagando, il primo, il mondo esterno e la *realtà* mediante i sensi e la scienza. Esplorando, il secondo, il mondo interno e la *coscienza* mediante la meditazione e la filosofia. L'evento spaziotemporale che ha segnato la dipartita delle due strade si può localizzare con precisione: la Grecia del v secolo a.C., quando Parmenide oppose alla logica del divenire di Eraclito una logica dell'essere che, attraverso Aristotele, divenne poi egemone nella nostra cultura.

Le immagini del mondo sviluppate storicamente da Occidente e Oriente sono risultate a lungo antitetiche. Da un lato, il *realismo*: le percezioni ci forniscono immagini di oggetti che esistono al di fuori di noi, le cui proprietà sono indipendenti dall'osservatore e quindi oggettive. Dall'altro lato, l'*idealismo*: i sensi ci presentano illusioni create da noi, le cui proprietà sono dipendenti dall'osservatore e quindi soggettive.

Proprio per la loro opposizione radicale, ciascuna di queste immagini appare ovviamente paradossale a chi adotti l'altra come propria. È infatti impossibile distinguere dall'interno la «vera» filosofia da una sua parodia. A decidere se ci si trova nel campo della filosofia teoretica e della scienza applicata, oppure della letteratura fantastica e della matematica pura, è soltanto un giudizio esterno di plausibilità sociale dei sistemi o di adeguatezza sperimentale delle teorie.

In particolare, gli occidentali hanno a lungo considerato la visione orientale del mondo come un paradossale prodotto di una cultura inferiore e superstiziosa, giudicandola fallimentare alla prova dei fatti, cioè del controllo tecnologico della natura. Inutile dire che l'argomento è, ovviamente, circolare: tale controllo fa parte degli obiettivi di una sola delle due culture, e l'altra non può quindi essere giudicata per non aver raggiunto scopi che non si prefiggeva.

In ogni caso, le due divergenti strade del realismo occidentale e dell'idealismo orientale sembrano essere ritornate a convergere nel Novecento, in seguito alle scoperte della relatività e della meccanica quantistica. Le quali, proprio perché cozzavano col paradigmatico senso comune, al loro apparire sono apparse paradossali e continuano a esserlo in larga misura, a causa dell'inerzia della nostra visione ingenua del mondo. Non è dunque inappropriato, in questo libro, ripercorrere brevemente le tappe di questa storia millenaria.

Non badiamo alle apparenze.

L'indagine filosofica greca del mondo ebbe come punto di partenza l'ipotesi che le percezioni colleghino oggetti percepiti a soggetti percepenti. Il primo problema che si pose ai presocratici fu la determinazione della natura di tale collegamento. Le risposte possibili sono molteplici. In sintesi, si può credere che le percezioni sensoriali siano sempre corrette, sempre errate, o a volte corrette e a volte errate.

L'ipotesi piú naturale è la prima: le percezioni sono sempre corrette, e quindi *tutto è come appare*. Nel VI secolo a.C. essa fu sostenuta implicitamente dalla scuola ionica-naturalista, ed esplicitamente da Eraclito. Poco dopo, nel V secolo, Protagora la espresse in maniera memorabile con il famoso motto: «L'uomo è la misura di tutte le cose». Le discussioni nel *Teeteto* di Platone e nel libro IV della *Metafisica* di Aristotele si riferiscono principalmente a lui.

È evidente che uno stesso oggetto può provocare percezioni fra loro contraddittorie in soggetti diversi allo stesso tempo, o nello stesso soggetto in tempi diversi. La posizione che le sensazioni siano sempre corrette è dunque in contrasto con quelli che oggi sono i principî di *non contraddizione* e del *terzo escluso* da un lato, e il concetto di *identità* dall'altro. Ad esempio, il memorabile motto di Eraclito, secondo cui «non ci si bagna mai due volte nello stesso fiume», non è altro che la negazione del principio di identità del fiume, che non è mai uguale a se stesso.

Fu Parmenide a dare avvio a una critica della posizione precedente, basandosi proprio su queste sue implicazioni. Egli oppose alla logica del divenire concreto una logica dell'essere astratto. Il fatto che questa logica si chiami oggi «classica» testimonia che fu essa ad avere il sopravvento e a servire da base per gli sviluppi della filosofia occidentale, almeno fino a Hegel. Ma il suo «classicismo» tende a nascondere il fatto che questa logica *non* è quella della realtà immediata. Essa deve quindi essere stata percepita come fortemente paradossale, nel momento della sua prima formulazione. Oggi, invece, l'abbiamo interiorizzata a tal punto che ci appare paradossale ciò che le si oppone.

L'accettazione dei principî della logica classica non permette piú di considerare la realtà come coincidente con l'apparenza, ma non appena esse si separano tutto si complica. Infatti, poiché l'apparenza può non solo nascondere la realtà, ma anche rivelarla, l'epistemologia diventa doppiamente problematica. Si tratta di capire, da un lato, che ruolo assegnare all'apparenza e, dall'altro, come conoscere la realtà.

Se le percezioni sono sempre errate, allora *niente è come appare*. Questa è la posizione di Platone (428-347 a.C.), espressa memorabilmente nel libro VII della *Repubblica* mediante il mito della caverna, sulle pareti della quale il fuoco proietta ombre che vengono scambiate per vere figure. E se l'apparenza è solo una proiezione distorta della realtà, sui sensi non si può fare affidamento per arrivare alla vera conoscenza, e si dovrà fondarla sulla ragione.

Se le percezioni sono invece a volte corrette e a volte errate, allora *non tutto è come appare*, e si tratta di stabilire quando lo sia. Questa fu appunto la posizione di Aristotele (384-322 a.C.), che considerava le percezioni come dati da elaborare, e il raggiungimento della conoscenza come un processo che deve far intervenire sia i sensi che la ragione.

Facciamo gli indiani.

La separazione fra apparenza e realtà rende problematica non solo l'epistemologia, ma anche l'ontologia: si tratta infatti di capire di che cosa consista la realtà. Come al solito, le risposte possibili sono molteplici. Ad esempio, secondo Platone esistono gli universali (i concetti) e secondo Aristotele i particolari (gli oggetti). Queste risposte, benché antitetiche, concordano in almeno un punto: l'apparenza sensibile è in qualche modo causata da una realtà che esiste in modo indipendente da essa.

Il pensiero greco non arrivò infatti mai a concepire la sola posizione che permette di formulare il dubbio ontologico sull'esistenza della realtà: il porre cioè la coscienza come soggetto che è, almeno come possibilità, indipendente dal mondo. In Occidente questa posizione dovette attendere Cartesio, e segnò la nascita della filosofia moderna. In Oriente essa fu invece congeniale al pensiero indiano, nella cui storia una paradossale negazione del mondo è addirittura la tendenza dominante (benché non certo esclusiva).

Una volta introdotto un potenziale dualismo fra coscienza interna e mondo esterno, si presentano quattro soluzioni possibili al problema ontologico: entrambi esistono, solo uno esiste, nessuno esiste.

La posizione che prende piú sul serio la coscienza è il *monismo idealista*, che afferma che solo la coscienza esiste. Esso fu introdotto nelle *Upanishad*, che risalgono al primo millennio a.C., e fu sistematizzato nel *Vedanta*, in particolare da Shankara (788-850). Secondo questa tradizione la coscienza individuale (*atman*) coincide con quella cosmica (*brahman*). Il mondo delle apparenze è invece una pura illusione (*maya*), un gioco che la coscienza gioca con se stessa e dal quale bisogna cercare di uscire. L'unione dell'*atman* con il *brahman*, cioè delle coscienze individuale e cosmica, si può raggiungere con un graduale distacco ascetico dal mondo, ottenuto mediante pratiche di concentrazione sulla coscienza.

L'illusorietà del mondo non sembra però implicare necessariamente un distacco da esso. Lo prova la *Bhagavad Gita*, il classico dell'induismo del II secolo d.C. Pur partendo da premesse analoghe al brahamanesimo, in cui il *brahman* è personificato nel dio Vishnu, essa non solo permette, ma addirittura suggerisce di abbandonarsi all'incomprensibile gioco, purché si mantenga uno spirito di distacco da esso. Per dirla col Nietzsche della *Gaia scienza*, si deve cioè «continuare a sognare sapendo di sognare».

La sostanziale ambiguità della *Bhagavad Gita*, che nega il mondo nella teoria per poi affermarlo nella prassi, è eliminata dal *dualismo*, che ammette l'esistenza sia della coscienza che del mondo esterno. Questa è la posizione della *samkhya*, una scuola del VI secolo a.C., secondo la quale la mente è generata dall'incontro fra la coscienza e la materia. L'incontro proietta nella mente un mondo di apparenze da cui ha origine il dolore. E il dolore si può superare liberando la coscienza dalle apparenze attraverso le pratiche psicofisiche dello *yoga*, che mirano al distacco dal mondo.

Per il nostro immaginario, è forse piú consono pensare all'intero processo usando il cinema come metafora. A volte un'eccessiva immedesimazione in un film tragico può produrci una sofferenza perfettamente reale. Ma possiamo facilmente eliminare questa sofferenza, ricordandoci che stiamo appunto guardando un film: ad esempio staccando lo sguardo dallo schermo e rivolgendolo altrove in sala, oppure chiudendo gli occhi.

Una posizione imparentata con la precedente è quella del giainismo, che risale anche'esso al VI secolo a.C[1]. I giainisti credono che la coscienza (*jiva*) permei la materia (*ajiva*) e ne sia imprigionata. Per liberarla è necessario non solo il distacco, ma anche il rispetto e l'amore verso tutto ciò che la manifesta. E poiché i giainisti credono che la coscienza sia presente anche nella materia inanimata, oltre che in quella animata, arrivano a un concetto di non violenza assoluta (*ahimsa*), che è stato ripreso in tempi moderni dal Mahatma Gandhi.

Il distacco dal mondo si può perseguire comunque anche senza credere nell'esistenza della coscienza, individuale o cosmica che sia. Lo mostra l'esempio del buddhismo, che non nega l'esistenza di processi mentali, ma non postula neppure un io distinto da essi.

Il buddhismo *hinayana* o *theravada*, detto anche «piccolo veicolo», risale ancora una volta al VI secolo a.C. e

[1] Qualcosa doveva evidentemente essere arrivato a maturità nell'uomo, se in uno stesso periodo si è verificata un'esplosione intellettuale globale che ha prodotto Eraclito e Parmenide in Grecia, Jina e Buddha in India, e Confucio e Lao Tze in Cina.

sostiene un *monismo materialista*, secondo il quale solo il mondo fisico esiste. Poiché la realtà del mondo è il dolore e questo è generato dall'attaccamento alla vita, per liberarsi dal dolore diventa necessario distaccarsi interiormente dalla vita, mediante la meditazione. Si arriva cosí in ogni caso a una negazione del mondo, ma soltanto da un punto di vista etico e non piú ontologico.

L'ultima posizione che ci rimane da esaminare è quella che prende piú sul serio la negazione del mondo. Si tratta del *nichilismo totale*, che nega l'esistenza sia della coscienza che del mondo esterno. Questo è l'ardito paradosso sostenuto nel II secolo d.C. da Nagarjuna, esponente del buddhismo *mahayana*, detto anche «grande veicolo»[2]. Egli la espresse nel contradditorio motto: «Tutto è niente». La coscienza, infatti, si inganna non soltanto sul mondo delle apparenze, ma anche su se stessa e può arrivare a percepire la verità dell'assoluto nulla mediante la concentrazione spirituale.

Questo nichilismo totale sembra piuttosto insensato, se preso in senso letterale. Ma diventa ragionevole quando venga interpretato semplicemente come un rifiuto di postulare oggetti e soggetti, al di là delle percezioni e dei processi mentali. La posizione decostruzionista secondo cui ci sono pensieri ma non pensatori, sensazioni ma non senzienti, azioni ma non agenti, effetti ma non cause, sarà introdotta in Occidente da David Hume (1711-1776) e portata alle estreme conseguenze da Jacques Derrida.

[2] «Piccolo» e «grande» si riferiscono all'enfasi posta rispettivamente sulla salvezza individuale o collettiva, che si raggiunge nel primo caso diventando «illuminati» (*arhat*), e nel secondo «salvatori» (*bodhisattva*). Non è certo un caso che i paesi asiatici in cui il grande veicolo ha storicamente avuto il sopravvento (Cina, Vietnam) si siano poi rivelati piú sensibili all'ideologia marxista di altri che storicamente hanno preferito il piccolo veicolo (Birmania, Tailandia, Sri Lanka).

Sogno o son desto?

La negazione orientale del mondo, nelle sue varie forme, appare talmente lontana dalla contrapposta affermazione occidentale, da non sembrarci neppure paradossale. Semplicemente, la rimuoviamo con sufficienza o fastidio. Del paradosso ci accorgiamo soltanto quando esso si presenta in forme piú vicine, e dunque piú accessibili a noi. In particolare, quando lo ritroviamo nel contesto del nostro pensiero letterario o filosofico.

Come si può immaginare, gli occidentali non hanno dovuto attendere Calderón de la Barca (1600-1681) per formulare il dubbio che, forse, *La vità è sogno*, né William Shakespeare (1564-1616), per declamare che «siamo fatti della stessa sostanza dei sogni»[3]. Piú o meno nello stesso periodo in cui Chuang Tzu coniava la storiella della farfalla, Platone scriveva infatti nel *Teeteto* (158):

> SOCRATE Cosa si potrebbe dimostrare a chi ci chiedesse se, per esempio, in questo momento stiamo sognando, oppure siamo svegli?
>
> TEETETO In verità, Socrate, non sarebbe possibile dimostrare niente, perché le due situazioni sono indistinguibili fra loro. Quello che ora diciamo, potremmo anche dircelo sognando. E quando in sogno ci diciamo qualcosa, ci sembra incredibilmente di dircelo nella veglia.

Il paradosso dell'indistinguibilità fra sogno e veglia fu ripreso da Cartesio (1596-1650) nel *Discorso sul metodo* (IV). Naturalmente, molte affermazioni vere nella veglia risultano essere false nel sogno: ad esempio «non sto sognando». Viceversa, molte affermazioni vere nel sogno risultano essere false nella veglia: ad esempio «sto sognando». In un primo tempo Cartesio pensò strana-

[3] «We are such stuff as dreams are made on», *The tempest*, IV, 175-176.

mente che questo accadesse, in generale, per tutte le affermazioni empiriche. Poi si accorse però che ce n'era almeno una vera in entrambi i casi: «Io sto pensando».

Non si trattava di una gran scoperta. Ad esempio, già Platone aveva anticipato nel *Filebo* (37):

> Chi pensa, sia che pensi il vero, sia che pensi il falso, sta comunque pensando.

In ogni caso, il *cogito* forní a Cartesio almeno un punto di partenza indubitabile, dal quale partire per costruire una filosofia. Ma, per i nostri scopi, un'affermazione vera sia nella veglia che nel sogno non serve a risolvere il paradosso della loro apparente indistinguibilità.

Nella prima delle *Meditazioni* Cartesio lo riformulò nella memorabile forma del «genio malefico»:

> Supporrò che vi sia non già un Dio sommamente buono, fonte di verità, ma un genio malefico, tanto astuto e ingannatore quanto potente, che abbia impiegato tutte le sue arti per ingannarmi. Considererò il cielo, l'aria, la terra, i colori, le figure, i suoni e tutte le cose esterne soltanto come trucchi e illusioni, che egli usa per ingannarmi. Considererò me stesso privo di mani, di occhi, di carne, di sangue, di sensi, ma illuso di averli.

Cartesio non riuscí a risolvere il paradosso se non postulando l'esistenza di un Dio buono e non ingannatore, invece che di un genio malefico. Il che, ovviamente, non è una soluzione ma una petizione di principio.

Una versione moderna dell'argomento, in cui il genio malefico viene sostituito da un computer benefico e il corpo da un cervello nella vasca a esso collegato, è stata proposta nel 1967 da Borges e Bioy Casares come paradossale soluzione per l'immortalità[4]:

[4] J. L. Borges e A. Bioy Casares, «Los inmortales», in *Cronicas de Bustos Domecq*, 1967 [trad. it. di F. Tentori Montalto, *Cronache di Bustos Domecq*, Einaudi, Torino 1975].

In sé, la tesi è semplicissima, un uovo di Colombo. La morte corporale è causata sempre dal venir meno di un organo, sia esso il rene, il polmone, il cuore, o qualsiasi altro. Sostituite le parti corruttibili dell'organismo con altrettanti strumenti inossidabili, non c'è alcuna ragione perché l'anima non sia immortale. Non si tratta di sottigliezze filosofiche; il corpo si ripara di tanto in tanto, lo si calafata, e la coscienza che vi abita non decade. La chirurgia apporta l'immortalità al genere umano. L'essenziale è stato raggiunto; la mente perdura e perdurerà senza timore di una fine. Ogni immortale è confortato dalla certezza, che la nostra impresa gli assicura, di essere un testimone *in aeterno*. Il cervello, irrigato notte e giorno da un sistema di correnti magnetiche, è l'ultimo baluardo animale nel quale ancora convivano ingranaggi e cellule. Il resto è fòrmica, acciaio, materiale plastico. La respirazione, l'alimentazione, la generazione, il moto, la stessa escrezione, sono tutte tappe superate. L'immortale è un immobile.

Si tratta, almeno per ora, di letteratura fantastica. Ma, come avevamo anticipato, la differenza con la filosofia è sottile (se c'è). Puntualmente, questa forma del paradosso è stata ripresa nel 1981 da Hilary Putnam[5], che ha proposto il seguente argomento per risolverla.

Supponiamo di essere veramente dei cervelli nella vasca. Ogni nostra affermazione riguardante il mondo esterno dovrebbe essere falsa. Quando infatti pensiamo di riferirci a qualunque cosa, in realtà ci stiamo riferendo a immagini generate dal computer. In particolare, dovrebbe essere falsa l'affermazione: «Sono un cervello nella vasca». E invece è vera. Poiché questa è una contraddizione, non possiamo essere cervelli nella vasca.

L'argomento di Putnam ha fatto discutere a lungo. Chi non ne è soddisfatto potrà attenderlo al varco delle realizzazioni della Realtà Virtuale, che promette appunto la creazione di mondi artificiali computerizzati e indistinguibili da quello reale, ai quali collegarsi me-

[5] H. Putnam, «Brains in the vat», in *Reason, Truth, History*, 1985.

diante diavolerie varie. Per ora si tratta, piú che di realizzazioni tecnologiche, di invenzioni letterarie e cinematografiche.

Benché ci fossero già state fior di anticipazioni, da *L'invenzione di Morel* di Adolfo Bioy Casares a *La macchina della felicità* di Ray Bradbury, ad aprirci gli occhi sulla Realtà Virtuale sono stati il romanzo *Neuromante* di William Gibson e il film *Il tagliaerbe* di Brett Leonard. Sulla loro scia è nata un'intera (sotto)cultura *cyberpunk*, di cui il grande pubblico si accorge soprattutto attraverso film di cassetta quali *Strange Days* di Kathryn Bigelow, *Nirvana* di Gabriele Salvatores, *Matrix* di Larry e Andy Wachowski, *eXistenZ* di David Cronenberg...

La nuova forma di evasione dal mondo proposta dalla Realtà Virtuale ha catturato la fantasia di santoni quali Timothy Leary[6], che la considerava l'ultimo grido in fatto di allucinogeni, ed Elémire Zolla[7], che attende di poter dedurre paralogisticamente la virtualità del mondo reale dal realismo dei mondi virtuali. Il che, lungi dal risolvere il paradosso dell'indistinguibilità di veglia e sogno, si limiterebbe a riproporlo in una maniera particolarmente convincente per l'uomo tecnologico.

La Luna c'è, quando nessuno la guarda?

In una delle sue mirabili *Finzioni*[8] Borges inventò il pianeta Tlön, i cui abitanti sono congenitamente idealisti. Tra le dottrine dei suoi filosofi, nessuna ha sollevato tanto scandalo come il realismo. E tra i loro paradossi, nessuno è risultato tanto incomprensibile quan-

[6] T. Leary, *Chaos and cyberculture*, 1994.

[7] E. Zolla, «Il futuro alle soglie», in *Uscite dal mondo*, Adelphi, Milano 1992.

[8] J. L. Borges, «Tlön, Uqbar, Orbis Tertius», *Sur*, 68 (1944): 30-46 [trad. it. di F. Lucentini, Einaudi, Torino 1985].

to quello delle monete di rame, che Borges presenta come l'analogo locale delle aporie eleatiche:

> Il martedí, X, tornando a casa per un sentiero deserto, perde nove monete di rame. Il giovedí, Y trova sul sentiero quattro monete, un poco arruginite per la pioggia del mercoledí. Il venerdí, Z scopre tre monete sullo stesso sentiero e lo stesso venerdí, di mattina, X ne ritrova due sulla soglia di casa sua.
> È assurdo immaginare che quattro delle monete non siano esistite dal martedí al giovedí, tre dal martedí al venerdí pomeriggio, e due dal martedí al venerdí mattina. È logico pensare che esse siano esistite – anche se in un certo modo segreto, di comprensione vietata agli uomini – in tutti i momenti di questi tre periodi.

Borges voleva mostrare che, se l'idealismo appare paradossale al realista, allo stesso modo il realismo appare paradossale all'idealista. Cosa che sapeva benissimo già George Berkeley (1685-1753), come dimostra questo scambio tratto dal primo dei *Tre dialoghi tra Hylas e Filonio*:

> HYLAS Può esserci qualcosa di piú fantastico e ripugnante al senso comune, o un esempio piú lampante di scetticismo, del credere che non esiste la materia?
> FILONIO E se fossi tu, che ci credi, a risultare piú scettico, e a impelagarti in paradossi ripugnanti al senso comune, di coloro che non ci credono?

Com'è noto, Berkeley è stato il primo e piú conseguente idealista occidentale moderno. La sua filosofia, condensata nella massima *esse est percipi*, «essere è essere percepito», identificava l'esistenza delle cose con la loro presenza in qualche coscienza. Con l'ovvia conseguenza che ciò che non sta in nessuna coscienza, non esiste. Per evitare l'imbarazzo di dover sostenere che un oggetto alternativamente entra ed esce dall'esistenza, a seconda che qualcuno lo percepisca oppure no, Berkeley invocò il solito *Deus ex machina*, questa volta con la funzione di mantenere le cose in esistenza percependole tutte continuamente.

Una tale filosofia si prestava, ovviamente, alla parodia. Che arrivò, puntualmente, nei versi del prelato Ronald Arbuthnott Knox (1888-1957) e di un anonimo che gli rispose per le rime:

Si stupiva un dí un allocco:
«Certo Dio trova assai sciocco
che quel pino ancora esista
se non c'è nessuno in vista».

Molto sciocco, mio signore
è soltanto il tuo stupore.
Tu non hai pensato che
se quel pino sempre c'è
è perché lo guardo io.
Ti saluto: sono Dio.

Piú difficile della parodia risultava però la confutazione degli argomenti di Berkeley. Anzi, come ebbe a dire Hume, essi non ammettono la minima confutazione, benché non producano la minima convinzione. Certamente non basta prendere a calci una pietra per dimostrare che è là fuori, come fece Samuel Johnson (1709-1784). Né basta sventolare le mani di fronte al proprio naso per convincersi dell'esistenza del mondo esterno, come credeva invece George Moore[9] (1873-1958).

Semmai è proprio il realista che deve spiegare come sia possibile che le sensazioni, ovviamente tutte interne a noi, ci permettano comunque di percepire il mondo come esterno. Questo nuovo potenziale paradosso si risolve facilmente[10], distinguendo il «dentro» fisico da quello fenomenico. In altre parole, le percezioni sono tutte interne dal punto di vista fisico. Ma esse vengono organizzate dal cervello in un'immagine fenomenica del mondo, che contiene tra le altre cose anche un'immagine del corpo. Ciò che sta fuori dall'immagine del

[9] G. Moore, «Proof of an external world», *Proceedings of the British Academy*, 25 (1939): 273-300.

[10] E. Hering, *Beiträge zur Physiologie*, 2 (1862): 164-166.

corpo in questa immagine del mondo, viene appunto percepito come un esterno fenomenico.

Per tornare all'idealismo, il primo a tentarne una seria confutazione fu Immanuel Kant (1729-1804), in un'omonima sezione della *Critica della ragion pura*. Il suo argomento fu che la coscienza della propria esistenza temporale dev'essere fondata su qualcosa di permanente nella percezione; ma questo qualcosa non può essere interno, perché altrimenti non potrebbe fungere da fondazione alla coscienza, e allora deve essere esterno. In altre parole: «Io penso, dunque le cose sono».

Quanto convincente sia stata questa confutazione lo dimostra il fatto che, immediatamente dopo Kant, l'idealismo divenne per un secolo l'espressione ufficiale della filosofia continentale. Con buoni motivi, bisogna dire, visto che Kant stesso aveva dimostrato che alla cosa in sé non si può arrivare, e che ogni essere è costretto ad accontentarsi di apparenze strutturate dai propri *a priori*. E allora, ragionarono Johann Fichte (1762-1814) e i suoi successori, tanto valeva eliminare l'irraggiungibile cosa in sé e limitarsi alle apparenze.

Come recita uno dei piú noti motti di Friedrich Nietzsche (1844-1900), nelle mani degli idealisti tedeschi «il mondo vero ha finito per diventare favola». E poiché la stessa frase (*Mundus est fabula*) stava già scritta sul libro che Cartesio teneva in mano nel ritratto che gli fece Jan Baptist Weenix nel 1647, si potrebbe aggiungere che la filosofia moderna aveva finito per girare bellamente in tondo, tornando al punto di partenza.

Invece la scienza era andata molto avanti, all'insegna del realismo, in particolare distinguendo accuratamente l'osservatore e il soggetto dall'osservato e dall'oggetto. A cavallo fra Ottocento e Novecento questa netta divisione fu messa in dubbio dal fenomenismo, che costituí il cavallo di Troia che permise all'idealismo di conquistare la scienza. Questa filosofia sosteneva, in maniera tipicamente fichtiana, che se possiamo conoscere solo i risultati delle nostre osservazioni, altro non esiste. In altre parole, «essere è essere osservato».

Il piú noto sostenitore del fenomenismo fu il fisico e filosofo Ernst Mach (1838-1916), le cui opere influenzarono il giovane Albert Einstein (1879-1955) e il circolo di Vienna. Il primo vi trovò una negazione dei concetti assoluti di spazio, tempo e moto che lo ispirò nella formulazione di entrambe le teorie della relatività[11]. Il secondo, il maggior esponente del quale fu Rudolf Carnap (1891-1970), ne condivise il rifiuto di ogni metafisica e la riduzione della teoria della conoscenza ai soli dati sperimentali.

La piú diffusa applicazione del fenomenismo alla fisica moderna è la cosiddetta interpretazione di Copenaghen della meccanica quantistica. Proposta da Niels Bohr (1885-1962) e Werner Heisenberg (1901-1976), essa sostiene appunto l'inesistenza di una realtà microscopica indipendente dalle osservazioni. Piú precisamente, le particelle elementari non vengono piú considerate come oggetti dall'esistenza indipendente, bensí come concetti che descrivono correlazioni fra le varie fasi di un esperimento. La differenza essenziale sta nel fatto che, per dirla con Fichte, gli oggetti sono dati (si scoprono), ma i concetti sono posti (si inventano).

Inutile dire che questa interpretazione appare paradossale ai realisti, quali l'Einstein maturo, che un giorno chiese incredulo ad Abraham Pais: «Si può credere veramente che la Luna non ci sia, quando nessuno la osserva?» La domanda era volutamente provocatoria, perché la Luna è un oggetto macroscopico. E nessun fisico con la testa sul collo è (stato) tanto idealista da negare l'esistenza degli oggetti macroscopici non osservati.

[11] A. Einstein, «Ernst Mach», *Physikalische Zeitschrift*, 17 (1916): 101-104.

Ma questo crea un nuovo paradosso: come possono avere realtà i corpi macroscopici, senza che ce l'abbiano le loro componenti microscopiche? La soluzione è semplice, benché non indolore. Basta accettare il fatto che le proprietà non hanno un campo di applicazione universale. D'altronde, nessuno si stupisce che i corpi macroscopici abbiano un colore, ma le particelle elementari no. Perché dovremmo allora stupirci se la stessa cosa succede con la realtà?

Inutile dire che questa invasione dell'idealismo nella fisica può anche essere vista come una riconciliazione di Occidente e Oriente, e tale è stata percepita dagli stessi padri fondatori della meccanica quantistica, a partire da Bohr. L'Occidente sembra dunque essere pervenuto, dopo venticinque secoli, a dedurre in maniera scientifica quella coincidenza di oggettivo e di soggettivo che l'Oriente aveva postulato fin dagli inizi, in termini di *brahman* e *atman*.

Possono due gemelli avere un'età diversa?

Le possibilità letterarie e cinematografiche dei paradossi del realismo sembrano illimitate. Anche perché è facile raccontare storie piú o meno arbitrariamente fantastiche, la cui irrealtà può essere facilmente spiegata invocando il fatto che qualcuno stava sognando, come in *Alice nel paese delle meraviglie* di Lewis Carroll. O era drogato, come ne *Il pasto nudo* di William Burroughs. O era matto, come nel *Diario di una schizofrenica* di Marguerite Sechehaye. O era morto, come in *Ubiq* di Philip Dick.

Il tempo offre alla narrazione possibilità anche piú stimolanti, perché strutturalmente piú costrette. Ci sono, anzitutto, gli ovvi salti avanti e indietro, sognati da *La macchina del tempo* di Herbert Wells e realizzati in

Ritorno al futuro di Robert Zemeckis. C'è poi un'intera gamma di possibilità teoriche, prima fra tutte l'inversione temporale esplorata da Luigi Pirandello ne *Il fu Mattia Pascal*, Alejo Carpentier in *Viaggio al seme* e Martin Amis ne *La freccia del tempo*, e visualizzata da *Memento* di Christopher Nolan.

E ci sono, ovviamente, le speculazioni filosofiche, che vanno da *Le confessioni* di Agostino a *Essere e tempo* di Martin Heidegger. La piú influente di esse è stata certamente quella proposta nel 1781 da Kant nella *Critica della ragion pura*, che sembrava fatta apposta per provocare o stupire.

In sintesi, Kant sosteneva che spazio e tempo non esistono nella realtà, e sono solo nostre illusioni. Gli oggetti del mondo esterno ci appaiono, certamente, con un'estensione spaziale e un'esistenza temporale, ma queste caratteristiche appartengono piú a noi che agli oggetti stessi. Derivano, in altre parole, dalla struttura dei nostri sensi e della nostra mente. O, nella terminologia kantiana, sono degli *a priori* che costituiscono la forma della percezione della nostra specie. Di conseguenza, un essere (animale o extraterrestre) con una natura diversa dalla nostra percepisce il mondo in maniera diversa. In particolare, con altre nozioni di spazio e tempo. O, addirittura, senza di esse.

Per provocatoria che questa posizione possa sembrare, essa era già stata proposta da Platone nel *Timeo* (52). Dopo aver parlato delle verità di ragione e di senso, che Kant chiamerà rispettivamente analitiche e *a posteriori*, Platone introduce appunto le verità sintetiche *a priori* nel modo seguente:

> C'è un terzo genere, quello dello spazio eterno e indistruttibile, che è la sede di tutte le cose. Lo possiamo cogliere senza i sensi con un argomento spurio, a mala pena convincente. Pensando a esso sognamo, e diciamo che qualunque cosa che esiste, deve necessariamente stare da qualche parte e occupare

un certo spazio. Ciò che non sta né in cielo né in terra, invece, non esiste.

Naturalmente, oggi siamo tutti disposti ad accettare il carattere illusorio, relativo e soggettivo dei vari tempi psicobiologici. Sappiamo, infatti, che bastano una notte di bagordi o un viaggio intercontinentale per sfasare l'orologio circadiano che regola i bioritmi[12], e che l'interesse o la concentrazione, cosí come la noia e la distrazione, possono sensibilmente accelerare o rallentare il fluire psicologico del tempo.

Siamo molto meno disposti ad accettare la relatività del tempo fisico, che fino all'Ottocento anche la scienza considerava non solo oggettivo, ma uniforme e universale. Le cose cambiarono nel 1905, quando Albert Einstein mostrò che una nozione di tempo misurata da orologi identici non può essere né uniforme, né universale. Lo scorrere del tempo individuale di un osservatore, misurato dal suo orologio, appare infatti agli altri osservatori tanto piú lento quanto piú la sua velocità rispetto ad essi è prossima a quella della luce. E i vari tempi individuali si possono sincronizzare solo parzialmente. In particolare, due eventi non causalmente collegati possono apparire in un certo ordine temporale rispetto a un osservatore, e nell'ordine opposto rispetto a un altro osservatore.

Già nel suo articolo originario[13] Einstein si accorse che questo stato di cose genera un vero e proprio

[12] Il primo orologio circadiano fu scoperto nelle piante da Jacques Ourtus de Mairan, nel 1729. In organismi diversi, è localizzato in aree diverse: la retina negli insetti, la ghiandola pineale negli uccelli, i nuclei soprachiasmatici nei topi. Nell'uomo è localizzato soprattutto nell'ipofisi, che regola e coordina vari ritmi giornalieri legati al livello ormonale, la temperatura, il battito cardiaco, l'appetito e il sonno. Ci sono anche meccanismi di regolazione di altri ritmi settimanali, mensili e annuali. In condizioni normali gli orologi e i relativi tempi associati a ciascuno di questi ritmi sono sincronizzati, e definiscono un unico tempo biologico.

[13] A. Einstein, «Zur Elektrodynamik bewegter Körper», *Annalen der Physik*, 17 (1905): 891-921.

paradosso, che è forse il piú noto fra tutti quelli della fisica moderna. Eccolo nella sua formulazione originaria:

> Se si trovano in *A* due orologi sincroni e si muove uno di essi con velocità costante *v* su una curva chiusa, finché ritorna in *A* dopo *t* secondi, quest'ultimo orologio al suo arrivo in *A* si trova, rispetto all'orologio rimasto immobile, in ritardo di $t/2(v/c)^2$ secondi. Dunque, un orologio che si trovi all'equatore deve procedere un po' piú lentamente che un orologio uguale e posto nelle stesse condizioni, che si trovi a un polo.

Se si sostituiscono i due orologi con due gemelli, come fece con sensibilità mediatica Paul Langevin[14], si ottiene l'ancor piú soprendente paradosso che se uno dei due parte per un viaggio, al suo ritorno è piú giovane di quello che è rimasto. Ovvero, viaggiare aiuta a mantenersi giovani. Naturalmente, tutto dipende dalla durata del viaggio e dalla sua velocità (non, come si potrebbe immaginare, dalla compagnia o dal paesaggio). Dalla formuletta di Einstein si ricava, ad esempio, che se uno dei gemelli viaggia a una velocità (*v*) pari a quattro quinti di quella della luce (*c*), il suo viaggio dura circa un terzo di meno dell'attesa del fratello. Dopo un viaggio di quindici anni, dunque, il viaggiatore troverebbe il fratello piú vecchio di lui di cinque anni. Una situazione, questa, che Stanislav Lem ha sfruttato letterariamente in *Ritorno dalle stelle*.

Il paradosso dei gemelli contiene un problema tecnico, per gli addetti ai lavori. Dal principio di relatività dovrebbe infatti discendere che la situazione è simmetrica per i due gemelli. Dunque, nell'esempio precedente, anche quello che è stato a casa dovrebbe trovare il fratello piú vecchio di lui di cinque anni. Questo problema si risolve mostrando che in realtà i sistemi di riferimento dei due gemelli non sono equivalenti, e che

[14] P. Langevin, «L'évolution de l'espace et du temps», *Scientia*, 10 (1911): 31-54.

le distanze spazio-temporali percorse da ciascuno nel riferimento dell'altro non sono uguali.

La dilatazione dei tempi per i viaggiatori sarà paradossale, ma non per questo è meno reale. Non a caso Einstein, nel suo articolo, parlò esplicitamente di «teorema». Le conferme sperimentali sono ormai innumerevoli e dimostrano che effettivamente il tempo scorre diversamente per osservatori diversi.

Ad esempio, particelle che hanno una vita media di pochi secondi possono comunque arrivare sulla Terra dal Sole, dopo un viaggio di vari minuti, proprio perché per loro sono effettivamente passati soltanto pochi secondi. O, per rimanere piú vicini alla vita quotidiana, gli orologi atomici satellitari sui quali si basa il sistema di posizionamento globale GPS subiscono un costante rallentamento di alcuni nanosecondi al giorno, sufficiente a causare (se non corretto) errori di posizione di varie centinaia di metri.

Naturalmente, la dilatazione dei tempi non è l'unico effetto paradossale prodotto da un aumento di velocità. Le si accompagnano, infatti, un'uguale dilatazione delle masse e un'inversa contrazione delle lunghezze nel senso del moto. In altre parole, oltre a mantenersi giovani, viaggiando si aumenta di peso ma ci si snellisce. E, ancora una volta, non c'è bisogno di guardare lontano per accorgersi di questi effetti relativistici.

Ad esempio, negli atomi pesanti gli elettroni si muovono intorno al nucleo in maniera piú veloce che in quelli leggeri, e quelli interni raggiungono velocità relativistiche. L'aumento di massa e la diminuzione di lunghezza producono, ovviamente, una diversa interazione con la luce. In particolare, nel caso dell'oro, un assorbimento del blu e una riflessione del giallo e del rosso che danno a questo metallo il suo caratteristico colore. Senza gli effetti relativistici l'oro avrebbe lo stesso colore argentato tipico degli altri metalli piú leggeri.

La dilatazione delle masse impedisce a qualunque corpo di raggiungere la velocità della luce. Il che non significa che la teoria della relatività escluda velocità superiori. Significa, però, che gli eventuali corpi superluminali sono confinati in un universo separato dal nostro, vanno all'indietro nel tempo e hanno una massa immaginaria (qualunque cosa questo significhi). I corpi superluminali sono stati battezzati *tachioni* da Gerald Feinberg[15], e una loro prefigurazione sono i simulacri dei corpi di cui parla Lucrezio nel *De Rerum Natura* (IV, 206-208):

> Non vedi quanto piú veloci e lontano devono andare
> e percorrere una maggiore distesa di spazio
> nello stesso tempo che i raggi del Sole riempiono il cielo?

L'ultimo paradosso della relatività è contenuto in quella che, forse, è la formula piú famosa della storia: $E = mc^2$. Ovvero, l'energia e la massa sono semplicemente due forme diverse di una stessa sostanza, mediate da quell'enorme fattore di proporzionalità che è il quadrato della velocità della luce. Il che significa che una piccola quantità di materia può sprigionare una grande quantità di energia. Cosa di cui, dopo l'infausto 6 agosto 1945, nessuno può piú dubitare.

Gli indiani chiamavano l'energia *shakti* e assegnavano alla tremenda dea Khali il compito di trasformarla in vita e morte della materia. I confuciani la chiamavano invece *ch'i*, e pensavano che si riflettesse in tutte le cose come la Luna nelle acque terrestri. Ancora una volta la scienza occidentale ha dato ragione a queste intuizioni orientali, precisando in che modo la materia è legata all'energia cosmica.

[15] G. Feinberg, «Possibility of faster-than-light particles», *Physical Review*, 159 (1967): 1089-1105.

Messaggi dal futuro.

Chi pensi che gli attacchi alla concezione classica del tempo sferrati dalla fisica moderna arrivino soltanto dal fronte della relatività, si sbaglia. Anche la meccanica quantistica ha aperto un suo fronte in questa guerra, nel momento stesso in cui Erwin Schrödinger (1887-1961) ha scoperto la sua famosa equazione d'onda che regola il comportamento del mondo subatomico.

L'interpretazione classica, proposta da Max Born (1882-1970) e adottata subito dalla quasi totalità dei fisici, considera la funzione d'onda Ψ in maniera epistemologica, come la descrizione di un'astratta onda di probabilità. Piú precisamente, le probabilità si ottengono moltiplicando la funzione d'onda Ψ con la sua complessa coniugata $\overline{\Psi}$.

L'interpretazione probabilistica si può descrivere dicendo che, a livello profondo, il mondo è come uno schermo su cui vengono proiettati piú film in sovrapposizione e con risoluzioni diverse, che corrispondono alle probabilità. Il motivo per cui non appare cosí a noi, è che possiamo osservare lo schermo soltanto mediante filtri, biologici o tecnologici, che permettono di vedere solo uno dei vari film. Quando si guarda, o si fa un esperimento, la realtà passa dunque (per noi) da una sovrapposizione di proiezioni a una singola proiezione.

Per mostrare il suo dissenso con questa interpretazione, Schrödinger inventò il suo suggestivo *paradosso del gatto*[16]. Suppose, cioè, che in una stanza ermeticamente chiusa venissero posti un gatto e un flacone di gas velenoso, al di fuori della portata del gatto. Il flacone si rompe se avviene un particolare fenomeno su-

[16] E. Schrödinger, «Die gegenwärtige Situation in der Quantenmechanik», *Die Naturwissenschaften*, 23 (1935): 807-812, 823-828 e 844-849.

batomico: ad esempio, la disintegrazione di un atomo di un materiale radioattivo. Secondo l'interpretazione probabilistica, fino a quando non si guarda nella stanza la realtà dovrebbe stare nella sovrapposizione di stati che corrisponde alle due possibilità: atomo disintegrato o no. E dunque, flacone rotto o intero. E dunque, gatto morto o vivo. Solo nel momento in cui si guardi dentro la stanza, dovrebbe avvenire il passaggio a una delle due possibilità.

Schrödinger trovava la cosa paradossale. Anzi, «burlesca». Il gatto infatti o è vivo o è morto. E non ha senso dire che se il flacone si rompe il gatto non muore, bensí rimane sia vivo che morto fino a che qualcuno guardi dentro la stanza. Ma, per ironia della sorte, la maggioranza silenziosa dei fisici considera oggi questo argomento non un paradosso, bensí un'ottima metafora macroscopica di un aspetto non classico della meccanica quantistica.

Diversamente da Born, Schrödinger cercò sempre di interpretare la funzione d'onda in maniera ontologica, come la descrizione di una concreta onda di materia. In particolare, nel 1931[17] propose paradossalmente di interpretare la Ψ e la $\overline{\Psi}$ come muoventisi in direzioni temporale opposte: dal passato al futuro la prima, e dal futuro al passato la seconda. Il prodotto $\Psi\,\overline{\Psi}$ descriverebbe dunque il loro incontro nel presente.

Secondo questa interpretazione, tutto ciò che sta nel futuro è un'onda (di probabilità) e tutto ciò che sta nel passato è una particella (di materia). Dal loro incontro deriverebbe dunque la doppia natura complementare, di onda e di particella, del presente.

In realtà, una cosa simile si era già verificata in precedenza per l'elettromagnetismo. Si sapeva infatti da

[17] E. Schrödinger, «Über die Umkehrung der Naturgesetze», *Sitzung der Preussischen Akademie der Wissenschaften*, marzo 1931: 144-153.

tempo[18] che le equazioni di Maxwell ammettono una doppia soluzione: una che viaggia dal passato al futuro, corrispondente al campo elettromagnetico causato da una corrente, e una che viaggia dal futuro al passato, corrispondente alla corrente causata da un campo elettromagnetico. In questo caso si può dire che ciò che sta nel passato è una corrente e ciò che sta nel futuro è un campo.

Nell'elettromagnetismo, però, l'onda che va dal futuro al passato sembra essere (tuttora) solo una soluzione matematica, senza rilevanza fisica, e si può facilmente rimuovere. Nella meccanica quantistica, invece, la Ψ e la $\overline{\Psi}$ intervengono entrambe nel calcolo delle probabilità, e bisogna interpretarle entrambe.

Questa non era, comunque, l'unica sorpresa temporale che l'equazione di Schrödinger aveva in serbo. Paul Dirac (1902-1984) dimostrò infatti che essa descriveva non soltanto le usuali particelle di materia, ma anche inusuali antiparticelle di antimateria, con carica invertita e senso di rotazione opposto. Ad esempio, come l'elettrone ha carica negativa e senso di rotazione antiorario, cosí l'antielettrone (che si chiama positrone) ha carica positiva e senso di rotazione orario. Potevano sembrare soltanto soluzioni immaginarie di un'equazione, e invece quasi subito si ebbe una conferma sperimentale dell'esistenza del positrone.

Nel 1949[19] Richard Feynman (1918-1988) propose di interpretare l'antimateria come materia che viaggia all'indietro nel tempo. In tal modo le particelle che coincidono con le proprie antiparticelle, come ad esempio i fotoni di cui è composta la luce, devono essere ferme nel tempo. E la distruzione prodotta dall'incontro tra una particella e una sua antiparticella viene interpreta-

[18] P. Heyl, *The theory of light on the hypothesis of a fourth dimension*, 1897.
[19] R. Feynman, «The theory of positrons», *Physical Review*, 76 (1949): 749-759.

to come il cambio di direzione di una particella nel suo viaggio temporale.

Naturalmente, questo provoca un piccolo problema: se l'elettrone va avanti e indietro nel tempo, si trova due volte nello stesso istante. Il viaggio di andata e ritorno ne produce dunque una copia. Ma questo problema ne risolve un altro: il fatto piuttosto inspiegabile, cioè, che gli elettroni hanno esattamente le stesse proprietà fisiche, al punto da essere indistinguibili uno dall'altro[20]. Una possibile spiegazione potrebbe appunto essere che i vari elettroni che ci sono in un dato istante sarebbero in realtà lo stesso indaffarato elettrone che è andato avanti e indietro il numero di volte necessario.

Insomma, sembra proprio che a livello microscopico ci si possa muovere nel tempo a piacere. Piú precisamente, succede quello che già succedeva per la simmetria speculare: a livello atomico ci sono difficoltà oggettive ad accorgersi se si sta andando avanti o indietro nel tempo. Nessun fenomeno gravitazionale, elettromagnetico o nucleare forte permette infatti di scoprire una differenza fra passato e futuro. Nel 1964 James Cronin e Val Fitch scoprirono però, in maniera indiretta, che una tale differenza esiste al livello dei fenomeni nucleari deboli, e meritarono cosí il premio Nobel nel 1980.

Soltanto in termodinamica appare quella che Arthur Eddington (1882-1944) chiamò la *freccia del tempo*, segnalata dalla continua crescita del disordine misurato dall'entropia. In cosmologia appare una seconda freccia

[20] Supponiamo di avere due particelle e di doverle mettere in due scatole. Nella *statistica di Boltzmann* ci sarebbero quattro possibilità: entrambe le particelle in una delle due scatole, o una particella in ciascuna scatola, in due modi diversi. Se, però, le particelle sono indistinguibili, metterne una in ciascuna scatola e poi scambiarle non produce nessun cambiamento. Dunque, nella *statistica di Bose-Einstein* le quattro possibilità si riducono a tre. Questo è il caso dei fotoni. O, piú in generale, dei bosoni. Se poi le particelle, oltre a essere indistinguibili, non possono occupare allo stesso tempo lo stesso luogo, non è possibile metterle entrambe nella stessa scatola. Dunque, nella *statistica di Fermi-Dirac* le possibilità si riducono addirittura a una sola. Questo è appunto il caso degli elettroni o, piú in generale, dei fermioni.

del tempo, legata all'espansione dell'universo scoperta da Edwin Hubble (1889-1953) nel 1929. Ancora una volta, come già nel caso della realtà, ci ritroviamo dunque in una situazione macroscopica emergente, che non viene ereditata dal livello delle componenti microscopiche.

Avanti tutta, verso il passato.

I paradossi considerati finora si riferiscono al tempo del mondo vuoto della relatività speciale, o a quello del mondo microscopico della meccanica quantistica. Il tempo del nostro mondo materiale e macroscopico sembra finora aver scongiurato simili problemi. Ed è concepibile che essi non riguardino la relatività generale, che estende appunto la relatività speciale introducendovi la materia.

Anzi, i modelli usuali delle equazioni di campo che descrivono gli universi relativistici possiedono appunto una nozione assoluta di tempo, ottenuta amalgamando i tempi individuali relativi alle grandi masse di materia. Se tutti i modelli ammettessero un tempo assoluto, allora la sua esistenza sarebbe una conseguenza necessaria dei principî della relatività generale.

Purtroppo, nel 1949[21] Kurt Gödel ha costruito un modello in cui non è possibile definire una nozione di tempo assoluto. In sintesi, l'idea è di rendere impossibile la decomposizione dello spazio curvo a quattro dimensioni in tre dimensioni da una parte, facenti funzioni dello spazio, e una dimensione dall'altra, facente funzione del tempo, e perpendicolare alle altre tre.

Per semplificare la cosa, ci si può anzitutto limitare a pensare di voler decomporre lo spazio tridimensiona-

[21] K. Gödel, «An example of a new type of cosmological solution of Einstein's field equations of gravitation», *Reviews of Modern Physics*, 21 (1949): 447-450.

le in una serie di piani perpendicolari a una curva unidimensionale. Poiché il tempo assoluto si ottiene amalgamando i tempi individuali delle grandi masse, si possono immaginare questi tempi come tanti fili sottili, e il tempo assoluto come una corda ottenuta mettendo assieme i fili. È chiaro che se la corda è ritorta, non è possibile ottenere dei piani che siano perpendicolari a tutti i fili.

In una dimensione in piú, la torsione diventa rotazione. Si tratta allora di costruire un modello in cui la materia sia ovunque in rotazione, e Gödel fece appunto questo. Anzi, fece di meglio. Mentre, infatti, la rotazione è equivalente alla mancanza di tempo assoluto, essa non implica in generale l'inconsistenza del tempo individuale. E invece Gödel trovò un modello con la stupefacente proprietà che i tempi dei vari osservatori sono ciclici. Il che significa che, andando sempre avanti nel futuro, ci si ritrova prima o poi nel passato!

In tal modo, la scienza moderna scopre di essere compatibile con le teorie dell'eterno ritorno di venerata memoria: da Platone a Nietzsche, dalla ruota della vita alla danza di Shiva; ed è costretta ad affrontare i ben noti paradossi del viaggio nel tempo, il piú noto dei quali è che chi torna nel passato lo può influenzare in modo tale da cambiare il presente in maniera contradditoria.

L'idea piú ovvia consiste nell'ammazzare i propri genitori, e impedire cosí la propria nascita. Piú fantasioso sarebbe un uomo che ingravida la propria madre da signorina, diventando il proprio padre. O, simmetricamente, una donna che si fa ingravidare dal proprio padre, diventando la propria madre. In linea di principio, e come già visto nel caso degli elettroni, con un numero sufficiente di viaggi sarebbe possibile ridurre tutti gli uomini della storia a una sola coppia, indaffaratissima a viaggiare avanti e indietro nel tempo per generare l'intero genere umano.

Il culmine del paradosso si raggiunge nella seguente situazione, escogitata da Robert Heinlein[22]. Una madre subisce un intervento chirurgico. Diventata uomo, torna nel passato prossimo e ingravida se stessa prima dell'intervento. La loro figlia torna nel passato remoto e diventa la donna di partenza. Si ottiene cosí una sorta di Trinità, con un unico individuo che li incarna tutti: padre, madre e figlia!

Gödel obietta a questi paradossi che la circolarità del tempo non significa automaticamente che un individuo possa ritrovarsi fisicamente nel proprio passato. Nessuno può viaggiare piú velocemente della luce e nessuno vive in eterno. Dunque, in un'esistenza umana si può coprire soltanto una distanza spazio-temporale limitata. E questa distanza potrebbe essere sostanzialmente inferiore alla lunghezza di un giro completo. Anzi, nel modello di Gödel effettivamente lo è.

Per inciso, questo risponde alla domanda posta da Arthur Clarke, l'autore di *2001 Odissea nello spazio*: «Se il viaggio nel passato è possibile, dove sono i viaggiatori?» La risposta è: non hanno ancora fatto in tempo ad arrivare, e forse non ce la faranno mai[23]. E la stessa risposta si può dare all'analoga domanda posta da Enrico Fermi: «Se ci sono altre civiltà tecnologiche, dove sono gli alieni?»

Per riprendere la discussione, supponiamo pure che un individuo si trovi effettivamente nella condizione di poter fisicamente influenzare il proprio futuro. Non è comunque detto che avrebbe automaticamente la volontà psicologica di farlo. Ad esempio, in un mondo

[22] R. Heinlein, «All you zombies», *The Magazine of Fantasy and Science Fiction*, marzo 1959.

[23] Una risposta alternativa potrebbe essere: hanno preso un'altra strada. Questo richiede un'idea di tempo ramificato, proposta letterariamente da Borges ne *Il giardino dei sentieri che si biforcano*, cinematograficamente da Robert Zemeckis in *Ritorno al futuro II*, e scientificamente da Hugh Everett in «'Relative state' formulation of quantum mechanics», *Review of Modern Physics*, 29 (1957): 454-462.

completamente deterministico certamente non potrebbe averla. Anzi, i paradossi precedenti si possono considerare come dimostrazioni per assurdo del fatto che, se il viaggio nel passato è possibile, certe cose *non* si possono fare.

Infine, il modello di Gödel non è neppure in contrasto con la seconda legge della termodinamica. Non c'è infatti nessun bisogno di invertire la freccia del tempo, perché il viaggio nel passato si effettua non andando all'indietro, come in una strada a doppio senso, ma andando avanti e ritrovandosi al punto di partenza, come in un giro di isolato lungo una strada a senso unico.

Insomma, il viaggio nel tempo scoperto da Gödel è scienza, non fantascienza. E non ha importanza se il suo modello sia o meno in accordo con i dati sperimentali relativi al nostro universo: il problema non è se il ritorno al passato sia possibile per noi, ma che esso non è impossibile per la relatività.

Quanto a quest'ultima, Gödel pensava che essa avesse dato ragione non solo alle teorie di Kant sul tempo, ma anche a quelle sullo spazio. Non è infatti contraddittorio affermare, con Kant, che la nostra intuizione spaziale è euclidea, e con Einstein, che lo spazio fisico non lo è: la prima affermazione riguarda la struttura delle nostre percezioni, la seconda quella del mondo esterno. Allo stesso modo, è possibile avere percezioni euclidee di spazi non euclidei, come dimostrano i ben noti modelli geometrici dell'Ottocento.

Secondo Gödel, c'è un unico punto su cui la relatività ha dato torto a Kant: l'affermazione che il mondo non è conoscibile oggettivamente, proprio a causa degli *a priori* che determinano la conoscenza soggettiva. L'introduzione del tempo relativistico mostrerebbe proprio il contrario. Esso è, infatti, in contrasto con la nozione *a priori* che abbiamo del tempo, ed è stato ottenuto solo attraverso un lungo processo di elaborazione, che ci ha permesso di svincolarci da questo *a priori*. Piú in generale, l'intera fisica moderna mostra come si possa costruire una visione del mondo in contrasto e al di là di quella costruita sulle apparenze, sulle quali si basava la fisica classica.

Da questo Gödel deduceva che la scienza permette di superare le limitazioni psico-fisiche della nostra natura. Mostrando il carattere soggettivo e relativo dei concetti che costituiscono l'ossatura della nostra immagine del mondo, essa ci permette di ottenerne immagini (sempre piú) oggettive e assolute[24].

L'interesse di una tale filosofia della scienza è evidente. Essa tende a superare le contrapposte e analoghe rimozioni degli idealisti e dei positivisti, che sostengono con motivazioni diverse l'inconoscibilità della realtà, impedendo in effetti il raggiungimento di qualunque conoscenza di natura «extrasensoriale».

Guarda che coincidenza.

È proprio questo tipo di conoscenza che invece attirava Carl Gustav Jung (1875-1961). Negli anni 1909-10 e 1912-13 egli ebbe ripetute conversazioni con Einstein sulle implicazioni psicologiche della relatività e arrivò a un'ipotesi singolarmente in sintonia con quella appena descritta. Spazio e tempo sarebbero, secondo Jung, concetti di natura psichica, quasi inesistenti per i primitivi, e sviluppati nel corso dell'evoluzione culturale in archetipi inconsci per la descrizione del mondo fisico. Come dirà Konrad Lorenz[25], essi sono dunque *a*

[24] Argomenti identici (nella sostanza, se non nella forma) a quelli di Kant e Gödel hanno dato vita negli anni Settanta al dibattito sulla natura della scienza fra Thomas Kuhn (*La struttura delle rivoluzioni scientifiche*, 1969) e Dudley Shapere (*La ragione e la ricerca della conoscenza*, 1983).

[25] K. Lorenz, «Kants Lehre vom Apriorischen im Lichte gegenwärtiger Biologie», *Blätter für Deutsche Philosophie*, 15 (1941): 94-125.

posteriori filogenetici per la specie, ma *a priori* trascendentali per gli individui. La loro precaria esistenza oggettiva permette quindi alla coscienza di svincolarsene, almeno a livello inconscio, in determinate occasioni.

Jung giunse a considerare le conseguenze di tale ipotesi per il problema delle *coincidenze significative*. Da un lato, esse vengono sperimentate nella normale vita quotidiana come i «casi strani della vita». Dall'altro lato, si manifestano nelle piú svariate esperienze paranormali: auguri, scongiuri, malocchio, preghiere, presagi, premonizioni, numerologia, astrologia, cartomanzia, chiromanzia, geomanzia, divinazione, chiaroveggenza, telepatia, percezioni extrasensoriali, bilocazione, psicocinesi, parapsicologia, magia, e compagnia bella. Tali fenomeni consistono sia di un'immagine psichica soggettiva, sia di una situazione fisica oggettiva che coincide con il contenuto dell'immagine. Il problema è spiegare come nasce questa coincidenza.

La soluzione mediante il principio classico di causalità è possibile, ma solo al prezzo di postulare cause di natura straordinaria, cioè trascendente. Sembra dunque che gli atteggiamenti di fronte alle coincidenze significative si riducano alle solite due alternative: idealista e positivista. O si accetta di buon grado l'esistenza di queste cause, cadendo quindi nell'irrazionale e nella superstizione, oppure si rimuovono i fenomeni, negandone la veridicità o relegandoli nell'ambito del caso.

Jung trovò insoddisfacenti gli eccessi di fede del primo atteggiamento e di razionalità del secondo, proponendo di affiancare al principio di causalità un nuovo principio di *sincronicità*, che elaborò dapprima nella sua introduzione agli *I Ching*, e poi nel libro *L'interpretazione della natura e la Psiche*, pubblicato nel 1955 a quattro mani col premio Nobel per la fisica Wolfgang Pauli (1900-1958).

Diversamente dalla sincronia, che è una semplice

coincidenza temporale di eventi, la sincronicità è definita come una *coincidenza semantica di eventi (uno psichico e l'altro fisico) causalmente non collegati*. Perché due eventi siano sincronici è dunque necessario che essi vengano percepiti come aventi lo stesso significato, ma senza che siano collegati da un rapporto diretto di tipo causa-effetto.

Esattamente come la relatività dell'ordinamento temporale, anche la sincronicità richiede la mancanza di causalità. I due principî di causalità e di sincronicità sono dunque non contrapposti, ma complementari. E ciascuno è applicabile solo in situazioni in cui l'altro non lo è. In particolare, il primo interessa principalmente gli eventi del mondo fisico, il secondo quelli del mondo psichico.

La sincronicità è ovviamente un concetto i cui vari aspetti richiamano illustri immagini della storia della filosofia, sia occidentale che orientale: l'idea del Tao come «significato» del mondo, la simpatia di tutte le cose di Plotino, l'unità del creato di Pico della Mirandola, la quintessenza di Paracelso, gli orologi sincronizzati e l'armonia prestabilita di Leibniz, la definizione di Schopenhauer del caso come «simultaneità di eventi causalmente sconnessi», e cosí via.

La novità sostanziale introdotta da Jung e Pauli sta nella proposta di utilizzare il metodo sperimentale per verificare l'esistenza, e determinare la natura, della sincronicità di coppie di eventi non collegati causalmente. L'idea è di paragonare fra loro la probabilità e l'effettiva frequenza dell'occorrenza. E di dedurre la sincronicità quando la frequenza sia sostanzialmente superiore alla probabilità, e non sia quindi riconducibile al puro caso.

Ad esempio, un possibile *experimentum crucis* per l'astrologia sarebbe uno studio comparato degli oroscopi, che calcolasse da un lato le previsioni (s)favorevoli all'accoppiamento, e dall'altro la loro effettiva incidenza su matrimoni e divorzi. Un analogo studio si potrebbe fare sugli assassinî o sui suicidi. L'interessante conseguenza di questa proposta è che essa rende l'astrologia scientifica, sulla base del principio di falsificazione di Popper (piú che una buona notizia per l'astrologia, questa ci sembra una cattiva notizia per Popper).

La sincronicità si propone quindi come possibile strumento scientifico per lo studio di una serie di fenomeni che sembrano essere refrattari agli strumenti puramente causali della scienza convenzionale, primo fra tutti il rapporto tra psiche e materia. In particolare, essa suggerisce il superamento di uno dei dogmi del materialismo cognitivo: la connessione causale fra sistema nervoso centrale e coscienza[26].

Come già gli orientalismi dell'idealismo, anche gli psicologismi della sincronicità sembrerebbero però situarsi agli antipodi della scienza. E il coinvolgimento di Pauli nell'elaborazione della nozione potrebbe essere soltanto una coincidenza *non* significativa. Invece, l'esempio piú inequivocabile di sincronicità viene, oggi, proprio dalla meccanica quantistica.

La piú sottile obiezione a questa teoria era stata avanzata nel 1935 dal *paradosso* EPR, che prende il nome dalle iniziali dei suoi coautori[27]. Sostanzialmente, Einstein si era accorto che la meccanica quantistica permetteva, a livello microscopico, situazioni che a livello macroscopico corrisponderebbero alla sistematica uscita degli stessi numeri su due *roulettes* diverse, senza che ci fossero trucchi nascosti, cioè con *roulettes* perfettamente aleatorie e scollegate. Piú sincronico di cosí, si muore.

[26] Questa connessione è già stata, peraltro, messa in dubbio dalla scoperta di attività psichica, che viene poi ricordata come «cosciente», in concomitanza di stati traumatici, sincopatici o comatosi in cui il paziente è considerato clinicamente «incosciente». Ovviamente tali fenomeni possono essere spiegati anche senza la sincronicità, supponendo ad esempio che la coscienza possa risiedere nel sistema simpatico, il che permetterebbe di considerare coscienti i vertebrati da un lato e i sogni dall'altro.

[27] A. Einstein, B. Podolsky e N. Rosen, «Can quantum-mechanical description of physical reality be considered complete?», *Physical Review*, 47 (1935): 777-780.

Nel 1964[28] John Bell (1928-1990) riuscí a riformulare il qualitativo paradosso EPR in maniera quantitativa, suscettibile di verifica sperimentale. Gli esperimenti effettuati a partire dagli anni Ottanta, soprattutto dal gruppo di Alain Aspect a Parigi, hanno effettivamente confermato che la realtà microscopica esibisce i previsti effetti sincronici, nell'esatta misura calcolata dalla meccanica quantistica.

Le conseguenze sono, ancora una volta, devastanti. Bisogna anzitutto abbandonare il *principio di causalità* formulato da Hans Reichenbach[29] (1891-1953), secondo il quale due eventi correlati devono avere una causa comune. Il teorema di Bell mostra infatti l'esistenza di eventi correlati in maniera non causale.

Analogamente, bisogna abbandonare l'illusione kantiana che solo spiegazioni causali *specifiche* possano avere conseguenze sperimentali, e che sia invece sempre possibile postulare la mera *esistenza* di una spiegazione causale per qualunque successione di eventi. La verifica sperimentale del teorema di Bell refuta invece l'esistenza di correlazioni causali di *qualunque* genere fra i suoi eventi.

Le conseguenze piú importanti ricadono, però, su quella nozione di realtà che ci ha impegnati per l'intero capitolo. La presenza di correlazioni istantanee tra le *roulettes* quantistiche indica, infatti, che ci sono piú cose interconnesse in cielo e in terra, di quante se ne sognino nella filosofia occidentale. Senza voler scomodare il vudu, che si basa appunto sull'assunzione che ciò che è appartenuto a una persona, dalle unghie ai capelli, le rimane collegato e permette di influenzarla a distanza, possiamo almeno notare che gli aspetti olistici della fisica moderna costituiscono una ulteriore, e ben significativa, coincidenza con la filosofia orientale.

[28] J. Bell, «On the Einstein-Podolski-Rosen Paradox», *Physics*, 1 (1964): 195-200.
[29] H. Reichenbach, *The direction of time*, 1956.

Capitolo quinto
Storia apocrifa di un mentitore

L'ottavo comandamento ordina di non mentire. Ed è imbarazzante che debba farlo in maniera negativa, visto che in molte lingue, italiano compreso, non esiste nemmeno un verbo che significhi «dire la verità». Non mentire è, a quanto pare, un'azione tanto rara che non vale neppure la pena di battezzarla. Non solo è riservata a bambini, *gaffeur*, giullari, ubriachi, pazzi e sognatori, ma è anche pericolosa. Come diceva Oscar Wilde: «Chi dice la verità, prima o poi viene scoperto».

Troppo spesso, osservava poi Henryk Broder, ci aggrappiamo alla menzogna della «forza della verità», rifiutandoci di ammettere la verità della forza della menzogna, la quale, invece, è salutarmente diffusa. Il suo vantaggio risiede nel fatto che «la verità è inverosimile, la menzogna no»[1]. La sua tecnica consiste nell'effettuare trasformazioni geometriche della verità, mediante traslazioni, ribaltamenti, inversioni, riflessioni e deformazioni.

Di mentitori è piena la finzione letteraria. Mente Giacobbe nel *Genesi*, per strappare la primogenitura a Esaú. Mente Ulisse nell'*Odissea*, ingannando nemici, amici e parenti. Mente Hermes, dio dei ladri e dei commercianti. Mente Gesú nel *Vangelo secondo Giovanni*, dichiarando che non andrà a Gerusalemme per la festa dei Tabernacoli, e poi andandoci di nascosto. Mente

[1] F. Dostoevskij, *I demoni*, II, 1.

l'apostolo Pietro, rinnegando tre volte il suo Messia. Mentono, costituzionalmente, *L'amante delle menzogne* di Luciano di Samostata e *Il bugiardo* di Corneille, cosí come quelli di Goldoni e di Cocteau. Mentono, istituzionalmente, il Grande Fratello e il Ministero della Verità in *1984* di Orwell.

Di menzogne è piena anche la realtà quotidiana. Mentono le costituzioni, che garantiscono diritti «a meno delle disposizioni di legge». Mentono i codici, che inventano finzioni giuridiche. Mentono governanti, diplomatici e spie, per ragion di stato. Mentono gli avvocati, per ragion di diritto. Mentono i testimoni, pur giurando di dire «la verità, tutta la verità, nient'altro che la verità». Mentono i giornalisti, per far notizia o propaganda. Mentono politici, preti e astrologi, per ingannare elettori, fedeli e clienti. Mentono produttori, pubblicitari e commercianti, per truffare i consumatori. Mentono genitori e insegnanti, raccontando favole e miti ai bambini. Mentono i bambini, per tacitare genitori e insegnanti. Mentono le donne, truccandosi per sembrare piú belle. Mentono coniugi e amanti, per tradire sembrando fedeli. Mentono gli sportivi, drogandosi per vincere. Mentono gli amici e i santi, per bontà. Mentono i nemici e i peccatori, per cattiveria. Mentono gli spiritosi, per divertimento. Mentono le persone cortesi, per buona educazione.

Mente Schopenhauer, quando afferma che la menzogna è una prerogativa degli uomini. La lotta fra predatori e prede, cosí come la sopravvivenza delle specie e degli individui, richiedono infatti camuffamenti, mimetizzazioni, dissimulazioni, imitazioni, finte, inganni, manipolazioni, raggiri, occultamenti, diversioni, allettamenti, distrazioni e *bluff* di ogni genere, che animali e piante usano continuamente e sistematicamente.

Insomma, la menzogna regna sulla terra. Anche se, come diceva Corneille: «Chi mente deve avere buona memoria». E, come aggiungeva Oscar Wilde nella *Decadenza della menzogna*: «In questo campo, come in altri, la perfezione richiede esercizio». In ogni caso, la variegata ubiquità della menzogna sembrerebbe rendere impervia l'indicazione della sua forma piú sofisticata e infida.

Un naturale candidato di perfezione menzognera è certamente l'autoinganno: credendo alle proprie storie, non solo si sta bene, ma si mente meglio. Un altro candidato è l'astuzia al quadrato della «verità gesuitica», che consiste nel *dire la verità con l'intenzione di mentire*. Satana adotta questa tecnica per tentare Gesú, citandogli correttamente le Scritture. La usa Iago nell'*Otello*, per spargere falsi sospetti sulla base di fatti veritieri. La seguiva Cavour, che dichiarò: «Ho imparato come buggerare la diplomazia. Dico la verità, cosí nessuno mi crede». La intuí il protagonista di una storiella ebraica citata da Sigmund Freud in *Il motto di spirito*, e da Jorge Luis Borges in *Evaristo Carriego*:

> I due barattieri Moshe e Daniel, nel mezzo della sconfinata pianura russa, si salutarono:
> – Dove vai, Daniel? –, disse uno.
> – A Sebastopoli –, disse l'altro.
> Allora Moshe lo guardò fisso e poi esclamò:
> – Tu menti, Daniel. Mi rispondi che vai a Sebastopoli perché io pensi che tu vai a Nižnij-Novgorod, ma la verità è che tu vai davvero a Sebastopoli. Tu menti, Daniel!

Forse, però, la menzogna piú refrattaria è l'antico paradosso del mentitore. Tentare di dipanarlo costituí, nella storia del pensiero occidentale, una vera anticipazione dell'inferno. Si dice, ad esempio, che il logico Filita di Coo (340-285 a.C.) morí prematuramente a causa degli sforzi fatti per risolverlo.

Partecipe della facilità di autoriproduzione della menzogna a cui è imparentato, il paradosso del mentitore ha avuto nei secoli innumerevoli peripezie filosofiche e letterarie, che ne mutavano la forma e, a volte, la sostanza. Ad alcune di queste vicissitudini è dedicato il presente capitolo.

Epimenide.

Le prime avvisaglie del paradosso del mentitore sono attribuite a Epimenide di Creta (VI secolo a.C.), che sembra aver detto: «I cretesi sono bugiardi».

Di per sè questa affermazione è completamente innocua, ma la si può rendere insidiosa intendendo per «bugiardo» qualcuno che dica sempre il falso, e per «i cretesi» tutti i cretesi. In questo caso Epimenide intendeva dire: «Tutti i cretesi dicono sempre il falso».

Ora, questa frase non può essere vera. Altrimenti Epimenide stesso sarebbe un cretese che a volte non dice il falso. Dunque, la frase deve essere falsa. Cioè qualche cretese deve dire a volte qualche verità, e la cosa finisce qui. Non è detto che quel cretese debba essere proprio Epimenide. E se anche lo fosse, non è detto che quella verità debba essere proprio la frase in questione.

Paolo di Tarso (I secolo d.C.), che era troppo indaffarato a predicare la Verità per aver tempo di meditare sulla menzogna, non comprese che non c'era appunto nessun problema, e si scagliò contro il povero Epimenide. Tra le righe della sua *Lettera a Tito* (I, 10-12) si può già distinguere, completamente formato, l'embrione dell'Inquisizione:

> Molti sono i ribelli, i ciarloni, i seduttori, specialmente tra i circoncisi, ai quali bisogna tappare la bocca, perché son tali che rovinano intere famiglie, insegnando ciò che non si deve, a vile scopo di lucro. Uno di essi, loro profeta, ebbe a dire: «Cretesi, eterni bugiardi, cattive bestie, ghiottoni infingardi».

Meglio fece Agostino di Ippona (354-430), che nelle *Confessioni* (XIII, 38) estese il riferimento di Epimenide dai cretesi all'umanità intera, asserendo: «Ogni uomo è menzognero. Perciò, chi dice una menzogna dice del suo».

Questa forma, falsa ma non paradossale, si trova spesso usata nell'arte. Ad esempio, nel racconto *Questo non è un racconto* di Denis Diderot, che nel romanzo *Jacques il fatalista* ripete: «Questo non è un romanzo». O nel quadro *Il tradimento delle immagini* di René Magritte, che raffigura una pipa sotto la quale sta scritto: *Ceci n'est pas une pipe*, «questa non è una pipa».

Neppure Pinocchio arriva al paradosso, quando confessa alla Fata Turchina: «Io mento sempre». In realtà il burattino dice pochissime bugie nel corso della sua storia, e infatti il naso gli cresce soltanto un paio di volte. E proprio perché dice quasi sempre la verità, la sua confessione è una bugia. Ma il naso, questa volta, non gli cresce!

Paradossale, ma in un altro senso, è invece la diabolica possibilità di far mentire una persona modesta che dica sempre la verità. La modestia dovrebbe, infatti, impedirle di rispondere affermativamente alla domanda: «Dici sempre la verità?» Ma una risposta negativa sarebbe una falsità, analoga a quella enunciata da *Il bugiardo* di Cocteau: «Mento solo quando vi dico che mento».

Eubulide.

Eubulide di Mileto, della scuola megarica (IV secolo a.C.), andò oltre la formulazione di Epimenide, domandandosi che cosa avrebbe risposto un mentitore incallito alla domanda: «Sei un mentitore?» Da una parte, qualunque cosa egli dica è una menzogna, proprio perché è un mentitore. In particolare, cosí è per la risposta: «Sí». D'altra parte, questa stessa risposta è vera, perché data da un mentitore. Si ha quindi una vera situazione paradossale.

Il paradosso si può rendere ancora piú puro nella forma detta *pseudomenon*, che considera semplicemente che cosa succede quando qualcuno dice: «Io sto mentendo». Se ciò che dice è vero, allora sta mentendo, e se ciò che dice non è vero, allora non sta mentendo. In entrambi i casi si ha una contraddizione, e anche questa affermazione è paradossale.

Eliminando il riferimento a chi parla, si può considerare la versione: «Io sono falsa». Volendo evitare l'abuso del pronome personale riferito a una frase, basta dire: «Questa frase è falsa». O, ancora piú semplicemente, basta rispondere negativamente all'inutile domanda: «Stai dicendo la verità?» Il che è quello che fa la protagonista della versione cinematografica di *Un marito perfetto*, tratta dalla commedia di Oscar Wilde, quando confessa: «La verità è che ho mentito».

Aristotele.

Nelle *Confutazioni sofistiche* (xxv), Aristotele (384-322 a.C.) ripropose il paradosso del mentitore nella forma dello *spergiuro*: si può formulare un giuramento che si possa allo stesso tempo onorare e rompere?

Procedere in modo analogo al mentitore, giurando di rompere il giuramento che si sta facendo, non ha molto senso; infatti non è chiaro che cosa sia richiesto per onorare o rompere un tale giuramento. Ma si può procedere in due passi, giurando di rompere un secondo giuramento, che consiste nel giurare di non compiere una certa azione. Compiendo quell'azione si rompe il secondo giuramento e si onora il primo.

Considerando i due giuramenti come due parti di uno solo è dunque possibile dire che si è allo stesso tempo rotto e onorato lo stesso giuramento, relativamente a due sue parti distinte. Secondo Aristotele, questa è appunto la soluzione del paradosso.

In modo analogo, Aristotele formulò il paradosso del *disobbediente*: è possibile allo stesso tempo obbedire e non obbedire a un ordine? Anche qui, si può ordinare di disobbedire a un secondo ordine, che consiste nel proibire di compiere una certa azione. Compiendola si disubbidisce al secondo ordine e si obbedisce dunque al primo.

Cicerone.

Nell'*Academica* (II, 95), Cicerone (106-43 a.C.) racconta il seguente caso, attribuito agli stoici:

> Si narra che un antico filosofo greco, di nome Protagora, avesse insegnato la legge a un povero giovane, di nome Euatlo, a condizione che questi lo ricompensasse non appena vinta la sua prima causa.
>
> Euatlo, però, decise di abbandonare la professione legale. Protagora, stancatosi di aspettare, un giorno lo avvicinò e gli sollecitò il pagamento. Visto il rifiuto del giovane, lo citò in tribunale.
>
> Dinanzi alla corte Protagora affermò che, se Euatlo avesse vinto, sarebbe stata la sua prima causa vinta, e avrebbe dovuto pagare. E se avesse perso, avrebbe dovuto obbedire alla corte, e quindi pagare.
>
> Ma Euatlo, se avesse perso, non avrebbe vinto la sua prima causa, e non avrebbe ancora dovuto pagare Protagora. E se avesse vinto, avrebbe potuto obbedire alla corte, e non pagare.

Il contratto stipulato fra maestro e allievo era dunque autocontradditorio e impossibile da onorare. Una vera e propria antinomia giuridica, che venne ripresa in forma sarcastica da Diderot nel 1779 in *Jacques il fatalista*:

> E voi, che cosa fate qui [in prigione]? – Io lavoro, come vedete. – E chi è che vi ci ha fatto mettere? – Io. – Come, voi! – Sí, io, signore. – E come avete fatto? – Come avrei fatto per chiunque altro. Mi sono fatto un processo, a me medesimo.

L'ho vinto. E in seguito alla sentenza che ho ottenuta contro di me, e al decreto che ne è seguito, sono stato arrestato e condotto qui. – Ma siete pazzo? – No, signore, vi dico la cosa com'è. – Non potreste fare un altro processo a voi medesimo, e in seguito a un'altra sentenza e a un altro decreto farvi liberare? – Nossignore.

Diogene Laerzio.

Nelle *Vite e opinioni dei filosofi illustri* (II, 108), Diogene Laerzio (II secolo d.C.) narra la seguente storia, anch'essa attribuita agli stoici:

> Un coccodrillo aveva afferrato un bambino che stava giocando sulle rive del Nilo. La madre implorò il coccodrillo di restituirglielo.
>
> – Certo! – rispose il coccodrillo, – Se sai dirmi in anticipo esattamente ciò che farò, ti restituirò il bambino. Ma se non indovinerai, lo mangerò.
>
> La madre, turbata, sospirò: – Tu divorerai il mio bambino.
>
> – Non posso restituirti il bambino – disse astutamente il coccodrillo, – perché se te lo rendo farò sí che tu abbia detto il falso, e ti avevo avvertito che in tal caso lo avrei mangiato.
>
> – Niente affatto – rispose la madre. – Non puoi mangiare il bambino, perché in tal caso farai sí che io abbia detto il vero. E avevi promesso che se fosse stato cosí, avresti restituito il bimbo.

La risposta della donna mette dunque il coccodrillo di fronte a un impossibile dilemma: qualunque cosa esso faccia, non mantiene la sua promessa.

Buridano.

Aristotele aveva sostenuto che il paradosso del mentitore e dello spergiuro erano analoghi, ma il suo oscuro commento dovette attendere la formulazione di Giovanni Buridano (1295-1360) per essere chiarificato.

I protagonisti della versione di Buridano diventano due, e ciascuno dice una sola frase. Ad esempio, Socrate afferma: «Platone dice il falso». E Platone ribatte: «Socrate dice il vero». Ciascuna delle due frasi non è paradossale isolatamente, ma la loro congiunzione lo diventa.

Se infatti Socrate dice il vero, allora Platone dice il falso e dunque Socrate dice il falso. Se invece Socrate dice il falso, allora Platone dice il vero e dunque Socrate dice il vero.

La forma piú essenziale e accattivante di questa versione del paradosso è forse quella data nel 1913 dal matematico Philip Jourdain[2]:

La frase seguente è falsa.
La frase precedente è vera.

Mentre nel paradosso originario il circolo vizioso autoreferenziale rimaneva su un unico livello, nella versione di Buridano richiede due livelli, ciascuno dei quali rimanda all'altro. Il processo è analogo a quello delle mani che disegnano se stesse, raffigurato da Saul Steinberg ed Escher in due famosi disegni (figure 45 e 46). Anche se, ai fini dell'illustrazione del paradosso, sarebbe piú corretto che una mano disegnasse e l'altra cancellasse.

Tornando al paradosso, non c'è difficoltà a costruire analoghi circoli viziosi che richiedono *n* livelli, per qualunque *n*. Piú interessante è la versione di Stephen Yablo[3], che richiede infiniti livelli:

Tutte le frasi seguenti sono false.
Tutte le frasi seguenti sono false.
Tutte le frasi seguenti sono false.
...

[2] P. Jourdain, «A correction and some remarks», *Monist*, 13 (1913): 145-148.
[3] S. Yablo, «Truth and reflection», *Journal of Philosophical Logic*, 14 (1985): 297-349.

Supponiamo che la prima frase sia vera. Allora tutte le seguenti sono false, in particolare la seconda. Ma poiché anche tutte le seguenti sono false, la seconda deve essere vera. Dunque, la prima frase è falsa. Allora qualcuna delle frasi seguenti è vera, e si riottiene una contraddizione come nel caso della prima. La prima frase è dunque contradditoria, e cosí è per tutte le altre.

Poiché ciascuna delle frasi punta alle seguenti, ma nessuna ritorna mai alle precedenti, la versione di Yablo del paradosso del mentitore sembra aver eliminato l'autoriferimento. In realtà, l'intera successione rimane autoreferenziale, anche se le singole frasi che la costituiscono non lo sono.

Soluzioni medievali.

Le soluzioni medioevali e rinascimentali al paradosso del mentitore furono innumerevoli. Paolo Nicoletti da Udine, detto Paolo Veneto (1372-1429), ne riassunse quattordici nella *Logica Magna*. La sua lista è impressionante, non tanto per il numero delle soluzioni,

Figure 45 e 46.
Mani che si disegnano di Saul Steinberg e di Maurits Cornelis Escher.

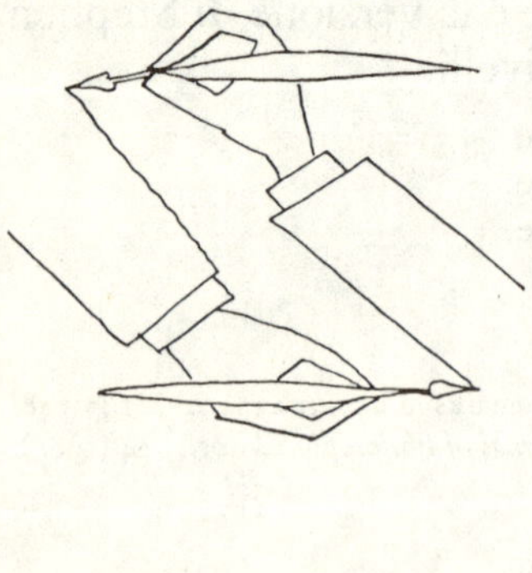

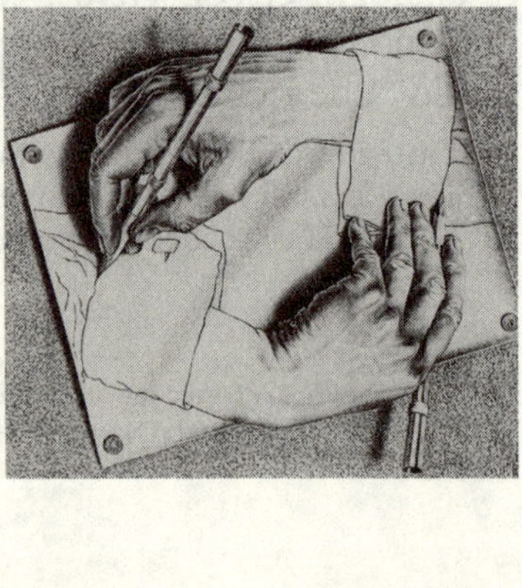

quanto per la loro attualità. Esse sembrano infatti precorrere i secoli e anticipare praticamente tutte le proposte dei moderni.

Una prima soluzione, di natura linguistica, era già stata adombrata da Aristotele in un passo della *Metafisica* (IV, 4, 1008b), e i medievali la ripresero sotto il nome di *cassatio*. In pratica, le frasi contraddittorie non sarebbero proposizioni ben formate, e non avrebbero semplicemente senso. Per rendere piú specifica tale soluzione, furono proposte due vie.

La prima introdusse la distinzione fra *uso* e *menzione*, e sostenne che le frasi paradossali si fondavano su una loro confusione. Benché la distinzione sia oggi comunemente accettata, non fornisce però una soluzione al paradosso. Vedremo infatti, parlando della versione di Quine, come sia possibile riformularlo senza alcuna confusione fra uso e menzione.

La seconda via fu proposta da Guglielmo di Occam (1290-1347), nella *Summa Logicae*. Egli sostenne che, quando si parla di verità o falsità, ci si riferisce ad *altre* frasi. Una frase non può quindi dire *di se stessa* che è vera o falsa. Questo prelude alla moderna distinzione di *livelli nel linguaggio*, in cui le frasi che parlano di verità o falsità di altre frasi, stanno a un livello superiore di queste.

Un'altra soluzione accettò invece la sensatezza delle frasi paradossali e imputò i problemi non al linguaggio, ma alla logica. Anche qui, si seguirono varie vie per rendere la soluzione piú specifica.

La prima accettò il fatto che il ragionamento del mentitore prova, per assurdo, che la frase in questione non è né vera né falsa. La cosa può essere vista come una limitazione della logica classica, e si può superare in almeno due modi distinti.

Anzitutto, introducendo *logiche costruttive*, in cui non sia possibile dimostrare la disgiunzione di due proprietà (in questo caso, che una frase sia vera o falsa), senza poterne dimostrare una delle due (in questo caso, che sia vera o che sia falsa).

Oppure, introducendo *logiche a piú valori*, in cui le frasi possono essere vere, false o, ad esempio, indefinite. In questo caso, però, basta considerare la frase «io non sono vera», invece che «io sono falsa», per riottenere il paradosso. Infatti, se la frase «io non sono vera» è vera, allora non è vera. E se è falsa o indefinita, allora non è vera, e dunque è vera.

La seconda via fu proposta da Giovanni Buridano, sulla base della sua versione del paradosso. Egli sostenne che un'affermazione di verità o falsità non è assoluta, ma relativa a un certo momento a cui si riferisce, esplicitamente o no. Mentre non è dunque possibile che una frase possa essere vera e falsa allo *stesso* tempo, essa può esserlo in tempi diversi.

Questo sembra preludere all'introduzione di *logiche temporali*, nelle quali si specifica appunto il tempo a cui le affermazioni di verità e falsità si riferiscono. Ma anche qui non è difficile riottenere il paradosso. Basta far affermare a Socrate che «Platone dirà il falso quando pronuncerà la frase seguente», e a Platone che «Socrate disse il vero quando pronunciò la frase precedente».

Cervantes.

Nel 1615, Miguel de Cervantes (1547-1616) raccontò nel *Don Chisciotte* (II, 51) la storia seguente, molto simile a una narrata da Aulo Gellio nelle *Notti attiche* (XVIII, 2):

> [Quando Sancio Panza era governatore di Barataria,] il primo affare che gli capitò fu una domanda che gli fece un forestiero alla presenza del maggiordomo e di tutti gli altri ministri. E la domanda fu questa.

«Signore, un largo fiume divideva due province di un medesimo stato. Stia bene attenta la Signoria Vostra, perché il caso è di grande importanza e un po' difficile. Dico dunque che sopra a questo fiume c'era un ponte, e in cima a questo ponte una forca e un tribunale, dove di solito stavano quattro giudici, che giudicavano secondo la legge fatta dal padrone del fiume, del ponte e dello stato. La qual legge era cosí formulata:

> Se uno passa su questo ponte da una riva all'altra, deve prima dichiarare con giuramento dove va e quel che va a fare. Se giura il vero, sia lasciato passare. Ma se mente, sia impiccato sulla forca qui innalzata, senza alcuna remissione.

Conosciuta questa legge e la rigorosa condizione, molti passavano lo stesso, perché dopo che s'era riscontrato che quanto dichiaravano sotto giuramento era perfettamente vero, i giudici li lasciavano passare liberamente. Ora, accadde una volta che un tale, invitato a giurare, giurò e disse:

«Giuro che passo di qui per andare a morire su quella forca laggiú, e non per altra ragione».

I giudici rifletterono sul giuramento, e dissero:

«Se quest'uomo lo lasciamo passare liberamente, ha giurato il falso, e secondo la legge deve morire. Ma se l'impicchiamo, siccome egli ha giurato che passava per andare a morire su quella forca, allora ha detto la verità, e secondo la stessa legge, avendo giurato la verità, deve essere lasciato libero».

Ora, si domanda alla Signoria Vostra, signor governatore, che cosa faranno i giudici di quest'uomo? Poiché essi sono ancora lí, incerti e dubbiosi. Siccome son venuti a conoscere l'acuta ed elevata intelligenza della Signoria Vostra, mi hanno inviato a supplicarla da parte loro a voler dare il suo parere in un caso cosí intricato e dubbio».

«Quei signori avrebbero potuto risparmiarsi l'incomodo, – rispose Sancio, – perché io son uomo piú rozzo che fino. Tuttavia, ripetetemi il caso, in maniera che lo intenda bene, e chissà che non possa dar nel segno».

L'inviato ripeté un'altra volta, e poi un'altra ancora, il racconto, e Sancio finalmente disse:

«A parer mio, questo caso si risolve in due battute, e precisamente cosí. Quell'uomo giura che passa per andare a morire sulla forca, non è vero? E se egli ci muore veramente, avrà detta la verità, e in virtú della legge merita d'esser lasciato libero e di passare il ponte. Ma se non l'impiccano, egli avrà spergiurato e, sempre in virtú della medesima legge, meriterà d'essere appeso alla forca. Non è cosí?»

«Benissimo, – riprese il messaggero. – Ella, signor governatore, ha interamente capito come stanno le cose, e non c'è piú alcun dubbio, né piú nulla da domandare».

«Ebbene, – replicò Sancio, – la mia opinione è che, di quell'uomo, la parte che ha detto la verità si debba lasciar passare, e quella che ha mentito sia impiccata. Cosí saranno letteralmente rispettate le condizioni del passaggio».

«Ma signor governatore, – replicò l'altro, – allora bisognerebbe dividere quell'uomo in due parti, la sincera e la bugiarda. E se si dividesse per davvero, bisognerebbe che morisse per forza. E quindi non si otterrebbe nulla di quello che esige la legge, e che deve essere inesorabilmente eseguito».

«Oh, sentite un po', brav'uomo! – riprese Sancio. – Questo passeggero di cui mi parlate, o io sono una bestia, o tanto è giusto che muoia, come che viva e passi il ponte. Perché se la verità lo salva, la menzogna lo condanna. E quindi il mio parere è che rispondiate a quei signori che vi hanno mandato, che siccome le ragioni di condanna e di assoluzione qui si bilanciano, lo lascin passare liberamente, perché è sempre meglio far del bene che del male. E questo lo sottoscriverei di mio pugno, se sapessi firmare. Ma, a dire il vero, in questo caso non ho parlato di mia testa. Bensí, m'è tornato in mente un avvertimento che insieme con molti altri mi dette il signor Don Chisciotte, la sera avanti che partissi per venire a prendere il governo di quest'isola. E l'avvertimento fu che, quando la giustizia non fosse chiara, mi piegassi e mi appigliassi alla misericordia. Dio ha voluto che in questo momento me ne ricordassi, perché qui l'avvertimento calza come un guanto».

«Oh, sí! – disse il maggiordomo. – E per conto mio credo che lo stesso Licurgo, che dette leggi agli Spartani, non avrebbe potuto dare miglior sentenza di quella che ha data il gran Sancio»[4].

Piú che Licurgo, la soluzione paradossale di Sancio Panza richiama in forma scherzosa quella proposta da Aristotele: che, quando una *stessa* frase sembra essere allo stesso tempo vera e falsa, siano in realtà due suoi aspetti *diversi* a esserlo.

[4] M. de Cervantes, *Don Quijote* [trad. it. di F. Carlesi, *Don Chisciotte*, Mondadori, Milano 1974, pp. 1023-1025].

Una divertente variazione sul tema è stata narrata nel 1981 da Hans Freudenthal (1905-1990). Un giorno un padre, dopo che il figlio ne aveva detta una grossa, lo trascinò al Ponte dei Bugiardi, dicendogli che era cosí chiamato perché sarebbe crollato se un bugiardo l'avesse attraversato. Il bambino si spaventò, e confessò la bugia. Ma il ponte crollò ugualmente quando il padre lo attraversò, perché egli aveva ovviamente mentito. Non esiste, infatti, nessun Ponte dei Bugiardi.

Russell.

Nel 1903 Bertrand Russell[5] (1872-1970) mostrò che i problemi del linguaggio derivano non tanto dalla nozione di *verità*, quanto dalla combinazione di *negazione* e *autoriferimento*. Per ottenere la versione originaria del suo famoso paradosso, egli divise gli insiemi di oggetti in due classi, a seconda che essi siano o no uno degli oggetti contenuti nell'insieme stesso. Detto altrimenti, a seconda che essi appartengano o no a se stessi.

Ad esempio, l'insieme degli insiemi con piú di un elemento appartiene a se stesso, perché ha certo piú di un elemento. E l'insieme degli insiemi con un solo elemento non appartiene a se stesso, perché anch'esso ha certo piú di un elemento.

Chiediamoci ora se *l'insieme di tutti gli insiemi che non appartengono a se stessi* appartiene o no a se stesso. Se sí, allora è uno degli insiemi che non appartengono a se stessi, e quindi non può appartenere alla loro collezione, cioè a se stesso. Se no, allora è uno degli insiemi che non appartengono a se stessi, e dunque appartiene alla loro collezione, cioè a se stesso.

Dal punto di vista dei paradossi l'argomento di Rus-

[5] B. Russell, *The principles of mathematics*, 1903.

sell non era certo una novità, come prova il fatto che a problemi simili o uguali erano pervenuti, indipendentemente, sia Georg Cantor[6] (1845-1918) che Ernst Zermelo[7] (1871-1953). Ciò che lo rese famoso fu il fatto che esso si applicava non piú al linguaggio naturale, della cui consistenza si poteva ben dubitare, ma alla matematica. Sul finire dell'Ottocento Cantor l'aveva infatti riformulata in modo da fondarla soltanto sulla nozione di insieme, invece che di figura geometrica o di numero. Il paradosso minacciava dunque la consistenza stessa della matematica. Fu proprio tale minaccia a provocare il *revival* dei paradossi nel secolo XX e a coinvolgere i matematici nel tentativo di risolverli, per restituire alla matematica la rispettabilità perduta.

Nel 1908 Kurt Grelling[8] (1886-1942) diede una forma puramente linguistica al paradosso di Russell, dividendo gli aggettivi del linguaggio in due classi: gli *autologici*, che hanno la proprietà da essi stessi descritta, e gli *eterologici*, che non ce l'hanno. Ad esempio, «polisillabico» e «corto» sono autologici, «monosillabico» e «lungo» eterologi.

Ci si chiede ora di che tipo sia l'aggettivo eterologico. Se esso è autologico, allora ha la proprietà da esso descritta, ed è eterologico. Se invece è eterologico, allora non ha la proprietà da esso descritta, e quindi non è eterologico.

Una delle riformulazioni piú note del paradosso di Russell è dovuta a lui stesso[9]. Questa volta si dividono le persone di un villaggio fra quelle che si radono da sole, e quelle che vanno invece dal barbiere. La domanda

[6] G. Cantor, «Letter to Dedekind», in *From Frege to Gödel*, curato da J. Van Heijenoort, Harvard University Press, 1967, pp. 113-117.

[7] E. Zermelo, «Neuer Beweis für die Möglichkeit einer Wohlordnung», *Mathematische Annalen*, 65 (1908): 107-128, nota 9.

[8] K. Grelling e L. Nelson, «Bemerkungen zu den Paradoxien von Russell und Burali-Forti», *Abhandlungen der Fries'schen Schule*, 2 (1908): 300-334.

[9] B. Russell, *Introduction to the philosophy of mathematics*, 1918.

diventa, allora, chi rada *un barbiere che rade tutte e sole le persone che non radono se stesse*[10].

La considerazione di un tale barbiere è effettivamente paradossale. Ma poiché qui si tratta di persone reali e non di concetti astratti, questo significa soltanto che un tale barbiere *non esiste* o, meglio, che nessun barbiere può soddisfare la descrizione data. In altre parole, benché si abbia a che fare soltanto con un insieme finito, la classe delle persone che non radono se stesse è contraddittoria. Questa forma del paradosso è quindi innocua, a differenza di quella del mentitore o della versione originaria di Russell, che coinvolgono invece il linguaggio e la matematica.

Nel 1936 Ferdinand Gonseth[11] (1890-1975) sostituí il barbiere con un bibliotecario che voglia compilare *un catalogo di tutti i cataloghi bibliografici che non menzionano se stessi*. Anche qui, un tale catalogo non può semplicemente esistere.

Curry.

Il ruolo della negazione nelle varie formulazioni del paradosso del mentitore sembrerebbe essere essenziale. Nel 1942 Haskell Curry (1900-1982) mostrò invece che è possibile ottenere un paradosso anche senza farne uso[12].

Data una qualunque frase F, egli mostrò che l'affermazione «se questa frase è vera, anche F lo è» è vera, nel modo seguente. Poiché essa è un condizionale, per mostrare che è vera si dovrà far vedere che la sua conclusione segue effettivamente dalla sua ipotesi. Cioè, che se essa è vera, allora cosí è F.

[10] Già Tommaso d'Aquino aveva considerato, nell'undicesima delle *Questiones Disputatae de Veritate*, un insegnante che insegna a tutti e soli i cittadini non autodidatti.

[11] F. Gonseth, *Les mathématiques et la réalité: essai sur la méthode axiomatique*, 1936.

[12] H. Curry, «The inconsistency of certain formal logics», *Journal of Symbolic Logic*, 7 (1942): 115-117.

Supponiamo che l'affermazione sia vera. Sono dunque veri sia il condizionale che essa esprime, che la sua ipotesi. Quindi, è vera anche la conclusione, il che è appunto ciò che si voleva dimostrare.

Poiché l'affermazione precedente è vera, e dice che F è vera se essa lo è, ne segue che anche F deve essere vera. Ma F è una frase qualunque, e può essere scelta falsa!

Gödel.

Il vero salto di qualità nel trattamento del paradosso del mentitore fu compiuto nel 1931 da Kurt Gödel[13] (1906-1978), quand'egli considerò la frase «io non sono dimostrabile» per sistemi matematici che non dimostrino delle falsità.

Se la frase fosse falsa, allora sarebbe dimostrabile. Poiché il sistema non dimostra falsità, questo è impossibile. Allora la frase è vera, e quindi non dimostrabile.

Questo sembrerebbe un ritorno a Epimenide, perché non c'è paradosso e l'ipotesi che la frase sia vera non porta a nessuna contraddizione. Ma ora la cosa viene sfruttata positivamente. Si è infatti ottenuta una verità che non è dimostrabile e si è scoperto che la nozione di verità è piú comprensiva della nozione di dimostrabilità. In particolare, verità e dimostrabilità sono nozioni diverse.

Il paradosso del mentitore si riferiva però a frasi del linguaggio comune che parlano di verità: nozione, questa, che appartiene allo stesso linguaggio comune. Il teorema di Gödel si riferisce invece a frasi del linguaggio comune che parlano di dimostrabilità: nozione, questa, che appartiene al linguaggio matematico.

[13] K. Gödel, «Über formal unentscheidbare Sätze der Principia Mathematica und verwandter Systeme I», *Monatshefte für Mathematik und Physik*, 38 (1931): 173-198.

Dunque, non è affatto immediato che la cosa sia sensata. Gödel dovette appunto mostrare come fosse in realtà possibile costruire una tale frase nel linguaggio matematico. Per far questo egli dovette riflettere una parte sufficiente del linguaggio comune all'interno dei sistemi matematici, mediante un metodo di codifica che divenne fondamentale per gli sviluppi successivi sia della storia del paradosso, che di quella della tecnologia. Su tale metodo si basa infatti la possibilità di comunicare ai computer, nel loro linguaggio aritmetico, le istruzioni di programmi che traducono comandi dati nel linguaggio ordinario.

Quine.

Il meccanismo mediante il quale Gödel ha potuto costruire la sua affermazione è stato esemplificato nel 1962 da Willard Quine[14] (1908-2000), mediante una riformulazione del paradosso del mentitore che evita l'apparente ambiguità delle versioni «io sono falsa», o «questa frase è falsa».

Il procedimento mediante il quale una frase può riferirsi a se stessa viene reso esplicito sfruttando la distinzione medievale tra *uso* e *menzione* della frase. Nel linguaggio comune la distinzione è indicata dalla mancanza o dalla presenza di virgolette attorno a essa, ma è spesso mascherata dall'uso non sistematico che si fa delle virgolette.

Il passaggio dall'uso alla menzione può mutare il valore di verità di una frase, come dimostrano i due esempi seguenti, rispettivamente falso e vero:

Un monosillabo consiste di sei sillabe.
«Un monosillabo» consiste di sei sillabe.

[14] W. Quine, «Paradox», *Scientific American*, 206 (1962): 84-95. Anche in *The ways of paradox and other essays*, Harvard University Press, 1976, pp. 1-18.

Le affermazioni di verità o di falsità di una frase sono analoghe al secondo esempio. È dunque essenziale che esse *menzionino* la frase usando le virgolette, invece di *usarla* senza virgolette.

A prima vista si potrebbe addirittura pensare, come fecero alcuni medioevali, che nella distinzione fra uso e menzione risieda la soluzione del paradosso. Infatti, nella frase

questa frase è falsa

non ci sono apparenti menzioni di altre frasi. E non ci sarebbe nessun paradosso, solo insensatezza, nel dire

«questa frase» è falsa.

Non è dunque chiaro che effettivamente esista una frase F, tale che il paradosso sia esprimibile in una forma del tipo

«F» è falsa.

La soluzione proposta da Quine è semplice. Si tratta di sfruttare la presenza della menzione «F», considerando la variante

«F» è falsa se preceduta dalla sua menzione.

Questo dice che la frase F è falsa se è preceduta dalla sua menzione, cioè se è del tipo «G»G, per qualche frase G. Ma la frase precedente diventa appunto del tipo «F»F, se si prende come F stessa la parte che segue «F». Si ottiene cosí

«è falsa se preceduta dalla sua menzione»
è falsa se preceduta dalla sua menzione

che è appunto una frase che dice di se stessa di essere falsa.

L'affermazione di Gödel si può ora ricavare in modo analogo, sostituendo la falsità con la non dimostrabilità. Si ottiene cosí:

«è non dimostrabile se preceduta dalla sua menzione»
è non dimostrabile se preceduta dalla sua menzione.

Tarski.

Il metodo di Gödel permette di costruire, nel linguaggio di un qualunque sistema matematico sufficientemente espressivo, frasi che dicano «io ho la proprietà *P*», per qualunque proprietà *P* esprimibile nel sistema considerato.

Nel caso della frase «io non sono dimostrabile», la proprietà in questione è appunto quella di «non essere dimostrabile». L'argomento di Gödel richiede dunque di esprimere nel sistema tale proprietà. Poiché la negazione fa parte della logica dei sistemi usuali, la cosa si riduce a esprimere nel sistema la proprietà di «essere dimostrabile», e questa è appunto la parte essenziale della dimostrazione del teorema di Gödel.

Nel caso della frase «io non sono vera», la proprietà da esprimere nel sistema sarebbe invece «essere vero». Se però essa fosse effettivamente esprimibile, allora l'argomento del paradosso del mentitore permetterebbe di ottenere una contraddizione. Si è cosí mostrato che *un sistema matematico sufficientemente espressivo e non contraddittorio non può esprimere la propria verità.*

Anche questa versione, ottenuta nel 1936 da Alfred Tarski[15] (1902-1983), è una riformulazione positiva del paradosso del mentitore, ma di un tipo diverso da quella di Gödel. Essa mostra non una differenza fra dimostrabilità e verità, ma una impossibilità di parlare della verità di un linguaggio (matematico) all'interno del linguaggio stesso. E può essere considerata come una versione precisa dell'intuizione di Occam, secondo cui il

[15] A. Tarski, «Der Wahrheitsbegriff in den formalisierten Sprachen», *Studia Philosophica*, 1 (1936): 261-405.

concetto di verità sta al di fuori del linguaggio, in un *metalinguaggio*.

Mentre questa è una soluzione accettabile per i linguaggi formalizzati del tipo di quelli matematici, essa non sembra però essere soddisfacente come soluzione del paradosso del mentitore nel linguaggio naturale, il cui metalinguaggio coincide col linguaggio stesso.

Kripke.

Nel 1952 Peter Strawson[16] ha proposto di affrontare il problema del mentitore nel linguaggio comune alla maniera dello struzzo, dissolvendo i concetti stessi di verità e falsità. Sostenendo, cioè, che quando diciamo che una certa frase è vera, stiamo solo affermando la frase stessa. E quando diciamo che una frase è falsa, stiamo solo affermando la sua negazione.

In quest'ottica, dire «questa frase è falsa» è semplicemente come dire «non sono d'accordo» senza che nessuno abbia parlato. Si può certo immaginare, e forse addirittura conoscere, il tipo di persona che dica cose del genere, ma non lo si deve prendere seriamente.

Questa non sembra comunque essere una soluzione soddisfacente. Il problema è stato affrontato piú seriamente nel 1975 da Saul Kripke[17]. Egli ha anzitutto notato che il carattere paradossale di un'affermazione può dipendere da fattori empirici. Quindi, la soluzione dei paradossi non può essere assicurata da un'analisi puramente linguistica.

Ad esempio, basta supporre che Socrate sostenga «Platone dice il falso almeno una volta», e che Platone

[16] P. Strawson, *Introduction to logical theory*, 1952.

[17] S. Kripke, «Outline of a theory of truth», *Journal of Philosophy*, 72 (1975): 690-716.

ribatta «Socrate non è calvo» e «Socrate dice il vero». Se Socrate è calvo, allora la prima affermazione di Platone è falsa, quindi Socrate dice il vero, e la seconda affermazione di Platone è vera. Dunque, è possibile assegnare valori di verità a tutte le affermazioni fatte, in modo consistente. Se invece Socrate non è calvo, allora la prima affermazione di Socrate equivale a «Platone dice il falso nella sua seconda affermazione». Unita alla seconda affermazione di Platone, cioè «Socrate dice il vero», essa produce la solita contraddizione.

La soluzione dei paradossi può quindi venire soltanto da una teoria che colleghi le affermazioni del linguaggio ai fatti del mondo. Kripke ha allora proposto di scomporre le affermazioni linguistiche astratte in altre via via piú concrete, fino a ridurle ad affermazioni su stati di fatto: un procedimento chiamato *atterraggio*, per sottolineare la discesa dall'astrazione alla concretezza. I valori di verità vengono poi assegnati tornando all'indietro. Questo approccio permette di distinguere fra vari tipi di proposizioni.

A un estremo ci sono le affermazioni meno problematiche, cioè quelle che atterrano. Essendo riducibili ad affermazioni su stati di fatto, il loro valore di verità è univocamente determinato dalla realtà delle cose. All'estremo opposto ci sono i *paradossi assoluti*, cioè le affermazioni che non atterrano e non ammettono valori di verità, nel senso che qualunque assegnazione di valore di verità risulta contradditoria. Un esempio è appunto: «Questa frase è falsa».

Ci sono poi i *paradossi contingenti*, cioè le affermazioni il cui essere paradossali o meno dipende dal valore di verità di alcune loro componenti. Un esempio è: «F e questa frase sono entrambe false». Se F è vera, allora l'intera frase è falsa. Ma se F è falsa, diventa un paradosso.

Fra le affermazioni che non atterrano, non tutte sono paradossali. Un primo esempio è dato da: «Questa frase è vera». Nessuna assegnazione di valore di verità a essa è contradditoria, e la frase può dunque assumere consistentemente *qualunque* valore di verità[18].

Nel 1982 Anil Gupta[19] ha infine scoperto un ultimo tipo di affermazioni: quelle che, pur non atterrando, hanno comunque un valore di verità definito. Un esempio si ha quando Socrate sostiene «uno fra me e Platone non dice il vero», e Platone ribatte «sia io che Socrate diciamo il vero». Poiché la prima affermazione equivale a «non diciamo entrambi il vero», e la seconda a «diciamo entrambi il vero», esse si negano a vicenda. Non potendo essere entrambe vere, l'*unica* possibilità è che la prima sia vera, e la seconda falsa.

Austin.

John Austin (1911-1960) ha proposto, a partire dal 1950[20], una teoria del linguaggio naturale piú adeguata di quella basata sulla logica formale. La sua osservazione fondamentale è che le proposizioni si riferiscono a situazioni, che ne determinano la verità o falsità.

Piú precisamente, una *situazione* è semplicemente una collezione di affermazioni, alcune delle quali possono riferirsi alla verità o falsità di alcune frasi. Una *situazione attuale* è una situazione le cui affermazioni sono in accordo col mondo. In particolare, le sue affermazioni di verità o falsità sono veritiere, nel senso che le frasi a cui esse si riferiscono sono effettivamente vere o false.

[18] Affermazioni di questo tipo sono analoghe alle serie non assolutamente convergenti, che mediante opportuni riordinamenti possono convergere a qualunque numero reale.

[19] A. Gupta, «Truth and paradox», *Journal of Philosophical Logic*, 11 (1982): 1-60.

[20] J. Austin, «Truth», *Proceedings of the Aristotelian Society*, supplemento al volume 24 (1950); anche in *Philosophical Papers*, curato da J. Urmson e G. Warnock, Oxford University Press, 1961, pp. 117-133. E *How to do things with words*, Harvard University Press, 1962.

Il fatto che di solito non si espliciti la situazione a cui una proposizione si riferisce, significa soltanto che essa è lasciata sottointesa, e non che non ci sia. Un'affermazione senza menzione esplicita di situazioni è dunque, in realtà, una famiglia di affermazioni, ciascuna delle quali si riferisce a una determinata situazione.

Ad esempio, non si può considerare in astratto «un barbiere che rada tutte e sole le persone che non radono se stesse». Considerato relativamente alla situazione che descrive tutti gli abitanti di Siviglia, esso semplicemente non potrà essere il barbiere di Siviglia, ma potrebbe essere un barbiere in trasferta. Considerato relativamente alla situazione che descrive tutti gli uomini della terra, esso non potrà essere un uomo, ma potrebbe essere una donna. E cosí via. È solo quando si dimentica di esplicitare la situazione o, equivalentemente, quando si considera la situazione che descrive tutte le persone dell'universo mondo, che allora tale barbiere non potrà esistere.

Nel caso del paradosso del mentitore, esso va dunque inteso come un'affermazione del tipo:

la falsità di questa frase sta nella situazione *s*.

Se questa fosse vera, allora la situazione *s* conterrebbe l'affermazione della falsità della frase stessa. Nel caso che *s* sia attuale, ciò significherebbe che la frase è effettivamente falsa, contrariamente all'ipotesi.

Essendo allora falsa, l'affermazione della sua falsità non può stare in *s*. Se la situazione *s* contenesse la frase stessa, la frase esprimerebbe dunque un fatto vero relativo alla situazione *s*. Ma questo è impossibile se la situazione è attuale, perché la frase è invece falsa.

Niente impedisce però di allargare la situazione *s* mediante l'aggiunta della frase stessa, ottenendo una nuova situazione s_1 in cui diventa appunto vero che

«la falsità di questa frase sta nella situazione *s*» non sta in *s*.

La nuova affermazione

la falsità di questa frase sta nella situazione s_1

sarà però falsa nella situazione s_1. E cosí via.

Viene cosí spiegata l'apparente circolarità dei paradossi, che sembrano oscillare dalla verità alla falsità senza sosta. In realtà, ogni volta si tratta della verità o della falsità di affermazioni distinte relative alla stessa situazione, o della stessa affermazione relativa a situazioni distinte.

È solo il collasso delle situazioni, effettuato implicitamente quando non si considera il riferimento alle situazioni, o quando si considera una sola situazione universale, a provocare l'appiattimento delle diverse affermazioni in una sola, e quindi la contraddizione.

Da questa prospettiva, il paradosso del mentitore diventa dunque perfettamente analogo al teorema di Gödel. Il teorema fornisce un metodo per trovare, dato un sistema che non dimostri falsità, una formula che è vera, ma non dimostrabile nel sistema. Il paradosso fornisce un metodo per trovare, data una situazione attuale, una frase che è vera, ma non sta nella situazione.

Come se non bastasse, l'introduzione delle situazioni permette inoltre di mostrare che il paradosso del mentitore si basa anche su una vera e propria confusione, fra *affermazioni di falsità* e *negazioni di verità*[21]. Un ragionamento analogo a quello che mostra che

la falsità di questa frase sta nella situazione s

è falsa se la situazione s è attuale, mostra infatti anche che

la verità di questa frase non sta nella situazione s

[21] Già Parmenide aveva notato, nel poema *Della natura*, che senza distinguerle si cade nel paradosso. Ad esempio, è possibile sostenere allo stesso tempo che il non-essere *non è* per definizione, ed *è* appunto il non-essere. Ma la distinzione è piú facile da riconoscere che da praticare.

è vera. Se fosse falsa, la situazione *s* conterrebbe infatti l'affermazione della verità della frase stessa. E nel caso che *s* sia attuale, ciò significherebbe che la frase è effettivamente vera, contrariamente all'ipotesi.

La falsità della prima frase e la verità della seconda, nella stessa situazione attuale *s*, non sono affatto in contraddizione fra loro. Ma, ovviamente, lo diventano se si fanno coincidere le due frasi, come succede appunto implicitamente nel paradosso originario.

La soluzione di Austin è dunque che non c'è paradosso, ma solo ambiguità. Poiché i logici amano il paradosso ma aborriscono l'ambiguità, si può immaginare che questa soluzione non sia di loro gradimento.

Smullyan.

Indipendentemente da ogni altro fattore, il paradosso del mentitore può costituire la base per divertenti rompicapi logici. Il loro divulgatore piú arguto è Raymond Smullyan, alcuni libri del quale costituiscono vere e proprie introduzioni paradossali a intere branche della logica moderna.

Smullyan ha introdotto l'Isola dei Cavalieri e degli Scudieri, dove i Cavalieri dicono sempre il vero e gli Scudieri sempre il falso. Sull'isola nessuno può dire «sono uno scudiero». Se una di due persone dice «siamo entrambi scudieri», allora essa è uno scudiero, ma l'altra no. Se dice «almeno uno di noi è uno scudiero», allora è un cavaliere, ma l'altra no. Se dice «o sono uno scudiero o siamo entrambi cavalieri», allora entrambi sono cavalieri. E cosí via.

Smullyan ha anche considerato gli abitanti di Marte e Venere. Su Marte gli uomini dicono sempre il vero e le donne il falso, su Venere succede il contrario. Per sapere se un qualunque abitante dei due pianeti è uomo o donna, basta domandare: «Sei di Marte?», e vedere se la risposta è «si» o «no». Oppure, domandare: «Sei di Venere?», con le risposte scambiate. Per sapere se qualcuno è di Marte o Venere, basta domandare: «Sei uomo?», e vedere se la risposta è «si» o «no». Oppure, domandare: «Sei donna?», con le risposte scambiate. Se qualcuno dice «sono un uomo di Venere», allora significa che è una donna di Marte. Se dice «o sono una donna o sono di Venere», allora significa che è una donna di Venere. E cosí via.

Provare per credere...

Bateson.

Lo psicologo comportamentista Burrhus Skinner (1904-1990) sosteneva[22] che il paradosso del mentitore non interessa la vita, perché nessuna persona sensata direbbe mai cose del tipo: «Questa frase è falsa». Gli sviluppi della logica sarebbero quindi irrilevanti per le scienze umane.

In realtà, esempi di tali affermazioni si trovano piú spesso di quanto sembrasse pensare Skinner. Tanto per citarne uno, John Cage dichiarò una volta: «Non ho niente da dire, e lo sto dicendo». E per essere piú esplicito compose, se cosí si può dire, il famoso pezzo per piano *4′33″*, consistente di quattro minuti e trentatre secondi di silenzio.

È vero che tali comportamenti non sono considerati particolarmente sensati. Anzi, quando gli artisti moderni esprimono il paradosso del mentitore nella forma: «Quest'opera è un falso», in genere si reagisce appunto dando loro degli squilibrati.

Proprio nella direzione di una connessione fra il paradosso e la patologia mentale si è spinto il lavoro psi-

[22] B. Skinner, *About behaviorism*, 1974.

chiatrico di Gregory Bateson[23] (1904-1980). Uno dei risultati piú significativi di tale lavoro è stata l'introduzione del concetto di *doppio vincolo*, al quale abbiamo già accennato.

Un esempio si ha nella seguente variazione della storia del barbiere, data nel 1947 da Hans Reichenbach[24] (1891-1953). Questa volta il barbiere è un soldato di una caserma, al quale un ufficiale ha ordinato di radere tutti e soli i soldati che non si radono da soli. Oltre all'ordine paradossale, i cruciali elementi aggiuntivi sono ora il rapporto di rigida subordinazione del soldato all'ufficiale e l'impossibilità di uscire dalla contraddizione mettendo in discussione la consistenza dell'ordine stesso.

Secondo Bateson, è appunto l'esposizione duratura a doppi vincoli di questo genere che provoca in chi li subisce, soprattutto da bambino in famiglia o in collegi, un'incapacità di distinguere fra linguaggio e metalinguaggio, e la conseguente *schizofrenia*. Le vie d'uscita patologiche sono tre:

a) L'*ebefrenia*, in cui si rifiuta il metalinguaggio e ci si limita all'aspetto puramente letterale della comunicazione. Un esempio di questo atteggiamento è il protagonista de *Il buon soldato Švejk* di Jaroslav Hašek, che interpreta tutti gli ordini, per quanto insensati, in maniera letterale.

b) La *paranoia*, in cui si rifiuta il linguaggio e ci si dedica alla continua ricerca di significati reconditi al di là di esso. Un esempio simmetrico al precedente è il protagonista di *Catch 22* di Joseph Heller, che interpreta tutti gli ordini, per quanto sensati, in maniera metaforica.

c) La *catatonia*, in cui si rifiutano entrambi i livelli e ci si chiude alla comunicazione nell'inattività, fino

[23] G. Bateson, *Steps to an ecology of mind*, 1972.

[24] H. Reinchenbach, *Elements of symbolic logic*, 1947.

all'autismo, o nell'iperattività. È infatti un apparente paradosso che chi è troppo occupato non ha, appunto, il tempo di far niente. In particolare, di stare a sentire gli altri.

In quest'ottica, possiede la normalità soltanto chi conosce, almeno a livello intuitivo, la logica. Ovvero, *o si è logici o si è patologici!*

Si noti, comunque, che comportamenti di tipo schizofrenico sono possibili anche nella vita quotidiana non patologica, in reazione a doppi vincoli isolati. Ad esempio, domande imbarazzanti a cui si deve rispondere si possono evadere temporaneamente con risposte letterali (ebefreniche, apparentemente psicotiche) o umoristiche (paranoiche, apparentemente nevrotiche). E qualcosa che si deve, ma non si vuole, fare si può evitare temporaneamente, negandosi o ammalandosi (autisticamente), oppure mostrandosi o dichiarandosi iperindaffarati. E cosí via.

Una volta presa coscienza dei doppi vincoli, li scopriamo negli aspetti piú svariati dell'attività umana. L'educazione: per addestrare all'autonomia, alla spontaneità e all'individualità si pretendono la dipendenza, l'obbedienza e l'uniformità. Il rapporto materno: si regalano due camicie al figlio, e quando egli ne indossa una gli si chiede lamentosamente se l'altra non gli piace. L'alimentazione: si vuole poter mangiare rimanendo magri. La sessualità: si desidera che la propria partner eterosessuale sia «santa di giorno e puttana di notte», o che il proprio partner omosessuale sia un «vero uomo». Il diritto: si impedisce per legge la rinuncia alla libertà, come nell'art. 27 del Codice civile svizzero, o si punisce l'autolesionismo, come nei Codici militari. La politica: si concede l'indipendenza alla Finlandia, a condizione che non la usi, o si pretende che venga chiesto dal basso ciò che viene imposto dall'alto, fino alla sottomissione spontanea alla tirannide descritta in *Buio a mezzogiorno* di Arthur Koestler e in *1984* di George Orwell. E cosí di seguito.

Oltre che apparire come cause scatenanti della schizofrenia, i doppi vincoli possono però anche diventarne la soluzione! La terapia proposta da Bateson è infatti quella di prescrivere il sintomo come cura, usando comandi del tipo: «Continua a fare ciò che stai facendo», o «Non cooperare». Essi mutano automaticamente un'attività spontanea in una coatta, cambiando le regole del gioco e ponendo le basi per un superamento della patologia.

Andando oltre la schizofrenia, Bateson ha notato che praticamente tutta l'attività comunicativa superiore, umana e non, è un'espressione del paradosso del mentitore. Ad esempio, comunicare: «Questo è un gioco», il che può avvenire anche a livello prelinguistico e tra animali, significa semplicemente dire: «Ciò che sto facendo non è ciò che sto facendo», nel senso che gli atti che vengono compiuti (ad esempio, la simulazione di una lotta) non sono da intendere come andrebbero intesi normalmente (ad esempio, una lotta vera)[25].

Analogamente avviene per minaccia, inganno, simulazione, magia, umorismo, comicità, simbolismo, metafora, immagini poetiche, cerimonie, rituali, riti, recitazione, passando attraverso tutta l'attività creativa e artistica.

Che l'arte sia solo un'espressione di meravigliose menzogne, lo sanno e lo dicono molti artisti, da Denis Diderot nel *Paradosso sull'attore*[26], del 1773, a Giorgio Manganelli in *La letteratura come menzogna*, del 1985.

[25] A proposito della connessione fra gioco e menzogna, si può anche notare che l'espressione «essere giocati» significa «essere ingannati», e che «illusione» e «illudere» derivano dal latino *ludo*, «giocare».

[26] Il paradosso trovato da Diderot è che «la sensibilità fa gli attori mediocri, l'estrema sensibilità gli attori limitati, il sangue freddo e il cervello gli attori sublimi».

Anche se, aggiungeva Picasso, «l'arte è una menzogna che ci fa comprendere la verità». E, di solito, è una menzogna che viene esplicitamente dichiarata: spegnendo le luci, aprendo i sipari, iniziando i racconti (o i libri!) con «c'era una volta», truccando gli attori, facendoli recitare in modo innaturale, inquadrando i dipinti nelle cornici, ponendo le statue sui piedistalli, terminando con inchini e applausi, e cosí via.

Arte a parte, il punto di arrivo di questa reinterpretazione paradossale della comunicazione è, ovviamente, il linguaggio stesso, sulla base del principio che il segno non è il messaggio. Una posizione condivisa da Umberto Eco, che nel *Trattato di semiotica generale* del 1975 definisce un segno come «tutto ciò che può essere usato per mentire» e la semiotica come una «teoria della menzogna».

Un'ultima menzogna.

La storia che abbiamo raccontato termina dunque con una conferma dei nostri pregiudizi iniziali, ormai diventati giudizi finali, che sanciscono un incontrastato dominio della menzogna nella cultura, nella comunicazione e nel comportamento interi. Il riassunto di questi sviluppi, secondo cui il paradosso del mentitore fa da sfondo a ogni affermazione umana significativa, potrebbe dunque essere un aforisma del tipo: «Tutto è menzogna».

Come hanno però notato in molti, da Aristotele nella *Metafisica* (IV, 8) a Tommaso d'Aquino nella *Summa Theologiae* (II, 3), l'affermazione che «tutto è menzogna» non può essere vera, perché altrimenti sarebbe essa stessa una menzogna. Allora deve essere falsa, cioè ci deve essere qualche verità, e la cosa finisce qui. Non è detto infatti che questa verità debba proprio essere la frase in questione.

Alla fine di un lungo cammino, ci ritroviamo dunque con una riformulazione, falsa ma non paradossale, del rompicapo di Epimenide dal quale eravamo partiti. Ci accorgiamo cosí di aver girato in tondo, seguendo un circolo forse vizioso, ma certo non inadeguato al trattamento di un paradosso.

Capitolo sesto

La corsa nel tempo della tartaruga

Agli albori della civiltà greca la tartaruga divenne una celebrità mediatica grazie a una famosa favola di Esopo, che la immaginò protagonista di una corsa con la lepre. Poiché la gara era senza storia, la lepre lasciò partire la tartaruga e si fermò a fare un pisolino sotto un albero, sicura di poterla raggiungere a piacere. La tartaruga, procedendo pian pianino, arrivò prima che la lepre si svegliasse. Da cui il detto: «Chi dorme, non piglia tartarughe». O anche, come commentò tranquilla la vincitrice: «Non serve saper correre, bisogna partire in tempo».

La tartaruga si rivelò essere una metafora cosí azzeccata e potente che i favolieri, da Esopo a Jean de la Fontaine, non riuscirono a monopolizzarla. Se ne appropriarono invece gli eleatici, nelle cui mani essa dispiegò un'inaspettata profondità e divenne il marchio di uno dei piú noti paradossi della storia, oltre che del vertiginoso *regresso infinito*. In questo capitolo seguiremo le metamorfosi filosofiche, matematiche e artistiche della sua corsa, che continua ormai da venticinque secoli senza accennare a fermarsi.

Zenone.

Zenone di Elea (v secolo a.C.) è passato alla storia per motivi paradossali: come autore cioè di una quarantina di paradossi, in massima parte oggi perduti, e da lui intesi come argomenti a sostegno delle tesi del suo maestro (e amante) Parmenide, che negava la possibilità del divenire in generale e del moto in particolare.

A causa del suo successo dialettico Zenone veniva chiamato «lingua biforcuta», e molti sognarono certamente di tagliargliela. Egli stesso realizzò il loro sogno quando, per incitare i concittadini alla rivolta contro il tiranno, se la mozzò da solo coi denti e la sputò loro in faccia[1].

Il paradosso di Zenone piú famoso, anche a causa della riuscita immagine letteraria anticipata da Esopo, coinvolge Achille piè veloce e la tartaruga zampa lenta. Se Achille concede alla tartaruga un qualunque vantaggio non riuscirà mai a raggiungerla, perché deve prima percorrere la distanza che le ha concesso di vantaggio, ma nel frattempo essa ha percorso un nuovo tratto, che Achille dovrà colmare, e cosí via.

L'essenza del ragionamento precedente è presente in forma piú pura in altri due paradossi simmetrici di Zenone: *è impossibile sia partire che arrivare*. Infatti, per arrivare in un luogo è necessario arrivare prima a metà della distanza, poi a metà del percorso rimanente, e cosí via. E per partire è necessario percorrere qualche distanza, ma prima si deve percorrerne la metà, e prima ancora metà della sua metà, e cosí via.

Zenone mostrò infine che *è impossibile essere in viaggio*, usando anche in questo caso una efficace immagine letteraria: una freccia non può volare. Infatti in ogni istante essa è ferma, mentre il moto è una successione di movimenti.

Quest'ultimo paradosso è complementare ai tre precedenti. Mentre quelli si basano sull'infinita *divisibilità* di spazio e tempo, questo si appella all'*indivisibilità* di punti o istanti. In tal modo gli argomenti eleatici della

[1] Diogene Laerzio, *Vite e opinioni dei filosofi illustri*, IX, 25-29.

impossibilità del moto coprivano entrambe le possibilità e permettevano di evitare assunzioni metafisiche sulla natura dello spazio e del tempo.

Hui Shi e Chuang Tzu.

Molti degli argomenti di Zenone furono anche scoperti, quasi simultaneamente, dal sofista cinese Hui Shi (IV secolo a.C.). Essi sono riportati nell'ultimo capitolo del classico taoista *Chuang Tzu*, che li critica come «parole che non raggiungono il bersaglio», un «voler correre piú veloci della propria ombra».

Due in particolare sono sorprendenti, per le loro analogie con gli argomenti della tartaruga e della freccia:

- Se ogni giorno si dimezza un bastone lungo un piede, ne rimarrà sempre qualcosa anche dopo diecimila generazioni.
- Vi sono momenti in cui la freccia che vola non è in movimento.

Nonostante la sua critica agli argomenti di Hui Shi, Chuang Tzu ne presenta autonomamente di simili. Ad esempio, se esiste l'Uno, allora esso partecipa dell'Essere, quindi esiste il Due: cioè, appunto, l'Uno e l'Essere. E allora esiste il Tre: ossia l'Uno, il Due e la loro unità. E cosí via, in progressione aritmetica.

La morale tipicamente taoista che viene dedotta è che, poiché qualunque pensiero ne genera infiniti altri, *è meglio non pensare*. In modo meno drastico, a partire da Frege l'argomento viene oggi usato in matematica per generare infiniti insiemi a partire da uno (che in genere è il nulla, nella forma dell'insieme vuoto)[2].

[2] G. Frege, *Die Grundlagen der Arithmetik*, 1884. In realtà Frege pensava che l'argomento fosse sufficiente per dimostrare l'esistenza non solo di *infiniti insiemi*, ma anche di un *insieme infinito*. Oggi però i matematici accettano la prima parte ma non la seconda, che deve essere postulata indipendentemente.

L'argomento precedente è presentato da Chuang Tzu anche in una interessante variante. Qualcuno sostiene una tesi: ad esempio, che il mondo abbia un inizio. Un altro nega la tesi. Un altro ancora nega la negazione della tesi, e cosí via. Il regresso infinito viene questa volta evitato, sempre in maniera tipicamente taoista, sostenendo che *non esiste differenza fra affermazioni e negazioni*. La logica occidentale è meno drastica, e ritiene che non esista differenza fra affermazioni e doppie negazioni (la logica classica), o almeno fra negazioni e triple negazioni (la logica intuizionista).

Platone.

Nel *Parmenide* di Platone (428-347 a.C.), dialogo in cui compare Zenone stesso, si trovano almeno due argomenti ispirati ai suoi inconfondibili paradossi, se non direttamente dovuti a lui.

Il primo espone una difficoltà della teoria di Parmenide: *l'Uno è molti*. Se infatti l'Uno esiste, allora esso partecipa dell'Essere. Quindi ha due parti: appunto, l'Uno e l'Essere. Ma ciascuna di queste due parti è una e partecipa dell'Essere. Quindi ha, a sua volta, due parti. E cosí via, in progressione geometrica (la versione di Chuang Tzu procedeva, invece, in progressione aritmetica).

Il secondo argomento, detto del *terzo uomo*, espone invece una difficoltà della teoria delle idee di Platone. Gli uomini hanno infatti caratteristiche comuni, che definiscono l'idea di Uomo. Ma allora anche gli uomini e l'Uomo hanno caratteristiche comuni, che definiscono l'idea di un terzo uomo, diverso da entrambi. E cosí via.

A questo punto era ormai diventato evidente che Zenone aveva inaugurato una modalità di pensiero capace di mettere in difficoltà qualunque teoria, comprese quelle di Parmenide che egli era invece partito per difendere.

Eubulide.

Eubulide di Mileto, della scuola megarica (IV secolo a.C.), formulò il famoso paradosso del mentitore, a cui abbiamo dedicato l'intero capitolo precedente. Come abbiamo visto, una delle sue versioni è:

Questa frase è falsa.

A prima vista questo è un argomento di tipo diverso da quelli di Zenone, ma anch'esso genera un regresso infinito quando si incominci a sostituire a «questa frase» ciò che essa significa, cioè la frase stessa, ottenendo dapprima

«Questa frase è falsa» è falsa,

poi

«"Questa frase è falsa" è falsa» è falsa,

e cosí via. Ci si riduce quindi a una frase infinita e senza soggetto, il che dimostra che non si stava parlando di niente:

«"'... è falsa' è falsa" è falsa» è falsa.

Nel 1969 John Bart ha utilizzato un artificio simile per un suo racconto[3], che inizia nel modo seguente:

> C'era una volta una storia, che iniziava con: C'era una volta una storia, che iniziava con: C'era una volta una storia, che iniziava con:...

[3] J. Bart, «Frame tale», in *Lost in the funhouse*, Grosset and Dunlap, 1969.

Pirrone.

Gli argomenti delle scuole eleatica e megarica, se presi seriamente, possono generare un profondo scetticismo sul linguaggio e sul mondo stesso. Non a caso Zenone ed Eubulide sono considerati i precursori filosofici di Pirrone di Elide (IV secolo a.C.), fondatore appunto della scuola scettica. Egli sosteneva che, poiché tutte le opinioni sono incerte e tutte le cose uguali, si deve smettere di parlare (*afasia*), di giudicare (*epoché*), di essere coinvolti (*atarassia*) e di agire (*apatia*).

Il legame fra Zenone e Pirrone fu reso esplicito dagli scettici Agrippa (I secolo d.C.) e Sesto Empirico (II secolo d.C.), che usarono argomenti eleatici a favore della sospensione di ogni giudizio. Ad esempio, il primo sostenne che *niente si può provare*: ogni prova si deve infatti basare su qualcosa di non provato, che si deve provare a sua volta, e cosí via. Analogamente, il secondo sostenne che *niente si può definire*: ogni definizione si deve infatti basare su qualcosa di non definito, che si deve definire a sua volta, e cosí via.

Aristotele.

Questi argomenti erano comunque già noti ad Aristotele (384-322). Nella *Metafisica* (IV, 4, 1006) egli dichiara che non si può dimostrare o definire tutto, perché in tal caso si procederebbe all'infinito e non ci sarebbe nessuna dimostrazione o definizione. È dunque segno di cattiva educazione non sapere quando fermarsi.

La via d'uscita dallo scetticismo proposta da Aristotele, e adottata dai matematici a partire da Euclide, è il *metodo assiomatico*. In pratica, cioè, le dimostrazioni si basano in ultima analisi su asserzioni non dimostrate (gli assiomi) e le definizioni su termini non definiti (le nozioni primitive).

Aristotele aveva anche fatto un uso sistematico degli argomenti precedenti (II, 2, 994, e XII, 7, 1072), applicandoli non solo alla logica ma alla scienze naturali. Precisamente, sia alle cause (di ogni genere: materiali, formali, finali) di un evento, che agli effetti. In particolare, egli aveva cosí introdotto tre argomenti che, sotto il nome di *primo motore*, *causa prima* e *fine ultimo*, saranno poi ripresi dai medioevali come prove dell'esistenza di Dio[4].

Per quanto riguarda invece i paradossi di Zenone stesso sulla continuità, Aristotele sembrava pensare che la soluzione risiedesse in una distinzione fra *infinito attuale* e *potenziale*. Nella *Fisica* (239b, 9) egli sostenne infatti che l'infinita divisibilità potenziale di un segmento non è contradditoria. Solo una infinità attuale di punti non si può percorrere fisicamente.

La soluzione di limitarsi all'infinito potenziale, adottata dalla matematica greca, rimase attuale sino all'Ottocento, quando fu possibile superarla grazie alla teoria degli insiemi.

Archimede.

Gli equilibrismi piú arditi per mantenersi nell'ambito dell'infinito potenziale furono compiuti da Archimede (287-212), il piú grande matematico dell'antichità. Egli sviluppò e condusse alla perfezione una versione geometrica degli argomenti di Zenone: il cosiddetto *metodo di esaustione*, introdotto da Eudosso (408-355).

[4] L'argomento della causa prima si trova già anche nel capitolo XXII di *Chuang Tzu*.

L'applicazione piú spettacolare di questo metodo da parte di Archimede fu la dimostrazione che l'area di un cerchio di raggio r è πr^2, che procede nel modo seguente. Da una parte, si mostra che i poligoni regolari inscritti nel cerchio hanno tutti area minore di πr^2, e che per ogni numero $a < \pi r^2$ ne esiste uno con area compresa fra a e πr^2. Dall'altra parte, si mostra che i poligoni regolari circoscritti al cerchio hanno tutti area maggiore di πr^2, e che per ogni numero $a > \pi r^2$ ne esiste uno con area compresa fra a e πr^2.

Il passo cruciale della dimostrazione è tipicamente zenoniano: dato un qualunque poligono regolare inscritto o circoscritto, il poligono regolare con un numero doppio di lati differisce dal cerchio al massimo della metà di quanto vi differiva il precedente. Il metodo di esaustione compie però uno spostamento d'accento: dal fatto negativo che la differenza non sarà comunque mai nulla, a quello positivo che essa diventa arbitrariamente piccola.

Agostino.

Nelle sue *Confessioni* (XI) Agostino (354-430) utilizza il metodo zenoniano per argomentare che un secolo non è presente, perché stiamo vivendo in uno solo dei suoi anni. E un anno non è presente, perché stiamo vivendo in uno solo dei suoi mesi. E cosí via.

Dunque *passato e futuro non esistono, e c'è solo il presente*. Il quale prende tre forme diverse: presente del passato, presente del presente e presente del futuro. Di qui potrebbe immediatamente partire un nuovo regresso infinito, che Agostino però non persegue. Si limita invece a osservare che il presente del passato vive nella memoria e il presente del futuro nell'attesa.

Avicenna.

Nella *Metafisica* (II, 1, 2) il filosofo arabo Avicenna (980-1036) introdusse la cosiddetta *prova cosmologica* dell'esistenza di Dio, che si riduce al seguente argomento. Definiamo *contingente* un essere che ha bisogno di qualche altro essere per esistere. A partire da un essere contingente, un regresso infinito si può fermare solo introducendo un essere *necessario*, che esiste senza aver bisogno di altri esseri.

Avicenna dedusse da questo argomento che *tutti gli esseri sono necessari*; anche quelli che a prima vista sembrano contingenti derivano infatti la loro esistenza da un essere necessario, ed esistono quindi necessariamente.

La prova cosmologica fu annessa dagli scolastici, che ovviamente partivano invece dall'ipotesi che gli esseri esistenti al mondo fossero tutti contingenti, e ne deducevano l'esistenza di un essere necessario distinto da essi. Questa prova divenne poi uno degli argomenti principali di razionalisti ed empiricisti per dimostrare l'esistenza di Dio, fino a che non fu smascherata da Kant nella *Critica della ragion pura* (Dialettica, III, 5) come una variante della prova ontologica, e da George Boole nelle *Leggi del pensiero* (XII) come un argomento logicamente scorretto.

Tommaso d'Aquino.

Nella *Summa Theologiae* (Questione 2, Articolo 3) Tommaso d'Aquino (1225-1274) fece un uso sistematico del regresso infinito, riprendendo argomenti ben noti di Aristotele e Avicenna.

1) La sua prima dimostrazione riguarda un *primo motore*. Tutto ciò che si muove è mosso da qualcosa, e per evitare il regresso infinito si deve ammettere che ci sia qualcosa che muove senza essere mosso. L'argomento riecheggia nel primo verso del *Paradiso* di Dante: «La gloria di colui che tutto move».
2) La seconda dimostrazione riguarda una *causa prima*. Tutto ciò che è causato richiede l'esistenza di una causa, e dunque ci dev'essere qualcosa che è causa di se stesso.
3) La terza dimostrazione riguarda un *ente necessario*. Tutto ciò che esiste ed è contingente deve essere stato causato da qualcosa di già esistente, e dunque deve esistere qualcosa di non contingente.
4) La quarta dimostrazione riguarda un *ente perfetto*. Tutto ciò che è imperfetto deve esserlo perché si può concepire qualcosa di migliore, e dunque ci dev'essere qualcosa di perfetto.
5) La quinta dimostrazione riguarda un *fine ultimo*. Tutto ciò che esiste tende verso un fine, e dunque ci dev'essere qualcosa che non ha altri fini che se stesso.

Come si vede, in Tommaso non sono gli argomenti a essere originali, ma l'uso che egli ne fa. Anzitutto, all'opposto degli scettici, li utilizza in maniera positiva, invece che negativa. Inoltre, li considera tutti come dimostrazioni di esistenza di un unico ente, che egli fa coincidere con Dio.

Naturalmente, anche volendo considerare le dimostrazioni corrette, rimarrebbero pur sempre vari problemi di unicità dei vari enti. Singolarmente, si dovrebbe dimostrare che ciascuno dei cinque enti è unico: ad esempio, che c'è un solo primo motore. Globalmente, si dovrebbe inoltre dimostrare che i cinque enti coincidono fra loro: ad esempio, il primo motore con la causa prima. Inutile dire che Tommaso non fornisce nessuna di queste dimostrazioni.

Inoltre, fra i vari attributi di Dio da lui considerati non compare l'infinito. Anzi, tutti gli argomenti per assurdo basati sul regresso infinito tendono appunto a evitarlo, fermando il regresso.

Gregorio da Rimini.

Il problema della relazione fra Dio e l'infinito era ormai comunque venuto a galla, in particolare nella seguente forma: come si riconcilia l'onnipotenza di Dio con l'impossibilità dell'infinito attuale in natura sostenuta da Aristotele? Ad esempio, Dio avrebbe potuto creare una pietra infinita?

Tommaso sosteneva di no. Un essere onnipotente può fare tutto ciò che è possibile fare. Ma neppure lui può fare l'impossibile, che altrimenti non sarebbe piú tale.

Gregorio da Rimini (1300-1358) ritenne invece che gli argomenti di Zenone potessero andare in soccorso di Dio stesso. Egli dimostrò che, se Dio avesse voluto, avrebbe potuto creare una pietra infinita nel giro di una sola ora. Bastava che incominciasse con una pietra di un chilo e che vi aggiungesse un chilo dopo mezz'ora, un altro chilo dopo un quarto d'ora, e cosí via.

Giovanni Buridano non fu convinto. Secondo lui l'argomento mostrava soltanto che Dio poteva creare pietre di grandezze illimitate in meno di un'ora, ma non che potesse completare l'opera.

Cartesio.

L'eredità filosofica di Cartesio (1596-1650) si può isolare nel tentativo di descrivere l'universo in maniera puramente meccanicista, con le sole eccezioni dell'esistenza di Dio e dell'anima.

In particolare, nel trattato *L'uomo*, abbandonato nel 1633 in seguito alla condanna di Galileo da parte dell'Inquisizione e pubblicato postumo, Cartesio affrontò il problema della vita. Non riuscendo a capire come si potesse giustificare meccanicamente la riproduzione di organismi da organismi simili a essi, fu però costretto a invocare un miracolo per ciascuna di tali riproduzioni.

Il problema, tipicamente eleatico, in cui si era imbattuto Cartesio riguardava la complessità. Affinché una macchina potesse riprodurne un'altra, sembrava infatti che essa ne dovesse contenere una copia, e che non potesse quindi riprodurre altro che macchine meno complicate di se stessa. Le quali, a loro volta, dovrebbero poter riprodurre soltanto macchine meno complicate di se stesse, innescando cosí un processo degenerativo contrario all'evidente stabilità delle specie organiche.

Oggi è possibile evitare di scomodare il Creatore, notando che la riproduzione può avvenire invece seguendo una descrizione, e che questa può essere meno complicata dell'oggetto da costruire. Ad esempio, la descrizione «il numero costituito da 1 seguito da un milione di 0» è sostanzialmente meno complessa (in questo caso, piú corta) del numero descritto, che occuperebbe un libro di un migliaio di pagine.

Fermat.

A Pierre de Fermat (1601-1665), uno dei grandi matematici del secolo XVII, si deve un gran numero di risultati nella teoria dei numeri. Fermat non si degnò mai di pubblicarne le dimostrazioni, ma in piú occasioni enunciò il metodo generale che gli aveva permesso di trovarle.

Questo metodo è oggi noto come *discesa infinita*, e funziona in maniera perfettamente zenoniana. Immaginiamo di voler dimostrare che non esistono numeri interi con una certa proprietà: ad esempio, due cubi che diano come somma un cubo. Si suppone per assurdo che essi esistano, e si mostra come trovarne altri piú piccoli e con la stessa proprietà. Ai nuovi numeri cosí trovati si potrà allora riapplicare il procedimento, trovandone altri ancora piú piccoli, e cosí via.

In tal modo si genererebbe quindi una successione discendente infinita di numeri interi. Il che non è possibile, perché partendo da un numero *n* si può al massimo discendere *n* volte, e arrivati a zero ci si deve fermare.

Torricelli.

I Greci avevano definito il *rettangolo aureo* come quello tale per cui, se si toglie da esso il quadrato definito dal lato minore, si ottiene un secondo rettangolo simile a quello di partenza. Se si toglie da questo secondo rettangolo il quadrato definito dal lato minore, si ottiene un terzo rettangolo simile ai due precedenti, e cosí via. I vari rettangoli determinano univocamente, in maniera telescopica, un punto del piano.

Figura 47.
Spirale logaritmica.

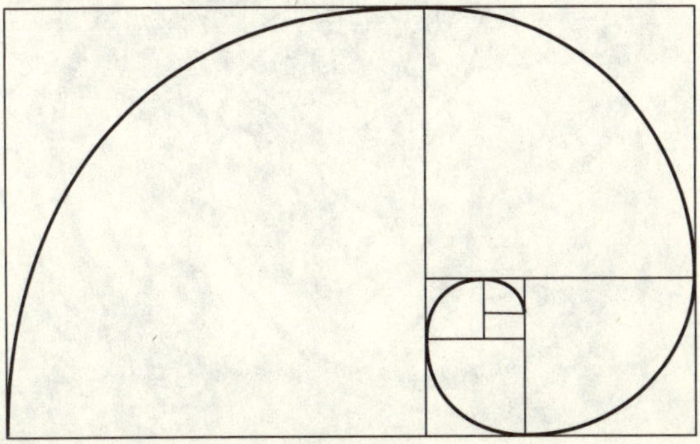

Connettendo fra loro i quarti di cerchio che si possono disegnare nei vari quadrati che vengono tolti via via, si ottiene la cosiddetta *spirale logaritmica* (figura 47). Nel 1645 Evangelista Torricelli (1608-1647) scoprí che, benché la spirale compia infiniti giri attorno al punto determinato dai vari rettangoli, la sua lunghezza è finita.

Per illustrare visivamente questo paradosso, mettiamo quattro lepri (o quattro tartarughe) ai vertici di un cortile quadrangolare e lanciamole ciascuna all'inseguimento della seguente con la stessa velocità. Il percorso che ogni lepre (o tartaruga) compie è un arco di spirale logaritmica (figura 48). Da un lato, le lepri (o le tartarughe) non dovrebbero mai raggiungersi, essendo condannate a compiere infiniti giri attorno al centro. Dall'altro, esse dovrebbero raggiungersi in un tempo fi-

Figura 48.
Maurits Cornelis Escher, *Cammino di vita IV*.

nito, perché ciascun arco di spirale ha lunghezza finita (per la precisione, pari al lato del quadrato).

Gregorio da San Vincenzo.

Già Aristotele aveva notato, nella *Fisica* (III, 6, 206b), che una somma di infiniti addendi non nulli può essere finita. O, come dicono i matematici, che una serie infinita può convergere a un valore finito. E Archimede aveva dovuto calcolare le somme di alcune serie infinite, per ottenere i suoi famosi risultati su aree e volumi.

Ma fu Gregorio di San Vincenzo (1584-1667) a introdurre per primo, nell'*Opus geometricum* del 1647, il concetto di convergenza di una serie infinita come limite delle somme parziali. Egli applicò immediatamente la nuova nozione al paradosso di Zenone, sostenendo che l'uguaglianza

$$\frac{1}{2}+\frac{1}{4}+\frac{1}{8}+\ldots=1$$

ne costituiva la soluzione. La somma finita della serie infinita mostra infatti che Achille raggiungerà la tartaruga in un tempo e un luogo determinati.

L'essenza del paradosso di Zenone viene cosí isolata nel procedimento di divisione dicotomica che scompone l'unità in infinite parti, ciascuna di grandezza pari a metà della precedente. Piú concisamente, l'uguaglianza precedente si può riscrivere nell'aritmetica binaria come

$$1 = 0{,}111\ldots = 0{,}\bar{1}.$$

Naturalmente, il fatto di dividere per 2 non è affatto essenziale: la stessa cosa si può ripetere in qualunque base. Ad esempio, nell'aritmetica decimale solita si ottiene

$$\frac{9}{10}+\frac{9}{100}+\frac{9}{1000}+\ldots=1,$$

che corrisponde alla nota espressione

$$1=0,999\ldots=0,\bar{9}.$$

Nell'aritmetica fattoriale, dove l'*n*-esima cifra decimale rappresenta una frazione il cui numeratore è quella stessa cifra, e il cui denominatore è il prodotto dei numeri da 1 a *n*, che si indica concisamente con *n!*, si ha invece

$$\frac{1}{2!}+\frac{2}{3!}+\frac{3}{4!}+\ldots=1,$$

che corrisponde all'espressione

$$1=0,123\ldots$$

Per evitare ulteriori paradossi, non bisogna confondere tra loro le varie aritmetiche. Ad esempio, in quella decimale solita 0,123... corrisponde al *numero di Champernowne*[5], che non solo non è ovviamente un intero, ma non è neppure razionale (nel 1961 Kurt Mahler ha dimostrato che è trascendente).

Sterne.

Dopo essere state appannaggio esclusivo di filosofia e matematica per due millenni, era ormai venuto il tempo per le idee zenoniane di attrarre l'interesse della letteratura. Il battesimo dell'arte avvenne nel 1761, in

[5] D. Champernowne, «The construction of decimals normal in the scale of ten», *Journal of the London Mathematical Society*, 8 (1933): 254-260.

questo brano di *Vita e Opinioni di Tristram Shandy, gentiluomo* (IV, 13) di Laurence Sterne (1713-1768):

> Questo mese sono un intero anno piú vecchio di quant'ero a quest'epoca dodici mesi fa. Essendo arrivato, come potete vedere, quasi a metà del mio quarto volume, ma non oltre il primo giorno della mia vita, questo dimostra che ho trecentosessantaquattro giorni in piú da scrivere ora, di quando ho iniziato. Cosí che, invece di avanzare nel mio lavoro come qualunque altro scrittore, mi ritrovo al contrario in ritardo di altrettanti volumi. Se ogni giorno della mia vita fosse cosí denso (e forse che no?), e gli eventi e le considerazioni su di esso richiedessero altrettante descrizioni (e perché mai non dovrebbero?), a questo ritmo vivrei 364 volte piú veloce di quanto possa scrivere. Ne consegue, se permettete, che piú scrivo e piú avrò da scrivere; di conseguenza, piú lorsignori leggono, piú avranno da leggere.
>
> Quanto alla proposta di scrivere dodici volumi all'anno, o un volume al mese, non modifica in nessun modo le mie prospettive: per quanto io scriva, e per quanto tagli corto secondo il consiglio di Orazio, non mi raggiungerò mai. Arrivato all'ultimo pizzico, alla peggio mi rimarrà un giorno nella penna: ma un giorno basta per due volumi, e due volumi per un anno.

Il protagonista del romanzo, che aveva intrapreso la scrittura della propria autobiografia completa, dovette dunque abbandonarla perché l'impresa era ovviamente impossibile.

In realtà non c'è niente di paradossale in questo: solo una triste constatazione della mortalità della vita umana. Paradossale sarebbe invece una vita infinita, perché essa permetterebbe non soltanto di scrivere la propria completa autobiografia ai lenti ritmi di Tristram Shandy, ma anche di passare gran parte del tempo a far altro (per rendere interessante la biografia stessa).

Ancor piú paradossale sarebbe postulare, invece di un futuro, un passato infinito appena concluso. In base alla stessa corrispondenza tra infiniti anni e infiniti giorni, anche in questo caso ci sarebbe tutto il tempo di scrivere la propria autobiografia completa. Se non fosse che la descrizione dell'ultimo giorno richiederebbe comunque un anno, e dovrebbe dunque essere intrapresa prima di viverlo!

Kant.

Gli argomenti eleatici, che avevano costituito il fondamento della *Summa Theologiae* di Tommaso d'Aquino, mostrarono la loro perdurante versatilità filosofica insinuandosi anche nella *Critica della ragion pura* di Immanuel Kant (1724-1804), che cita esplicitamente e rispettosamente Zenone quale «sottile dialettico» (B 345).

In particolare, la seconda antinomia della ragion pura mostra che il mondo non può essere né costituito di elementi atomici, né infinitamente divisibile. Da un lato, la materia ha infatti estensione spaziale, ed è quindi soggetta all'infinita divisibilità dello spazio stesso. Dall'altro lato, l'infinita divisibilità porta a un regresso all'infinito, al termine del quale non rimane piú nulla e nel quale la materia si dissolve.

La conclusione che Kant ricava dalla sua antinomia è che *la nozione di mondo è illegittima*. L'intelletto ne percepisce infatti la finitezza come una limitazione inadeguata, ma non sa concepirne l'infinitezza in maniera comprensibile.

Lotze.

La terza antinomia kantiana riguardava determinismo e libertà, e Hermann Lotze (1817-1881) contribuí alla discussione mostrando zenonianamente che *i rapporti causali sono impossibili*.

Due oggetti non possono infatti agire direttamente uno sull'altro, e ogni azione deve essere mediata da un terzo oggetto. Ma allora anche l'azione sul (o del) terzo oggetto deve essere mediata, e cosí via. Lo stesso ragionamento vale, a maggior ragione, quando si consideri l'interazione non fra due oggetti, ma fra corpo e anima.

Affinché sia possibile spiegare l'azione fra oggetti è dunque necessario, secondo Lotze, postulare l'esistenza di una potenza mediatrice distinta dalla natura, e supplementare il meccanicismo con lo spiritualismo.

Schopenhauer.

Nel *Mondo come volontà e rappresentazione* (II, 19) Arthur Schopenhauer (1788-1861) aveva già avanzato lo stesso argomento, per altro mutuato dalla filosofia indiana, per mostrare che *non si può conoscere se stessi*. La conoscenza richiede infatti un soggetto conoscente distinto dall'oggetto conosciuto. Questo soggetto richiede a sua volta un ulteriore soggetto conoscente, e cosí via.

Nella scienza la distinzione fra *soggetto* e *oggetto* di conoscenza viene oggi riformulata in termini di *osservatore* e *osservabile*. Mentre però nella fisica classica l'osservatore veniva in ultima analisi eliminato, in favore di una descrizione puramente in termini di osservabili, nella meccanica quantistica esso ha assunto un ruolo centrale e indispensabile. La conclusione di Schopenhauer ricompare quindi nella forma: *non si può dare una descrizione quantistica dell'intero universo*. Una tale descrizione richiederebbe infatti un osservatore esterno all'universo.

Lo spettro di Schopenhauer e dell'illusorietà del mondo fenomenico aleggia anche nel tentativo di soluzione idealista proposto da Hugh Everett[6] nel 1957, e detto dei *molti mondi*. In questo caso l'osservazione viene vista non come un oggettivo processo di regi-

[6] H. Everett, «'Relative state' formulation of quantum mechanics», *Reviews of Modern Physics*, 29 (1957): 454-462.

strazione dell'univoco accadere di fatti fisici, ma come un soggettivo processo di percezione di una delle infinite diramazione della realtà, che coesistono simultaneamente.

Cantor.

La moderna teoria degli insiemi, introdotta da Georg Cantor (1845-1918), ha segnato il passaggio dall'infinito potenziale a quello attuale in matematica. Non può dunque stupire che essa abbia avuto profonde ripercussioni nella discussione degli argomenti di Zenone.

Cantor ha anzitutto mostrato, nel 1878[7], che due intervalli qualunque sono in corrispondenza biunivoca fra loro. Niente impedisce quindi ad Achille di raggiungere, e anche di superare, la tartaruga. Entrambi i contendenti percorrono infatti lo stesso numero di punti, ciascuno alla propria velocità.

Il paradosso di Zenone si può anche riformulare come il procedimento che, dato un segmento con gli estremi inclusi, lo divide in due parti uguali e ne cancella la prima. Poi divide in due parti uguali quella rimasta, e ne cancella la prima. E cosí via. Alla fine rimarrà soltanto un punto, cioè l'estremo finale.

Nel 1872 Cantor aveva già considerato[8] la modifica seguente. Si divide il segmento in tre parti uguali, e si cancella quella centrale. Poi si divide in tre parti uguali ciascuno dei due segmenti rimasti, e si cancellano quelle centrali. E cosí via. Alla fine rimane un insieme infinito di punti sparsi, detto *polvere di Cantor.*

Non c'è problema a estendere il procedimento, pas-

[7] G. Cantor, «Ein Beitrag zur Mannigfaltigkeitslehre», *Journal für die reine und angewandte Mathematik*, 84 (1878): 242-258.

[8] G. Cantor, «Über die Ausdehnung eines Satzes aus der Theorie der trigonometrischen Reihen», *Mathematische Annalen*, 5 (1872): 123-132.

sando da segmenti a triangoli e tetraedri, o a quadrati e cubi. Si ottengono cosí il *filtro di Sierpinski*[9] (figura 49) e la *spugna di Menger*[10] (figura 50). Tutti questi oggetti sono esempi dei cosiddetti *frattali*, che hanno tanto attirato l'attenzione recente e di cui il paradosso di Zenone si può dunque considerare la prima anticipazione. Su di essi torneremo nell'ultimo capitolo.

[9] W. Sierpinski, «Sur une courbe dont tout point est un point de ramification», *Comptes Rendus de l'Académie des Sciences*, 160 (1915): 302-305.

[10] K. Menger, «Über die Dimensionalität von Punktmengen», Seconda Parte, *Monatshefte für Mathematik und Physik*, 34 (1926): 137-161.

Figura 49.
Filtro di Sierpinski.

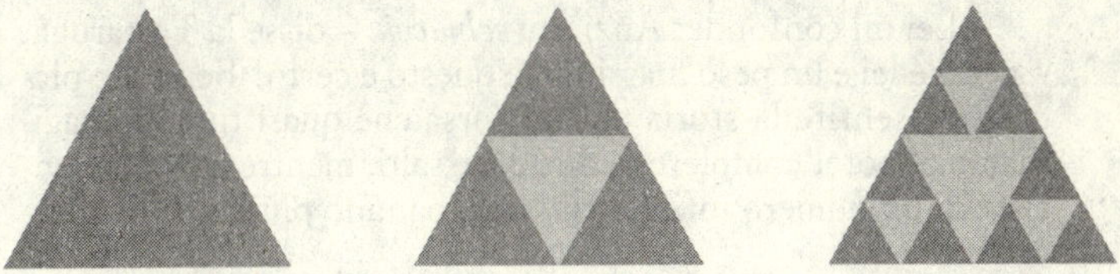

Figura 50.
Spugna di Menger.

Carroll.

Nel 1895 Lewis Carroll (1832-1898) immaginò che i due protagonisti del paradosso di Zenone avessero miracolosamente concluso la loro fatica, e trascrisse le loro conversazioni del dopo corsa nell'ormai classico dialogo *Ciò che la Tartaruga disse ad Achille*[11], che riportiamo per intero.

Achille aveva raggiunto la Tartaruga e si era seduto comodamente sulla sua corazza.

– Cosí lei è arrivato alla fine del percorso? – disse la Tartaruga. – Anche se esso *realmente* consisteva di una serie infinita di lunghezze? Mi pareva che qualche bello spirito avesse dimostrato che la cosa non poteva essere fatta.

– Può essere fatta – disse Achille. – È stata fatta! *Solvitur ambulando*. Vede, le distanze *diminuivano* continuamente e quindi...

– Ma se fossero *aumentate* continuamente? – interruppe la Tartaruga. – Allora che sarebbe successo?

– Allora non sarei stato qui – replicò con modestia Achille, – e *lei* a quest'ora avrebbe fatto parecchie volte il giro del mondo!

– Lei mi confonde. Anzi, mi *schiaccia* – disse la Tartaruga, – perché lei è un peso massimo, e questo è certo! Bene. Le piacerebbe sentire la storia di una corsa che quasi tutti immaginiamo di poter compiere in due o tre salti, mentre in *realtà* consiste di un numero infinito di passi, ognuno piú lungo del precedente?

– Con grande piacere – rispose il guerriero greco, mentre traeva dal suo elmo (pochi guerrieri greci in quel tempo avevano *tasche*) un enorme quaderno di appunti e una matita. – Avanti! E parli *lentamente*, per piacere! La *stenografia* non è stata ancora inventata!

– Ah, quella splendida Prima Proposizione di Euclide! – mormorò con aria sognante la Tartaruga. – Lei ammira Euclide?

– Appassionatamente! Almeno quanto si *può* ammirare un trattato che sarà pubblicato soltanto tra molti secoli!

[11] L. Carroll, «What the tortoise said to Achilles», *Mind*, 4 (1895): 278-280 [trad. it. di G. Trautteur, in D. Hofstadter, *Gödel, Escher, Bach*, Adelphi, Milano 1984, pp. 47-49].

– Bene, adesso percorriamo un poco la dimostrazione di quella Prima Proposizione, appena *due* passi, e la conclusione che se ne trae. Gentilmente annoti tutte le proposizioni nel suo quaderno. E per poterci riferire a esse comodamente, chiamiamole *A*, *B* e *Z*:

(*A*) Cose che sono uguali alla stessa cosa sono uguali fra loro.

(*B*) I due lati di questo triangolo sono cose che sono uguali alla stessa cosa.

(*Z*) I due lati di questo Triangolo sono uguali fra loro.

I lettori di Euclide concederanno, suppongo, che *Z* segue logicamente da *A* e *B*, cosicché chi accetta *A* e *B* come vere *deve* accettare *Z* come vera.

– Certamente! Anche uno scolaro di scuola media, appena le scuole medie saranno inventate, ciò che non accadrà ancora per circa duemila anni, accetterebbe *questo*.

– E se qualche lettore *non* avesse ancora accettato *A* e *B* come vere, potrebbe ugualmente accettare come *valida* la successione delle proposizioni, suppongo.

– Indubbiamente potrebbe esistere un lettore del genere. Egli potrebbe dire: «Io accetto come vera la Proposizione Ipotetica che, *se A* e *B* sono vere, allora *Z* deve essere vera; ma *non* accetto *A* e *B* come vere». Un tale lettore farebbe bene ad abbandonare Euclide e darsi all'ippica.

– E non potrebbe *anche* esserci qualche lettore che dicesse: «Accetto *A* e *B* come vere, ma *non* accetto la Proposizione Ipotetica»?

– Certamente potrebbe esserci, e anche *lui* farebbe meglio a darsi all'ippica.

– E *nessuno* di questi lettori – continuò la Tartaruga, – si trova *per ora* nella necessità logica di accettare *Z*?

– Proprio cosí – assentí Achille.

– Stando cosí le cose, desidero che lei consideri *me* come un lettore del *secondo* tipo e che mi costringa ad accettare *Z* come vera.

– Una tartaruga che si dia all'ippica sarebbe... – stava cominciando Achille.

– ...un'anomalia, naturalmente – interruppe sbrigativamente la Tartaruga. – Ma non divaghi: pensi a *Z*. Prima occupiamoci di *Z* e poi ci daremo all'ippica!

– Devo costringerla ad accettare *Z*, vero? – disse Achille pensieroso. – E la sua posizione attuale è che lei accetta *A* e *B*, ma *non* accetta la Proposizione Ipotetica...

– Chiamiamola *C* – disse la Tartaruga.

– ...ma *non* accetta:

(*C*) Se *A* e *B* sono vere, *Z* deve essere vera.

– Questa è la mia posizione attuale – disse la Tartaruga.

– Allora le devo chiedere di accettare *C*.

– Con piacere, appena lei l'avrà registrata nel suo quaderno. Cos'altro c'è in quel quaderno?

– Solo alcuni ricordi – disse Achille sfogliando nervosamente le pagine. – Ricordi di... delle battaglie nelle quali mi sono distinto!

– Rimangono molti fogli in bianco, vedo. Bene! Avremo bisogno di loro – disse la Tartaruga allegramente, mentre un brivido correva per la schiena di Achille. – Ora scriva quel che le detto:

(*A*) Cose che sono uguali alla stessa cosa sono uguali fra loro.

(*B*) I due lati di questo triangolo sono cose che sono uguali alla stessa cosa.

(*C*) Se *A* e *B* sono vere, *Z* deve essere vera.

(*Z*) I due lati di questo Triangolo sono uguali fra loro.

– Dovrebbe chiamarla *D*, non *Z* – disse Achille, – perché viene subito *dopo* le altre tre. Se lei accetta *A*, *B* e *C*, allora lei *deve* accettare *Z*.

– Veramente? E perché?

– Perché è una loro *conseguenza logica*. Se *A*, *B* e *C* sono vere, *Z deve* essere vera. Non vorrà negare *questo*, voglio sperare?

– Se *A*, *B* e *C* sono vere, *Z deve* essere vera – ripetè pensosamente la Tartaruga. – Questa è un'*altra* Proposizione Ipotetica, non è vero? E se non percepissi la sua verità, potrei ancora accettare *A*, *B* e *C senza* accettare *Z*, non è cosí?

– È cosí – ammise l'eroe candidamente, – sebbene una tale ottusità sarebbe veramente fenomenale. Tuttavia la cosa è *possibile* e le devo quindi chiedere di ammettere ancora un'*altra* Proposizione Ipotetica.

– Benissimo. Sono senz'altro disposta ad ammetterla, non appena lei l'avrà registrata nel suo quaderno. Chiamiamola

(*D*) Se *A*, *B* e *C* sono vere, *Z* deve essere vera.

Scritto?

– *Scritto!* – rispose Achille raggiante, mentre deponeva la matita. – E finalmente siamo giunti alla fine di questa corsa ideale! Ora che lei accetta *A*, *B*, *C* e *D*, accetta *naturalmente* anche *Z*.

– Davvero? – disse la Tartaruga con aria innocente. – Cerchiamo di essere assolutamente chiari: io accetto *A*, *B*, *C* e *D*, ma supponiamo che mi rifiuti *ancora* di accettare *Z*?

– In questo caso la Logica la prenderebbe per la gola e la

costringerebbe ad accettarla! – rispose Achille in tono di trionfo. – La Logica le direbbe: «Lei non ha vie di scampo. Ora che ha accettato *A*, *B*, *C* e *D*, lei *deve* accettare *Z*!». Non c'è scelta.

– Qualunque cosa la *Logica* abbia la cortesia di comunicarmi, vale certamente la pena di *registrarla* nel suo quaderno – disse la Tartaruga. – Quindi, per piacere, scriva:

(*E*) Se *A*, *B*, *C* e *D* sono vere, allora *Z* deve essere vera.

Finché io non ammetto *questo*, non ho alcun obbligo di accettare *Z*. Come vede, si tratta di un passo assolutamente *necessario*.

– Capisco – disse Achille. E nella sua voce c'era un velo di tristezza.

A questo punto il narratore, avendo faccende urgenti da sbrigare in banca, fu costretto a lasciare la felice coppia e ripassò di lí solo alcuni mesi dopo. Achille stava ancora seduto sulla corazza della tenace Tartaruga e stava scrivendo nel suo quaderno, che sembrava ormai quasi pieno.

La Tartaruga stava dicendo: – Ha scritto l'ultimo passo? Se non ho perso il conto, siamo a mille e uno e ancora ce ne vorranno diversi milioni. E se non le *dispiace*, come favore personale, considerando quale tesoro di cultura trarranno dal nostro dialogo i logici del XIX secolo, la prego di accettare di cambiare il suo nome in *Torto-ruga*, in base a un gioco di parole che mia cugina la Finta Tartaruga farà allora.

– Come le aggrada – rispose stancamente il guerriero con toni di vuota disperazione, mentre affondava il viso tra le mani. – Purché *lei*, da parte *sua*, accetti un gioco di parole che la Finta Tartaruga non le farà mai, e cambi il suo nome in *A-chi-la-fai*.

Nel dialogo Carroll, da buon logico, usa dunque i metodi eleatici per argomentare che *non sono possibili i sillogismi*. Dire che da certe premesse segue una conclusione, significa dire che c'è una regola che permette di passare dalle prime alle seconde. Ma per poter applicare la regola si deve avere una metaregola che dica che, dalle premesse e dalla regola che lega premesse e conclusioni, si possono ricavare le conclusioni. E cosí via.

La novità dell'argomento di Carroll era che esso mostrava in maniera efficace la distinzione fra implicazione linguistica e deduzione metalinguistica, oggi formalizzata nel cosiddetto *teorema di deduzione*, che enuncia appunto la loro equivalenza. Piú in generale, l'argomento mostrava per la prima volta esplicitamente la distinzione fra linguaggio e metalinguaggio, che è oggi una conquista assodata della logica moderna.

In modo simile e per scopi analoghi, benché ormai in ritardo sui tempi, Ludwig Wittgenstein (1879-1954) mostrerà nelle *Ricerche filosofiche* che *non si imparano le regole mediante metaregole*. Altrimenti per imparare le metaregole sarebbero necessarie metametaregole, e cosí via.

L'unica pecca del dialogo di Carroll è che esso usa proposizioni particolari, sui triangoli isosceli, in un argomento di carattere generale. Un altro scrittore matematico, Jacques Roubaud, ha rimediato all'imperfezione scrivendo *Come la Tartaruga combattè Achille*, uno spiritoso rifacimento del dialogo di Carroll in cui le proposizioni usate sono puramente autoreferenziali[12].

A testimonianza della sua felice vitalità letteraria, il dialogo di Carroll ha anche ispirato quelli che fungono da intermezzi ai capitoli del fortunato libro di Douglas Hofstadter *Gödel, Escher e Bach*, nei quali Achille e la Tartaruga si accapigliano su argomenti di natura logica.

Bradley e Royce.

L'intera filosofia di Francis Herbert Bradley (1846-1924) è un esplicito ritorno agli eleatici. Egli credeva nell'Assoluto e nell'Uno come unica possibile riconciliazione delle ubique contraddizioni della molteplicità nell'apparenza.

Piú precisamente, in *Apparenza e realtà* (1897) Bradley effettuò una variazione della variazione di Carroll, per mostrare che *non sono possibili proprietà e relazioni*

[12] J. Roubaud, «Vers une oulipisation conséquente de la littérature», *Bibliothèque Oulipienne*, 41 (1990).

di nessun genere. Ad esempio, dire che un oggetto ha una proprietà unaria significa dire che esiste una relazione binaria fra l'oggetto e la proprietà. Ma questo significa dire che esiste una relazione ternaria fra l'oggetto, la proprietà e la relazione. E cosí via.

Le idee di Bradley furono discusse dettagliatamente nel 1899 da Josiah Royce (1855-1916) nell'opera *Il mondo e l'individuo*. Questa presenta anche una efficace, e oggi ben nota, immagine del regresso infinito in esse presente:

> Immaginiamo che una porzione del suolo d'Inghilterra sia stata livellata perfettamente, e che in essa un cartografo tracci una mappa d'Inghilterra. L'opera è perfetta; non c'è particolare del suolo d'Inghilterra, per minimo che sia, che non sia registrato nella mappa; tutto ha lí la sua corrispondenza. La mappa, in tal caso, deve contenere una mappa della mappa, che deve contenere una mappa della mappa della mappa, e cosí all'infinito.

In un testo attribuito apocrifamente all'inesistente Suárez Miranda (*Viaggi di uomini prudenti*, libro quarto, cap. XLV, Lérida, 1658), Borges[13] riformulò l'argomento letterariamente:

> ...In quell'Impero, l'Arte della Cartografia raggiunse tale Perfezione che la mappa di una sola Provincia occupava tutta una Città, e la mappa dell'impero, tutta una Provincia. Col tempo, codeste Mappe Smisurate non soddisfecero e i Collegi dei Cartografi eressero una Mappa dell'Impero, che uguagliava in grandezza l'Impero e coincideva puntualmente con esso. Meno Dedite allo Studio della Cartografia, le Generazioni Successive compresero che quella vasta Mappa era Inutile e non senza Empietà la abbandonarono alle Inclemenze del Sole e degl'Inverni. Nei deserti dell'Ovest rimangono lacere Rovine della Mappa, abitate da Animali e Mendichi; in tutto il Paese non è altra reliquia delle Discipline Geografiche.

[13] J. L. Borges, «Del rigor en la ciencia», *Los Anales de Buenos Aires*, 3 (1946): 53.

Implicitamente, la problematica sollevata dal regresso infinito della mappa di Royce si trova implicata in tutte le opere che contengono una parte che dovrebbe coincidere con l'opera stessa. Nell'*Iliade* di Omero, in cui Elena ricama una veste di porpora che rappresenta la storia del poema. Nel *Ramayana* di Vālmīki, al termine del quale i figli di Rama cercano rifugio in una selva, dove un asceta insegna loro a leggere su un libro che è, appunto, il *Ramayana*. Nel *Mahabarata* di Vyāsa, il cui narratore incontra un amico e gli racconta il *Mahabarata*, che narra del poeta Vyāsa che detta al dio Ganesh il *Mahabarata*, una storia che narra di un re che incontra il poeta Vyāsa e si fa raccontare il *Mahabarata*. Nel *Sogno della camera rossa*, il cui protagonista prevede in sogno gli avvenimenti del romanzo. Nell'*Amleto* di Shakespeare, in cui si mette in scena una tragedia che è pressapoco la stessa dell'*Amleto*...

Nonostante tutte queste vertigini letterarie, la mappa di Royce non è affatto paradossale. Lo mostreremo matematicamente nell'ultimo capitolo, usando il teorema del punto fisso di Banach. Ma lo si può già facilmente intuire dal regresso infinito, perfettamente reale, prodotto da due specchi che si riflettono uno nell'altro. O da una telecamera che riprende lo schermo che trasmette ciò che essa riprende. O dal quadro che rappresenta una scena di cui esso stesso fa parte, immaginato da Husserl nel primo volume delle *Idee per una fenomenologia pura*[14] e realizzato da Escher nella *Galleria di stampe*.

[14] L'idea venne a Husserl dopo una visita alla galleria di Dresda, in cui vide uno dei quadri seicenteschi di David Teniers che riproducono la galleria di dipinti italiani dell'Arciduca Leopoldo.

Bergson.

Henri Bergson (1859-1941) fu particolarmente interessato alla continuità di spazio e tempo, di cui criticò la formalizzazione matematica basata sul concetto di punto. In particolare egli riteneva che l'infinita divisibilità fosse una proprietà dello spazio ma non del tempo, sulla base dell'osservazione che si può arbitrariamente dividere un oggetto, ma non un atto.

Nel *Saggio sui dati immediati della coscienza*, del 1910, Bergson credette di poter ricondurre il paradosso di Achille e la tartaruga alla confusione fra movimento e spazio percorso. I passi reali di Achille sono indivisibili, e un numero finito di essi gli permetterà di superare la tartaruga. Ma Zenone vi sostituisce arbitrariamente dei passi virtuali sincronizzati su quelli della tartaruga, in modo tale da impedirgli di raggiungerla.

Bergson assegnava agli argomenti di Zenone un ruolo storico importante, per aver esposto l'inconsistenza della nozione matematica di moto e, piú in generale, di cambiamento. Contrariamente agli eleatici egli riteneva, però, che i paradossi mostrassero che a questa nozione matematica si dovesse contrapporre una nozione intuitiva di cambiamento, che doveva essere considerata come una caratteristica fondamentale della realtà.

In una parola, il paradosso di Zenone costituisce sí una riduzione all'assurdo, ma non dello spazio e del tempo fisici, bensí della loro rappresentazione concettuale. La prova è appunto che «la vita se la ride dei veti logici», e Achille sorpassa la tartaruga senza problemi.

La soluzione di Bergson venne condivisa nel 1910 da William James, in *Un universo pluralistico* (VI). L'argomento di James è che quando la gallina fa un uovo, ne fa uno intero, senza metterne insieme una metà e poi un quarto e cosí via. La stessa cosa avviene per ogni esperienza sensibile. Appunto per questo si è introdotto il termine di «soglia» nella psicologia della percezione, che ne sottolinea la discretezza e la non continuità.

Dunne.

Quand'era giovane John William Dunne (1875-1949) era un aviatore che sognava, nel senso letterale. Poiché però i suoi sogni avevano la strana caratteristica di avverarsi, Dunne iniziò a studiarli e da grande divenne un filosofo. Nel 1927 scrisse la sua opera principale, *Un esperimento col tempo*, nella quale egli argomenta zenonianamente che *ci sono infiniti tempi*. Infatti, il fluire di qualunque cosa è relativo al tempo. Il fluire del tempo richiede allora un secondo tempo in cui esso possa fluire. Il fluire del secondo tempo ne richiede un terzo rispetto a cui esso possa fluire. E cosí via.

Secondo Dunne, le infinite dimensioni del tempo sono sperimentate dal soggetto negli *infiniti livelli della coscienza*. La percezione avviene nel primo tempo. La coscienza della percezione nel secondo. La coscienza della coscienza della percezione nel terzo, e cosí via. Le visioni dei vari tempi vengono coordinate nei sogni, nei quali si può quindi sperimentare il «tempo vero», cioè l'irraggiungibile termine ultimo della serie infinita dei tempi.

La scienza moderna, nella sua apparente voracità di idee fantafilosofiche, ha considerato seriamente la possibilità sollevata da Dunne. Ad esempio, Ilya Prigogine, premio Nobel per la Chimica nel 1977, ha sviluppato una teoria in cui ci sono effettivamente due tempi. Il primo è analogo alle tre dimensioni spaziali. Il secondo è quello rispetto a cui sia lo spazio che il primo tempo possono variare[15].

[15] In termini tecnici, il primo tempo di Prigogine è una variabile hamiltoniana e il secondo funge da parametro rispetto a cui derivare.

Kafka.

L'intera opera di Franz Kafka (1883-1924) è, secondo Carlos Mastronardi[16], un rifacimento letterario dei paradossi di Zenone: il pathos dei suoi romanzi nasce precisamente dal numero infinito di ostacoli che fermano i loro identici eroi. E anche l'incompiutezza delle sue opere e la mancanza di capitoli intermedi ne sono una conseguenza. Non è infatti necessario enumerare tutti i punti di un segmento o tutte le possibili vicissitudini, per suggerire l'infinito regresso.

Come esempio del procedimento vale la pena di riportare interamente, per la sua brevità, lo zenoniano racconto *Un messaggio dell'imperatore*, del 1917:

> L'imperatore – cosí si racconta – ha inviato a te, a un singolo, un misero suddito, minima ombra sperduta nella piú lontana delle lontananze dal sole imperiale, proprio a te l'imperatore ha inviato un messaggio dal suo letto di morte. Ha fatto inginocchiare il messaggero al letto, sussurrandogli il messaggio all'orecchio; e gli premeva tanto che se l'è fatto ripetere all'orecchio. Con un cenno del capo ha confermato l'esattezza di quel che gli veniva detto. E dinanzi a tutti coloro che assistevano alla sua morte (tutte le pareti che lo impediscono vengono abbattute e sugli scaloni che si levano alti e ampi son disposti in cerchio i grandi del regno), dinanzi a tutti loro ha congedato il messaggero. Questi s'è messo subito in moto; è un uomo robusto, instancabile; manovrando or con l'uno or con l'altro braccio si fa strada nella folla; se lo si ostacola, accenna al petto su cui è segnato il sole, e procede cosí piú facilmente di chiunque altro. Ma la folla è cosí enorme; e le sue dimore non hanno fine. Se avesse via libera, all'aperto, come vorrebbe!, e presto ascolteresti i magnifici colpi della sua mano alla tua porta. Ma invece si stanca inutilmente!, ancora cerca di farsi strada nelle stanze del palazzo piú interno; non riuscirà mai a superarle; e anche se gli riuscisse non servirebbe a nulla; dovrebbe aprirsi un varco scendendo tutte le scale; e anche se gli riuscisse, non servirebbe a nulla; c'è ancora da attraversare

[16] Vedi J. L. Borges, *Conversazioni*, Bompiani, 1986, p. 93.

tutti i cortili; dietro a loro il secondo palazzo, e cosí via per millenni; e anche se riuscisse a precipitarsi fuori dell'ultima porta – ma questo mai e poi mai potrà avvenire – c'è tutta la città imperiale di fronte a lui, il centro del mondo, ripieno di tutti i suoi rifiuti. Nessuno riesce a passare di lí, e tanto meno con il messaggio di un morto.

Ma tu stai alla finestra e ne sogni, quando giunge la sera[17].

Naturalmente, se lo spirito di Zenone è presente nelle opere di Kafka, aleggerà anche in quelle dei suoi successori letterari. In particolare, nelle rappresentazioni dell'eterna attesa che vanno da *Il deserto dei Tartari* di Dino Buzzati (1906-1972) ad *Aspettando Godot* di Samuel Beckett (1906-1989).

Borges.

Jorge Luis Borges (1899-1986) ha tratto dai paradossi di Zenone sia le basi del suo pensiero su temi quali l'infinito, il tempo e la realtà, sempre presenti nei suoi scritti, che lo spunto per la costruzione delle sue inquietanti situazioni al limite.

Egli vide nella corsa di Achille e la tartaruga, alla quale dedicò due interessanti saggi[18], la prova definitiva che smaschera il carattere allucinatorio del mondo. Senza il paradosso il nostro sogno sarebbe cosí preciso e coerente che finiremmo per crederci. Ma i personaggi zenoniani vi introducono smagliature di assurdità che finiscono per rivelarne l'irrealtà:

Noi (la indivisa totalità che opera in noi) abbiamo sognato il mondo. Lo abbiamo sognato resistente, misterioso, visibile,

[17] F. Kafka, «Eine kaiserliche Botschaft», in *Ein Laudarzt*, 1917 [trad. it. di R. Paoli, «Un messaggio dell'imperatore», in *Un medico di campagna*, Mondadori, Milano 1970, pp. 250-51].

[18] J. L. Borges, «La perpetua carrera de Aquiles y la tortuga», *La Prensa*, 1 Gennaio 1929, sez. IV, p. 1, e «Los avatares de la tortuga», *Sur* 63 (1939): 18-23.

ubiquo nello spazio e fermo nel tempo; ma abbiamo ammesso nella sua architettura tenui ed eterni interstizi di assurdità, per sapere che è finto.

Borges crede dunque, in sintonia con Bradley, che l'irrazionalità del finito mostri la sua irrealtà. E usa ripetutamente il paradosso di Zenone nelle sue costruzioni letterarie, di cui offriamo due brevi scelte.

La prima è tratta da *La morte e la bussola*, del 1942. Un detective riesce a prevedere l'ultimo delitto di una serie, ma recatosi sul luogo per prevenirlo scopre di esservi stato attirato per esservi ammazzato. Ecco l'ultima conversazione fra la vittima e l'assassino:

– Nel suo labirinto – disse alla fine, – ci sono tre linee di troppo. Io so di un labirinto greco che è una linea unica, retta. In questa linea si sono perduti tanti filosofi che ben vi si potrà perdere un mero detective. Scharlach, quando in un altro avatar lei mi darà la caccia, finga (o commetta) un delitto in *A*; quindi un secondo delitto in *B*, a otto chilometri da *A*; quindi un terzo in *C*, a quattro chilometri da *A* e da *B*, a metà strada tra i due. E mi aspetti poi in *D*, a due chilometri da *A* e da *C*, di nuovo a metà strada. Mi uccida in *D* come ora sta per uccidermi in Triste-le-Roy.

– Per quest'altra volta – rispose Scharlach, – le prometto questo labirinto invisibile, incessante, d'una sola linea retta.

Indietreggiò di alcuni passi. Poi, accuratissimamente, fece fuoco[19].

Il secondo brano è da *La scrittura del Dio*, del 1949:

Un giorno o una notte – tra i miei giorni e le mie notti, che differenza c'è? – sognai che sul pavimento del carcere c'era un granello di sabbia. Mi riaddormentai indifferente; sognai che mi destavo e che i granelli di sabbia erano due. Mi riaddormentai; sognai che i granelli di sabbia erano tre. Si andarono cosí moltiplicando fino a colmare il carcere e io morivo sotto quell'emisfero di sabbia. Compresi che stavo sognando; con un grande sforzo mi destai. Fu inutile; l'innumerevole sabbia mi soffocava. Qualcuno mi disse: «Non ti sei destato alla veglia ma a un sogno precedente. Questo sogno è dentro un altro, e

[19] J. L. Borges, «La muerte y la brújula», *Sur*, 92 (1942): 27-39.

cosí all'infinito, che è il numero dei granelli di sabbia. La strada che dovrai percorrere all'indietro è interminabile e morrai prima di esserti veramente destato»[20].

Goodstein.

Una versione doppiamente paradossale della corsa tra Achille e la tartaruga, in cui l'eroe parte a spron battuto e continua a correre come un forsennato, ma la tartaruga lo costringe pazientemente a indietreggiare un pochino, fino a riportarlo al nastro di partenza, è stata trovata nel 1944 da Reuben Goodstein[21] (1912-1985). Le parti di Achille e della tartaruga vengono interpretate, rispettivamente, da due funzione matematiche: una crescente molto velocemente, e l'altra decrescente molto lentamente. Piú precisamente, i due partono da un numero e da una base qualsiasi, ad esempio 5 e 2. Achille scrive il numero nella base data, cioè $5 = 2^2 + 2^0$, e compie il suo balzo passando alla base successiva, ottenendo $28 = 3^3 + 3^0$. La tartaruga lo fa indietreggiare di un passettino, a $27 = 3^3$. Achille riparte, riscrivendo il numero nella base successiva, cioè $256 = 4^4$. E cosí via.

Che Achille stia velocemente scappando, è dimostrato dal fatto che in due soli passi è già andato prima da 5 a 28, e poi da 27 a 256. La tartaruga, col solo farlo indietreggiare di un'unità alla volta, non sembrerebbe in grado di limitare i danni. E invece, come dimostrò appunto Goodstein, in un numero finito di passi Achille si ritrova a zero, e la tartaruga ha vanificato completamente il suo sforzo.

Sorprendentemente, la cosa succede sempre, qualunque siano il numero e la base di partenza. Ma, an-

[20] J. L. Borges, «La escritura del Dios», *Sur*, 172 (1949): 7-12.

[21] R. Goodstein, «On the restricted ordinal theorem», *Journal of Symbolic Logic*, 9 (1944): 33-41.

cora piú sorprendentemente, nel 1982 Laurence Kirby e Jeffrey Paris[22] hanno scoperto che la dimostrazione di questo teorema sui numeri finiti richiede in maniera sostanziale l'uso dell'infinito, nel senso che il teorema non è dimostrabile nella teoria degli insiemi senza l'assioma dell'infinito. Il teorema di Goodstein è dunque un esempio concreto di quelle verità non dimostrabili nell'aritmetica che Gödel aveva preannunciato, col suo famoso teorema.

Thomson.

Nel 1954 James Thomson[23] ha proposto un'ulteriore variazione del paradosso di Zenone, nella forma di un puzzle. Supponiamo di accendere una lampada, di spegnerla dopo mezz'ora, di riaccenderla dopo un quarto d'ora, e cosí via. Allo scadere dell'ora, la lampada sarà accesa o spenta?

Il problema è naturalmente da intendere come un esperimento di pensiero, indipendentemente dalla possibile realizzazione fisica della lampada. La difficoltà è, comunque, altrove. Nel fatto, cioè, che i dati del problema non determinano la sua soluzione. La fine dell'ora viene, infatti, *dopo* tutti gli istanti che l'hanno preceduta, ma è soltanto su questi che abbiamo informazioni.

La stessa conclusione varrebbe anche se il puzzle fosse riformulato nel seguente modo. Supponiamo di accendere una lampada, e che essa sia ancora accesa dopo mezz'ora, dopo tre quarti d'ora, e cosí via. Allo scadere dell'ora, la lampada sarà accesa o spenta?

Se questa è tutta l'informazione che abbiamo, niente assicura che la risposta ovvia, che cioè la lampada sarà an-

[22] L. Kirby e J. Paris, «Accessible independence results for Peano Arithmetic», *Bulletin of the London Mathematical Society*, 14 (1982): 285-293.

[23] J. Thomson, «Tasks and supertasks», *Analysis*, 15 (1954): 1-13.

cora accesa, sia corretta. E infatti non lo è, nel caso che la lampada venga spenta un'ora esatta dopo averla accesa.

Escher.

Dopo che il paradosso di Zenone aveva assunto le forme piú svariate e impreviste, esso è stato infine raffigurato visivamente da Maurits Cornelis Escher (1898-1972): un artista, da noi già citato piú volte, che ha avuto una particolare sensibilità per motivi matematici.

Il procedimento di successive bisezioni da lui usato nelle incisioni *Sempre piú piccolo* (figura 51), *Quadrato limite* (figura 52) e *Divisione regolare del piano* VI (figura 53), non può ormai che suonarci familiare. Si parte da un triangolo rettangolo isoscele. Sulla sua ipotenusa si costruiscono altri due triangoli rettangoli isosceli adiacenti. E cosí via. Nei vari triangoli vengono poi inseri-

Figura 51.
Maurits Cornelis Escher, *Sempre piú piccolo*.

ti pesci o lucertole che rimpiccioliscono senza fine, suggerendo visivamente l'incessante e incompletabile processo al limite.

Fine della corsa.

Benché abbiamo ormai considerato le metamorfosi piú svariate del paradosso di Achille e la tartaruga, non dobbiamo dimenticare che esso fu concepito da Zenone per mostrare una supposta assurdità del mondo fisico. Sembra dunque appropriato concludere la storia con un ritorno alle origini, parlando dell'*effetto Zenone quantistico*[24].

Tutto si basa sul fatto che le probabilità degli even-

[24] B. Misra e G. Sudarshan, «The Zeno's paradox in quantum theory», *Journal of Mathematical Physics*, 18 (1977): 756-763.

Figura 52.
Maurits Cornelis Escher, *Quadrato limite*.

ti quantistici sono proporzionali al quadrato del tempo di osservazione. Poiché 4, cioè 2 al quadrato, è diverso da 2, cioè due volte 1 al quadrato, c'è una differenza tra fare una osservazione dopo un certo intervallo di tempo, o due osservazioni dopo metà di quell'intervallo. O quattro osservazioni dopo un quarto. E cosí via. Col crescere del numero di osservazioni in uno stesso intervallo di tempo, la differenza può diventare talmente grande da impedire che accada un fenomeno che sarebbe invece accaduto in condizioni non osservate.

L'effetto è stato effettivamente osservato nel 1989 mediante un esperimento con ioni di berillio intrappo-

Figura 53.
Maurits Cornelis Escher, *Divisione regolare del piano* VI.

lati da un campo magnetico, che venivano eccitati dal passaggio di un'onda radio. Una misura dopo 256 secondi rivelò che tutti gli ioni erano stati eccitati. Con due misure, a intervalli di 128 secondi, solo metà degli ioni si erano complessivamente eccitati. Con quattro misure, a intervalli di 64 secondi, solo un terzo. E cosí via. Con sessantaquattro misure, a intervalli di 4 secondi, nessuno ione si era eccitato: il processo era stato completamente inibito da troppe osservazioni.

A un passo dal traguardo.

E con questo ulteriore paradosso finisce la nostra storia del regresso infinito. Partita da un'ingenua favola su un eroe greco e una tartaruga, essa ci ha fatto indietreggiare passo dopo passo (il lettore giudicherà se ai ritmi dell'uno o dell'altra) verso un'analisi critica dei fondamenti stessi del pensiero. Spazio, tempo, causalità, definibilità, dimostrabilità, deducibilità... sono stati tutti rosi da un insistente tarlo, che alla fine non ha risparmiato nessuna proprietà e relazione, e ha coinvolto addirittura le nozioni stesse di mondo e di autocoscienza.

«Ritoccare il nostro concetto dell'universo, per quel pezzettino di tenebra greca?», si domandava Borges, annunciando la sua affermativa scelta. «Rinunciare a quel pezzettino di luce greca, per il nostro concetto dell'universo?», potremmo ribattere noi.

Capitolo settimo
I para-doxa della democrazia

Winston Churchill diceva che la democrazia è la peggior forma di governo, a parte tutte le altre che sono state provate. Ma sapeva che il miglior argomento contro la democrazia sono cinque minuti di conversazione con un elettore (o con un politico) medio. George Bernard Shaw definiva la democrazia come l'assicurazione di non essere governati meglio di quanto ci meritiamo. E aggiungeva che l'avvento della democrazia aveva sostituito la nomina di pochi corrotti con l'elezione di molti incompetenti. Gustave Flaubert identificava il sogno della democrazia nell'elevazione del proletariato allo stesso livello di stupidità raggiunto dalla borghesia. Bertrand Russell precisava che gli eletti non possono mai essere piú stupidi dei loro elettori.

Sembra dunque che la democrazia abbia i suoi problemi, per risolvere i quali sono state avanzate alcune paradossali proposte letterarie. Ad esempio, *Il parlamento* di Jorge Luis Borges suggerisce che, per ottenere una rappresentanza veramente rappresentativa, un'elezione debba eleggere tutti gli elettori. All'estremo opposto, *Diritto di voto* di Isaac Asimov ritiene sufficiente che alle elezioni venga interpellato un solo votante, purché sufficientemente rappresentativo. Infine, *Noi* di Evgenij Zamjatin propone che si considerino come veramente democratiche soltanto le votazioni palesi e unanimi.

Queste provocazioni letterarie si possono facilmente accantonare con un sorriso. Non cosí quelle logiche e matematiche, la cui rimozione è meno agevole. I paradossi della democrazia sono infatti svariati e subdoli, come sapevano già gli antichi[1]. Ad esempio, si può instaurare una dittatura in maniera legale? Se sí, la libertà potrebbe avere i giorni contati; se no, è limitata già ora[2]. Oppure, si può eliminare l'articolo che permette le revisioni costituzionali? Se sí, il potere di revisione è in pericolo; se no, è incompleto[3].

Forse il piú ovvio dei paradossi della democrazia è una semplice variazione sul tema del sorite, sul quale torneremo in seguito: poiché nelle elezioni con molti elettori non succede mai che il vincitore vinca per un solo voto di differenza, nessun singolo voto è determinante. Dunque, tanto vale non andare a votare.

Gli ulteriori paradossi che andiamo a enunciare riguardano invece la pratica della vita democratica, una volta che si sia deciso di andare comunque a votare. Non è infatti per niente chiaro come (o addirittura se) si possano determinare gli eletti, o distribuire i seggi, in maniera logicamente soddisfacente.

La votazione a maggioranza.

«Democrazia» è un termine piuttosto vago, che in Grecia significava soltanto «governo del popolo». Nell'inconscio collettivo occidentale esso ha oggi acquistato il significato, piú preciso, di «governo della maggioranza». E infatti, in genere, la votazione a maggioranza viene considerata come *il* mezzo attraverso cui il popolo governa. Sia direttamente, scegliendo fra alter-

[1] D. Daube, «Greek and Roman reflections on impossible laws», *Natural Law Forum*, 12 (1967): 1-84.

[2] I. Tammelo, «The antinomy of parliamentary sovereignty», *Archiv für Rechts- und Sozialphilosophie*, 44 (1958): 495-513.

[3] A. Ross, «On self-reference and a puzzle in Constitutional Law», *Mind*, 78 (1969): 1-24.

native in un referendum, che indirettamente, scegliendo fra candidati in una elezione.

Che le cose non siano cosí semplici è dimostrato dal paradosso delle elezioni del 2000, nelle quali un paese come gli Stati Uniti, che si ritiene il piú democratico del mondo, ha eletto alla presidenza un candidato come George W. Bush, che aveva ottenuto un numero di voti minore del suo oppositore Al Gore.

Il primo problema da affrontare è, dunque, se la riduzione del governo del popolo a quello della maggioranza sia giustificata. O almeno giustificabile. In fin dei conti, il concetto di democrazia contiene implicitamente tutta una serie di aspetti, che forse sono meglio espressi da altri metodi di governo in generale e di votazione in particolare.

Si potrebbe pensare che le uniche giustificazioni possibili, in questo campo, siano inconcludenti discussioni di filosofia politica. Nel 1952 l'economista Kenneth May ha invece dimostrato matematicamente[4] che la votazione a maggioranza è l'*unico* procedimento di scelta fra due candidati che soddisfi le seguenti condizioni:

1) *Libertà di scelta*: ciascuno è libero di votare per il candidato che preferisce.
2) *Dipendenza dal voto*: il risultato di una votazione è determinato unicamente dai voti dati ai candidati.
3) *Monotonicità*: se un candidato vince in una votazione prendendo un certo numero di voti, vince anche in ogni votazione in cui prenda piú voti.
4) *Anonimato*: non ci sono votanti privilegiati.

Poiché le assunzioni precedenti sono contenute implicitamente nel concetto di democrazia, il teorema di May dimostra che non ci sono alternative democratiche

[4] K. May, «A set of independent, necessary and sufficient conditions for simple majority decisions», *Econometrica*, 20 (1952): 680-684.

alla votazione a maggioranza, nel caso di due soli candidati. E mostra anche come una discussione politica, quando sia basata (come raramente accade) su argomenti concreti, possa essere semplice e precisa.

Per i lettori curiosi, diamo ora la breve dimostrazione di May (chi non è interessato può andare direttamente senza perdita, ma anche senza guadagno, alla prossima sezione). Chiamiamo i due candidati *A* e *B*. Per la dipendenza dal voto, il risultato dipende soltanto da come si ripartiscono i votanti: quelli che preferiscono *A* a *B*, e quelli che preferiscono *B* ad *A*. Per l'anonimato, ogni voto conta nello stesso modo: dunque, il risultato dipende soltanto da quanti votanti votano per *A* e quanti per *B*.

Supponiamo ora che *A* prenda la maggioranza dei voti, ma che sia *B* a vincere. Per la libertà di scelta, si può immaginare una situazione in cui tutti i votanti scambino i loro voti: cioè, che votino per *A* se prima votavano per *B* e per *B* se prima votavano per *A*. In questo caso la situazione sarebbe simmetrica alla precedente, con i ruoli di *A* e *B* scambiati.

Ora *A* prende lo stesso numero di voti che prima prendeva *B*, e che bastavano al secondo per vincere: per la dipendenza dal voto, questa volta dovrebbe vincere *A*. Ma *B* prende lo stesso numero di voti che prima prendeva *A*, e dunque piú di quelli che gli erano già bastati per vincere: per la monotonicità, *B* dovrebbe continuare a vincere anche ora.

La contraddizione dimostra che non è possibile che *A* prenda la maggioranza dei voti, ma che sia *B* a vincere. Dunque è *A* a vincere, cioè la maggioranza determina la vittoria.

A scanso di equivoci, per ora non c'è nessun paradosso. Se non, forse, il fatto che la dimostrazione dell'inevitabilità del voto a maggioranza sia stata data negli Stati Uniti da May, che era membro del Partito Comunista.

Il paradosso di Condorcet.

Per trovare un vero paradosso dobbiamo risalire a Marie Jean Antoine Nicolas de Caritat, meglio noto come marchese di Condorcet (1743-1794). Vissuto al tempo della Rivoluzione Francese, il marchese era stato dapprima enciclopedista e poi girondino. Con l'arrivo al potere dei giacobini, si nascose per vari mesi. Quando finalmente si decise a scappare travestito per le campagne, si tradí ordinando, da buon aristocratico, un'omelette con un numero spropositato di uova. Morí in cella tre giorni dopo; forse suicida, visto che portava sempre del veleno con sé.

Nel 1785, pochi anni prima che la rivoluzione pretendesse paradossalmente di instaurare un sistema democratico con la ghigliottina, il marchese aveva scoperto il seguente problema[5]. Egli sapeva, anche senza la dimostrazione di May, che la votazione a maggioranza era un efficiente metodo di scelta fra *due* alternative. In presenza di piú alternative, un'idea ovvia era votarle due a due, e scegliere quella che avesse riportato la maggioranza contro tutte le rimanenti. Condorcet mostrò che, purtroppo, non è detto che una tale alternativa ci sia: anche se le preferenze dei singoli votanti rispetto alle varie alternative sono ordinate linearmente, la votazione può infatti produrre un ordine sociale circolare[6].

Per illustrare il paradosso, consideriamo un'altra delle elezioni presidenziali statunitensi: quella del 1976. Allora Jimmy Carter vinse su Gerald Ford, che aveva ottenuto la nomination repubblicana vincendo su Ro-

[5] M. de Condorcet, *Essai sur l'application de l'analyse à la probabilité des décisions rendues à la pluralité des voix*, Parigi, 1785.

[6] La proprietà matematica qui in questione è detta *transitività*: se x precede y e y precede z, allora x precede z. Nell'esempio seguente le preferenze individuali sono transitive, ma non cosí quelle sociali.

nald Reagan. Ma i sondaggi dicevano che Reagan avrebbe vinto su Carter (come poi successe effettivamente, benché con un diverso elettorato, nel 1980).

Una situazione circolare, in cui tre candidati sono in grado di vincere uno sull'altro, è ovviamente imbarazzante per un sistema in cui i candidati vengono selezionati in elezioni successive, due a due. Il vincitore dipende infatti *soltanto* dall'ordine in cui vengono effettuate le votazioni. Ad esempio, per far vincere Ford nel 1976 sarebbe bastato far prima la votazione tra Carter e Reagan, e poi la votazione tra il vincitore (Reagan) e Ford.

Il paradosso di Condorcet non lascia scelta. O si votano tutte le alternative una contro l'altra, e allora può ovviamente succedere che nessuna ottenga la maggioranza. Oppure si votano le varie alternative in un certo ordine, e allora la vincitrice dipende dall'ordine scelto. Come se ciò non bastasse, un particolare ordine di votazioni può permettere a un'alternativa di vincere anche quando ne esista un'altra che le è unanimemente preferita.

Poiché la votazione a maggioranza su piú di due alternative è un sistema largamente applicato in assisi locali, nazionali e sovranazionali, l'interesse del paradosso è evidente. Fra l'altro, esso spiega le cosiddette battaglie procedurali, a volte furiose, sull'ordine delle votazioni. Lungi dall'essere bizantinismi, come potrebbero apparire, esse sono in realtà essenziali per pilotare il risultato finale nella direzione voluta, relegando le votazioni al ruolo di copertura democratica di veri e propri colpi di mano.

Vale la pena sottolineare che, affinché il paradosso di Condorcet sia possibile, non può esserci un'alternativa che nessuno considera la peggiore. Infatti, se A vince su B per maggioranza, almeno la metà piú uno dei votanti preferisce A a B. Se B vince su C per maggioranza, almeno la metà piú uno dei votanti preferisce B a C.

Dunque, almeno uno dei votanti preferisce *A* a *B* e *B* a *C*, e *C* è considerata l'alternativa peggiore da qualcuno. Per simmetria, lo stesso vale per *A* e *B*. Affinché l'ordine sociale generato dalla votazione per maggioranza possa essere circolare, è dunque necessario che ogni alternativa sia considerata la peggiore da qualcuno.

Questo espone un'incompatibilità fra *libertà individuale*, che permette a ciascuno di scegliere un qualunque ordine di preferenze, e *armonia sociale*, che richiede invece una certa uniformità fra gli ordini individuali. E spiega anche sia l'adeguatezza della votazione a maggioranza nei momenti di stabilità politica, che la sua impotenza nei momenti di rivolgimento. Nei primi esistono alternative che nessuno considera le peggiori: quelle di centro. Nei secondi la radicalizzazione delle preferenze crea invece le condizioni per il paradosso.

Problemi di peso.

La votazione a maggioranza proposta nel paragrafo precedente non è, ovviamente, l'unica soluzione possibile alla scelta fra piú alternative. Un'altra è la *votazione a pluralità*: si presentano tutte le alternative simultaneamente, ciascun votante ne sceglie una, e vince quella che riceve il maggior numero di voti.

Nel 1781 Jean-Charles de Borda (1733-1799) scoprí che si imponeva però una scelta fra i due metodi, visto che pluralità e maggioranza sono fra loro incompatibili[7]. Ad esempio, si considerino quindici votanti, che debbano scegliere rispetto alle alternative *A*, *B* e *C*. Supponiamo che gli ordini di preferenze individuali siano i seguenti:

[7] J.-C. de Borda, «Mémoire sur les élections au scrutin», *Mémoires de l'Académie Royale des Sciences* (1781): 657-665.

– 6 votanti preferiscono *A* a *B*, e *B* a *C*
– 4 votanti preferiscono *B* a *C*, e *C* ad *A*
– 5 votanti preferiscono *C* a *B*, e *B* ad *A*.

Quando si pongano in votazione le alternative a pluralità, *A* vince su *C* per 6 a 5, e *C* vince su *B* per 5 a 4. Quando invece si pongano in votazione le alternative a maggioranza, allora *B* vince su *C* per 10 a 5, e *C* vince su *A* per 9 a 6. I due sistemi di votazione producono dunque ordini sociali contrapposti.

Borda non si accorse che la votazione a maggioranza poteva non essere transitiva, anche perché nell'esempio precedente lo è: *B* vince su *A* per 9 a 6. Egli individuò invece un problema nel fatto che nella votazione a pluralità si considera soltanto una parte dell'informazione contenuta nei vari ordini di preferenza individuali: precisamente, la prima alternativa.

La cosa si può rimediare con sistemi di *voto pesato*, in cui i votanti associano, direttamente o indirettamente, dei pesi numerici alle varie alternative. Ad esempio, nell'*assegnamento canonico* si danno *n* punti alla prima di *n* alternative, $n - 1$ punti alla seconda, e via scalando. La costruzione dell'ordine sociale si effettua, in questo caso, sommando i pesi delle alternative nei vari ordini individuali. Ma, come già nel caso della votazione a maggioranza, anche i sistemi di voto pesato presentano situazioni paradossali.

Stabilire l'assegnamento dei pesi presenta immediatamente varie difficoltà. In primo luogo, psicologiche: come misurare le intensità delle preferenze per ciascun individuo? In secondo luogo, sociologiche: come paragonare fra loro i vari sistemi di misura individuali? In terzo luogo, e soprattutto, logiche: il risultato può infatti dipendere dall'assegnazione dei pesi.

Ad esempio, si considerino cinque votanti, che debbano scegliere rispetto alle alternative *A*, *B* e *C*. Supponiamo che gli ordini di preferenze individuali siano i seguenti:

– 3 votanti preferiscono *A* a *B*, e *B* a *C*
– 2 votanti preferiscono *B* a *C*, e *C* ad *A*.

Se si assegna un punto alla prima di ogni lista e nessuno alle altre, come nella votazione a pluralità, *A* vince su *B* per 3 a 2. Se invece si assegnano due punti alla prima, uno alla seconda e nessuno alla terza di ogni lista, allora *B* vince su *A* per 7 a 6.

Comunque, quand'anche si siano fissati l'assegnamento dei pesi e gli ordinamenti individuali, l'ordine sociale fra due alternative dipende dalla presenza o meno di altre alternative in gara.

Ad esempio, se l'assegnamento è quello canonico e gli ordini individuali sono quelli dell'esempio precedente, allora *A* perde su *B* per 11 a 12. Poiché l'alternativa *C* non solo è l'ultima in assoluto, con 7 punti, ma non è preferita da nessun votante a *B*, che è la prima in assoluto, si potrebbe pensare che la presenza di *C* sia irrilevante per la vittoria di *B*. Essa risulta invece determinante. Se infatti l'alternativa *C* viene eliminata, allora si rimane con tre votanti che preferiscono *A* a *B* e due che preferiscono *B* ad *A*. Questa volta, dunque, *A* vince su *B* per 8 a 7.

Problemi di questo genere hanno reso i sistemi di voto pesato, che in ogni caso sono piú complicati di quelli a maggioranza, poco praticabili. Oggi essi sono usati quasi esclusivamente in multicompetizioni sportive, quali il decatlon. In questo caso le alternative sono gli atleti in gara, i votanti le varie competizioni, le preferenze gli ordini di arrivo, e i pesi i punteggi assegnati.

Il teorema di Arrow.

I paradossi di Condorcet e Borda esposero alcune difficoltà dei sistemi di votazione allora noti, senza peraltro fermare la storia. La ghigliottina era infatti un argomento ben piú tagliente dei paradossi, e la democrazia si dimostrò storicamente ineluttabile, benché logicamente inconsistente.

L'argomento di Condorcet cadde nell'oblio, venne riscoperto periodicamente, da Lewis Carroll nel 1876 a Duncan Black nel 1948, e fu puntualmente ridimenticato. Esso fu infine ritrovato nel 1951 da Kenneth Arrow[8], un giovane economista che aveva studiato logica matematica con Alfred Tarski. La sua formazione lo stimolò a non fermarsi al paradosso e ad andare oltre, facendogli domandare se esso fosse frutto del caso o della necessità.

In altre parole, Arrow si pose il problema se si possa trovare almeno un sistema di votazione che permetta di estendere la transitività dalle preferenze individuali a quelle sociali. Fino ad allora, sia gli idealisti alla Kant che i razionalisti alla Bentham avevano *supposto* che l'ordine sociale esistesse, e differivano soltanto nel credere che esso fosse, rispettivamente, indipendente o deducibile dagli ordini individuali.

Il realista Arrow *scoprí* invece che entrambi avevano torto, perché l'ordine sociale non esiste. Piú precisamente, egli dimostrò che nessun sistema di votazione che soddisfi le seguenti condizioni preserva la transitività delle preferenze:

1) *Libertà di scelta*: ogni ordine transitivo di preferenze individuale è accettabile.
2) *Dipendenza dal voto*: il risultato della votazione fra due alternative è determinato univocamente dai voti dati a esse.
3) *Monotonicità*: se un'alternativa vince in una votazione, continua a vincere in ogni votazione in cui prenda piú voti.

[8] K. Arrow, *Social choice and individual values*, Yale University Press, 1951.

4) *Rifiuto della dittatura*: non esiste nessuno le cui preferenze individuali dettino il risultato di ogni votazione, indipendentemente dalle preferenze degli altri votanti.

L'analogia con le condizioni di May salta agli occhi. In particolare, poiché l'anonimato implica il rifiuto della dittatura, il teorema di Arrow mostra che il teorema di May non si può estendere a piú di due alternative.

Benché questo risultato sia appunto un *teorema*, per esorcizzarlo lo si chiama spesso *paradosso*. In inglese la cosa suona bene, perché *Arrow's paradox* si traduce come «paradosso della Freccia», e ne richiama un altro omonimo: quello di Zenone che dice che una freccia in volo non può muoversi, perché in ogni istante è ferma. Ciò non ha impedito che il teorema di Arrow fosse oggetto di studi approfonditi, che ora formano la cosiddetta *teoria delle scelte sociali*. Né ha distratto il comitato di Stoccolma, che nel 1972 assegnò ad Arrow il premio Nobel per l'economia (paradossalmente, con una votazione).

Il fatto che un teorema di scienze politiche come quello di Arrow, sull'impossibilità di un sistema democratico di votazione, gli abbia fruttato un premio Nobel per l'economia, non deve stupire. A parte le di per sé ovvie, e oggi lampanti, connessioni e collusioni fra economia e politica, per la sua natura astratta il risultato si applica a qualunque situazione in cui sia necessaria una scelta collettiva fra un insieme limitato di alternative. Ad esempio: di prodotti in un mercato, di politiche aziendali in un consiglio di amministrazione, di rappresentanti in un'assemblea di azionisti... Il teorema di Arrow rende dunque manifesta una difficoltà nel passaggio dalla microeconomia dei soggetti individuali, quali produttori e consumatori, alla macroeconomia dei gruppi, quali i mercati. Piú in generale, richiama alla mente tutta una serie di situazioni analoghe, in cui risulta difficile, o impossibile, giustificare il comportamento globale di un sistema sulla base dei comportamenti individuali delle sue componenti.

Quanto alle conseguenze filosofiche del teorema di Arrow, non si possono enunciare meglio di quanto abbia fatto Paul Samuelson[9], premio Nobel per l'economia nel 1970. In primo luogo, egli ammette candidamente che «la ricerca della democrazia perfetta da parte delle grandi menti della storia si è rivelata la ricerca di una chimera, di un'autocontraddizione logica». Con buona pace di quei politici e di quei mezzi di informazione mondiali che oggi non fanno che cantare incessantemente il mantra del supposto trionfo di quella chimera.

In secondo luogo, Samuelson traccia un parallelo che per noi è estremamente significativo: «La devastante scoperta di Arrow è, per la politica, ciò che il teorema di Gödel è per la matematica». In particolare, entrambi i risultati mostrano limitazioni intrinseche dei rispettivi campi in maniera semplice ed inequivocabile, distruggendo cosí ingenue illusioni.

Neppure il teorema di Arrow è, comunque, l'ultima parola in termini di limitazioni della democrazia. Un risultato altrettanto sconvolgente, se non di piú, è stato ottenuto nel 1970 da Amartya Sen[10], premio Nobel per l'economia nel 1998. Partendo da ipotesi analoghe a quelle di Arrow, Sen ha infatti dimostrato che in una società al massimo un individuo può avere dei diritti!

Il paradosso dell'Alabama.

Il teorema di Arrow ha reso esplicite alcune condizioni minimali implicite nel concetto di democrazia e

[9] In *Scientific American*, ottobre 1974, p. 120.
[10] A. Sen, *Collective choice and social welfare*, Holden-Day, 1970.

ha dimostrato che non esiste nessun sistema di votazione che le soddisfi contemporaneamente. Il che spiega la proliferazione delle leggi elettorali nei vari paesi e la disparità di vedute su di esse da parte dei partiti politici: poiché non ci sono sistemi ottimali per tutti, ciascuno cerca di far prevalere quello che sul momento gli sembra il piú conveniente per sé.

Il tipo di votazione per la scelta fra i vari candidati è, comunque, soltanto uno dei problemi che una legge elettorale deve risolvere, benché certamente il piú appariscente per gli elettori. Prima di votare, bisogna infatti distribuire i seggi fra i collegi elettorali sulla base della loro popolazione. E dopo il voto, bisogna distribuire i seggi fra i partiti sulla base dei voti da loro ottenuti.

Poiché il numero dei seggi è ovviamente molto inferiore al numero di elettori o di votanti, la divisione non darà in genere come risultato un numero intero. Per motivi di equità, si dovrebbe applicare un *principio di proporzionalità*: il numero di seggi assegnato ad un collegio o ad un partito dovrà essere una delle due approssimazioni intere, per difetto o per eccesso, del numero razionale che si ottiene dalla divisione. Ad esempio, se i seggi da distribuire sono 10 e un collegio ha un terzo della popolazione, i seggi ad esso assegnati dovranno essere 3 o 4.

La proporzionalità riguarda la consistenza dei collegi o dei partiti presi singolarmente. L'ulteriore *principio di monotonicità* riguarda la loro consistenza relativa: i collegi con piú elettori non dovrebbero ricevere meno seggi dei collegi con meno elettori, e la stessa cosa dovrebbe valere per i partiti con piú voti nei confronti di quelli con meno voti. Inoltre, questo dovrebbe valere sia per le situazioni sincroniche relative ad una singola elezione, misurate dalle percentuali, che per le situazioni diacroniche relative ad elezioni in tempi diversi, misurate dai rapporti fra le percentuali.

Come ormai possiamo aspettarci, queste condizioni sono difficili da soddisfare. Lo si scoprí la prima volta nel 1880, quando gli Stati Uniti decisero di aumentare il numero dei deputati del Congresso da 299 a 300. Ci si aspettava che *uno* stato avrebbe ottenuto un deputato in piú. Si scoprí invece che *due* stati acquistavano un deputato, mentre l'Alabama ne perdeva uno!

Il problema stava nel sistema di distribuzione dei seggi allora in vigore. Proposto nel 1791 da Alexander Hamilton (1755-1804), ministro del Tesoro di George Washington, esso procedeva nel seguente modo. Anzitutto, calcolava le quote spettanti a ciascuno stato. Poi le arrotondava per difetto, assegnando a ciascuno stato il minimo numero di seggi a cui aveva diritto. Infine distribuiva i seggi rimanenti agli stati che avevano perso di piú nell'arrotondamento. Quello che divenne noto come il *paradosso dell'Alabama* mostrò che questo sistema, per quanto razionale, aveva conseguenze paradossali, dovute al fatto che l'aggiunta di nuovi seggi faceva ovviamente salire la quota di ciascuno stato, ma non con la stessa percentuale.

Nel 1907 si presentò un nuovo problema, dovuto all'entrata dell'Oklahoma negli Stati Uniti. Al nuovo stato vennero assegnati cinque nuovi seggi, ma si scoprí che l'assegnazione dei rimanenti (e invariati) seggi agli altri stati veniva comunque modificata: lo stato di New York dovettere cedere uno dei suoi seggi al Maine. Questa volta si parlò di *paradosso del nuovo stato*.

Le polemiche seguite a questi imbarazzi provocarono una spasmodica ricerca di un sistema immune da paradossi. Purtroppo, nel 1982 Michel Balinsky e Peyton Young hanno dimostrato[11] che non esiste nessun metodo di distribuzione dei seggi che soddisfi i principî di proporzionalità e di monotonicità.

[11] M. Balinski e P. Young, *Fair representation*, Yale University Press, 1982.

Basta infatti che ci siano almeno 7 seggi da distribuire fra almeno 4 collegi, perché possano verificarsi problemi. Anzitutto, al momento di una prima elezione la percentuale della popolazione rispetto al numero dei seggi può infatti essere distribuita nel modo seguente:

- 5,01 nel collegio *A*
- 0,67 nel collegio *B*
- 0,67 nel collegio *C*
- 0,65 nel collegio *D*.

L'unica distribuzione di seggi compatibile con le condizioni di proporzionalità e monotonicità è: cinque seggi al collegio *A*, un seggio a ciascuno dei collegi *B* e *C*, e nessun seggio al collegio *D*.

Al momento di una seconda elezione, la percentuale della popolazione può essere ridistribuita nel modo seguente:

- 3,99 nel collegio *A*
- 2,00 nel collegio *B*
- 0,50 nel collegio *C*
- 0,51 nel collegio *D*.

Questa volta, le uniche distribuzioni di seggi compatibili con le condizioni di proporzionalità e monotonicità sono: tre o quattro seggi al collegio *A*, due seggi al collegio *B*, uno o nessun seggio al collegio *C*, e un seggio al collegio *D*.

Nel passaggio dalla prima alla seconda elezione il collegio *A* ha dunque perso almeno un seggio, e il collegio *D* ne ha guadagnato uno. Ma questo è in contrasto con il principio di monotonicità, perché *A* è cresciuto rispetto a *D* da circa 7,5 volte a circa 8 volte.

Proporzionale o maggioritario?

I teoremi di Arrow e di Balinsky e Young hanno inferto colpi mortali al principio di proporzionalità. Molte democrazie l'hanno quindi abbandonato, piú o meno spudoratamente. Anche la nostra, a colpi di referendum e *mattarellum*, per qualche anno ha pensato che la soluzione dei guai della democrazia stesse nell'adozione di una qualche forma di sistema maggioritario.

Purtroppo per loro, i sistemi maggioritari non stanno meglio di quelli proporzionali. Ad esempio, nel maggioritario secco è possibile che un partito con quasi il 50 per cento dei voti nazionali non prenda neppure un seggio, e che ogni seggio vada invece a partiti locali con una minima rappresentanza. Basta infatti che in ciascun collegio uno stesso partito nazionale ottenga il 50 per cento dei voti meno uno, e che un partito locale ottenga il 50 per cento dei voti piú uno, affinché il seggio vada al secondo.

Un altro paradosso dei sistemi che, come il maggioritario, presentano la scelta fra due soli candidati o poli, può essere efficacemente illustrato in termini di gelatai (senza intenti denigratori nei confronti di nessuno). Supponiamo dunque di trovarci su una spiaggia assolata lunga un chilometro, stracolma di bagnanti accaldati, e che arrivino due gelatai a vendere i loro prodotti.

Per i bagnanti, la loro collocazione piú sensata sarebbe che entrambi si ponessero a duecentocinquanta metri dagli estremi della spiaggia, cioè a un quarto e tre quarti. In tal modo, infatti, nessun bagnante dovrebbe fare piú di duecentocinquanta metri per raggiungere il piú vicino dei gelatai.

Ma i gelatai ragionano diversamente: a loro conviene porsi il piú possibile vicini fra loro per contendersi i bagnanti della zona intermedia, visto che quelli agli estremi andranno in ogni caso a comprare il gelato dal piú vicino. Dal punto di vista dei gelatai, la sistemazione piú razionale è dunque che entrambi si situino al centro della spiaggia. Il che è ciò che spesso accade per i candidati o i poli dei sistemi maggioritari consolidati, che finiscono per risultare indistinguibili nei loro programmi politici. Il paradosso sta, ovviamente, nel fatto che allora non ha senso scomodarsi a scegliere fra due candidati che propongono lo stesso programma.

Siamo cosí ritornati al punto di partenza: che le persone razionali non avrebbero motivi per andare a votare. Ma se solo gli irrazionali votano, non possiamo poi stupirci né dei risultati delle votazioni, né della conseguente serie di apprezzamenti sulla democrazia con la quale abbiamo iniziato il discorso. Per finirlo con una parola buona dobbiamo ammettere che almeno un vantaggio la democrazia ce l'ha: ora si contano tutti i voti, mentre una volta solo i Conti votavano.

Capitolo ottavo
Sguardo paradossale al futuro

Borges ha fatto notare che la memoria non è meno prodigiosa della divinazione: ricordare il passato è tanto taumaturgico quanto prevedere il futuro[1]. L'essere miracolati in un senso non ci impedisce però di volerlo essere anche nell'altro. La (fanta)scienza si è dunque spesso lanciata in speculazioni sulla possibilità di viaggi nel futuro, alla scoperta preventiva di ciò che avverrà.

Poiché la logica non vuole essere da meno, ci proponiamo di esaminare le potenzialità di preveggenza del puro ragionamento, nella speranza o di imbatterci effettivamente in miracoli futuristi, o di dimostrare che essi sono impossibili. Casi estremi che, per motivi contrapposti, ci soddisferebbero comunque entrambi.

Cose da non credere.

Una affermazione è *vera* se descrive uno stato di cose, *giustificata* se ci sono motivi razionali per crederla, e *creduta* se qualcuno la crede. Poiché le tre proprietà collegano espressioni linguistiche a cose fra loro diverse quali il mondo, la logica e la coscienza, esse sono mutuamente indipendenti, e producono quindi otto possibili combinazioni.

[1] Simmetricamente, Borges riteneva incongruente preoccuparsi molto di ciò che ci potrebbe capitare dopo la morte, e poco di ciò che ci è successo prima della nascita.

Ad esempio, le affermazioni scientifiche sono giustificate, altrimenti non sarebbero scientifiche. Naturalmente possono essere vere o, meno probabilmente, false. In ogni caso, le persone razionali le credono e quelle irrazionali no. Il che produce quattro possibilità.

Analogamente, le superstizioni non sono giustificate, altrimenti non sarebbero superstizioni. Anch'esse possono essere vere o, piú probabilmente, false. In ogni caso, le persone irrazionali le credono e quelle razionali no. Il che produce le altre quattro possibilità.

Un esempio interessante di *affermazioni vere, giustificate e non credute* si ha quando si nega l'evidenza, come nel caso del *paradosso di Moore*[2]: «Il gatto è sul tappeto, ma non ci credo». Il paradosso nasce dal fatto che la giustificazione percettiva si presume essere, in condizioni normali, tanto probante da forzare la credenza. Dovrebbe dunque essere impossibile affermare: «Lo vedo, ma non ci credo».

In realtà, non è cosí. Anzitutto, come vedremo, questa fu proprio la reazione che Cantor manifestò, dopo aver dimostrato uno dei suoi famosi teoremi. Inoltre, e in maniera piú aneddottica, si narra che Niels Bohr, premio Nobel per la fisica nel 1922, tenesse un ferro di cavallo sulla porta di casa. A un visitatore che un giorno gli domandò scandalizzato se credeva davvero che il ferro portasse fortuna, Bohr rispose: «Non ci credo, ma dicono che funzioni lo stesso».

Sulla scorta delle proprietà considerate, verrebbe naturale dire che una conoscenza è una credenza giustificata di una verità. Il *paradosso di Gettier*[3] mostra invece che *esistono credenze vere e giustificate che non si possono considerare conoscenze*. È infatti possibile che una giustificazione corretta porti a una verità per i motivi

[2] G. Moore, «A reply to my critics», in *The philosophy of G. E. Moore*, a cura di P. Schilpp, 1942, pp. 533-677.

[3] E. Gettier, «Is justified true belief knowledge?», *Analysis*, 23 (1963): 121-123.

sbagliati, provocando situazioni che si possono descrivere come «aver ragione pur avendo torto» o «aver torto pur avendo ragione», a seconda che si ponga l'accento sulla verità o sulla giustificazione. Come disse in *Assassinio nella cattedrale* Thomas Eliot: *This is the greatest treason, to do the right thing for the wrong reason*, «Questa è la peggior vigliaccata, far le cose giuste per la ragione sbagliata».

Il primo esempio del paradosso di Gettier risale, in realtà, addirittura a Platone. Nel *Teeteto* (201) si fa infatti notare che un giudice può credere all'innocenza di un imputato innocente sulla base di una difesa fatta da un avvocato cosí bravo, che sarebbe riuscito a convincere dell'innocenza anche di un imputato colpevole. Piú semplicemente, chiunque può credere alle tre del pomeriggio che sono le tre sulla base del responso di un orologio che in genere è affidabile, ma in quel momento è per caso fermo alle tre, o indietro di dodici ore.

Nel caso piú specifico del futuro, *è possibile fare previsioni veritiere e giustificate ma fuorvianti*. Ad esempio, si può prevedere che domani si vedrà una persona a cui si è dato un appuntamento e il giorno dopo recarsi effettivamente a vederla all'obitorio, dopo un incidente di cui è stata vittima.

Sorprese annunciate.

Una limitazione piú inaspettata e interessante delle tre proprietà considerate sta nel fatto che *esistono verità che non possono essere credenze giustificate*. Queste verità descrivono stati di cose che sono inaccessibili alla pura logica, e costituiscono un analogo delle proposizioni di Gödel che mostrano l'incompletezza dei sistemi formali.

Per illustrare la possibilità nel caso del futuro, consideriamo un evento effettivamente avvenuto nel passato. Nel 1943, durante la Seconda guerra mondiale, la radio svedese annunciò che in una certa settimana avrebbe avuto luogo una esercitazione di difesa civile. Per verificare la preparazione effettiva delle unità, l'esercitazione sarebbe però stata a sorpresa.

Il professor Lennart Ekbom fece immediatamente notare ai suoi allievi che l'annuncio era paradossale, a causa del seguente ragionamento. Ovviamente l'esercitazione non può aver luogo l'ultimo giorno dell'annunciata settimana, perché a quel punto non sarebbe piú a sorpresa. Per lo stesso motivo si esclude anche il penultimo giorno della settimana, perché dopo il ragionamento precedente esso è l'ultimo in cui l'esercitazione può aver luogo. E cosí via. Dunque, l'esercitazione è impossibile. Ma tale conclusione la rende inaspettata ogni giorno. Basta quindi che essa venga tenuta un giorno qualsiasi, compreso l'ultimo, per farla risultare effettivamente a sorpresa.

Il fatto che l'esercitazione sia stata annunciata per un giorno non specificato di una intera settimana non è comunque essenziale: il paradosso rimane anche se essa viene annunciata per un preciso giorno. In questo caso non si può credere simultaneamente che l'esercitazione avrà effettivamente luogo quel giorno, e che essa sarà a sorpresa: se si crede che essa avrà luogo, non sarà a sorpresa; se si crede che essa non avrà luogo, sarà a sorpresa. Non si può dunque credere che quel giorno ci sarà un'esercitazione a sorpresa, ma basta che essa si tenga effettivamente perché risulti a sorpresa.

Il paradosso è stato in seguito riformulato nei termini piú svariati, dagli esami scolastici alle esecuzioni capitali per impiccagione. Da queste formulazioni ha preso il nome di *paradosso dell'esame* o *paradosso dell'impiccato*.

La sua essenza è comunque invariata, e si può isolare nella preannunciata tensione fra la *verità* dell'affermazione che un certo evento accadrà e sarà inaspettato, e una preventiva *credenza giustificata* di questa affermazione, basata sulla pura logica. Soltanto dopo che l'evento è appunto accaduto inaspettato, si può credere all'affermazione. In altre parole, *è impossibile credere a tutte le previsioni veritiere*.

Scelte determinate.

Nel 1969 il filosofo Robert Nozick ha divulgato il cosiddetto *paradosso di Newcomb*, che prende il nome dal fisico che l'ha scoperto[4].

Supponiamo di partecipare ad un gioco in cui ci sono due buste chiuse: nella prima c'è un milione, e nella seconda o non c'è niente o c'è un miliardo. Il gioco consiste nello scegliere o entrambe le buste, o solo la seconda. La decisione su che cosa ci debba essere nella seconda busta viene presa da un veggente, che ci mette il miliardo se e solo se prevede che noi prenderemo *soltanto* quella.

Che cosa conviene fare razionalmente? La risposta dipende dal tipo di strategia che si decide di seguire. Il paradosso nasce dal fatto che ci sono due strategie, entrambe perfettamente razionali all'apparenza, che suggeriscono di tenere comportamenti opposti.

Nel primo caso si può seguire il principio di *utilità*, che suggerisce il comportamento che produce il maggior utile. Questo è appunto il caso della scelta della sola seconda busta. Poiché infatti il veggente prevede esattamente il comportamento, se si prendono entrambe le buste si guadagnerà un milione, mentre se si prende solo la seconda si guadagna un miliardo.

[4] R. Nozick, «Newcomb's problem and two principles of choice», in *Essays in honor of Carl G. Hempel*, a cura di Nicholas Rescher, Reidel, 1969, pp. 114-146.

Nel secondo caso si può invece seguire il principio di *dominanza*, che suggerisce il comportamento consistentemente migliore. È il caso della scelta di entrambe le buste: se infatti il veggente non ha messo niente nella seconda busta, prendendo solo quella non si ottiene niente, mentre prendendole entrambe si ottiene un milione; se invece il veggente ha messo il miliardo nella seconda busta, prendendo solo quella si ottiene un miliardo, mentre prendendole entrambe si ottiene un milione in piú.

I due ragionamenti si basano su assunzioni diverse. Il primo accetta l'ipotesi che il veggente preveda il futuro, e dunque che la nostra decisione di prendere o no entrambe le buste determini retroattivamente la sua scelta di mettere o no il miliardo. Il secondo ragionamento si basa invece sul fatto che il contenuto delle buste è ormai stato fissato sulla base delle previsioni del veggente, e quindi non può essere influenzato dalla nostra decisione di prendere o no entrambe le buste.

Poiché la contraddizione rimane comunque, per risolverla sembrano possibili tre sole strade: o uno dei due principî non è razionale, o il gioco stesso è impossibile. E si possono effettivamente trovare argomenti a favore di ciascuna delle tre possibilità:

1) Il principio di utilità riduce l'*Homo sapiens* all'*Homo economicus*, e sembra quindi piú animalesco che razionale. Il mercato è, infatti, la continuazione della lotta per la sopravvivenza con altri mezzi. E l'economia è una riformulazione della legge della giungla con gli stessi fini.
2) Il principio di dominanza, benché sia uno degli assunti fondamentali della teoria dei giochi, porta a conclusioni analogamente paradossali anche nel dilemma del prigioniero, dalla cui analisi Newcomb ha fra l'altro ricavato il suo paradosso. Anch'esso può

quindi essere guardato con sospetto.

3) Dire infine che il gioco è impossibile, significa semplicemente negare la preveggenza. Il che è in accordo con una visione non deterministica (o almeno non calcolabile) del mondo, che lasci spazio al libero arbitrio.

A scanso di equivoci, è comunque bene notare che non è necessaria un'assunzione di preveggenza totale. Basta che il veggente sappia prevedere il futuro con probabilità di poco superiore al 50 per cento, perché il paradosso continui a valere[5]. Pensare che la soluzione del paradosso stia nel fatto che il gioco è impossibile, significa allora sostenere che *è impossibile prevedere il futuro non solo con certezza, ma anche con una probabilità di poco superiore al 50 per cento*.

Per smorzare gli entusiasmi, possiamo però anche dire che, supponendo che il veggente possa sbagliare previsione, nessun comportamento è dominante (benché si possa anche dire il contrario, in base al ragionamento precedente). Se infatti la previsione è stata corretta, prendendo solo la seconda busta si ottiene un miliardo e prendendole entrambe si ottiene un milione. Se invece la previsione è stata sbagliata, prendendo solo la seconda busta non si ottiene niente e prendendole entrambe si ottiene un milione. Nel primo caso è dunque meglio prendere solo la seconda busta, mentre nel secondo caso conviene prenderle entrambe.

[5] Quando la probabilità di previsione corretta è p, se si prendono entrambe le buste si guadagna mediamente (in milioni)

$$p \times 1 + (1 - p) \times 1001,$$

mentre se si prende solo la seconda si guadagna mediamente

$$p \times 1000 + (1 - p) \times 0.$$

Affinché si guadagni mediamente di piú prendendo solo la seconda busta, è dunque sufficiente che p sia maggiore di $1001 / 2000 = 50{,}05$ per cento (o, piú in generale, di $m_1 + m_2 / 2m_2$ se nelle due buste ci possono rispettivamente essere m_1 e m_2 milioni).

Onniscienza impotente.

Il paradosso di Newcomb mostra che se i principî di utilità e dominanza sono corretti, come pensa appunto la teoria dei giochi, *la preveggenza è impossibile*. Possiamo comunque chiederci se, in ogni caso, sarebbe necessariamente utile o auspicabile saper prevedere il futuro. La risposta è, sorprendentemente, negativa.

Consideriamo infatti la cosiddetta *corsa del coniglio*, variazione sul tema del film *Gioventú bruciata*[6]: due auto si dirigono a tutta velocità una contro l'altra, e vince il guidatore che vira per ultimo (chi vira per primo è, appunto, un «coniglio»). In questo «gioco» non si può applicare il principio di dominanza: se l'altro guidatore non vira, è infatti meglio virare comunque; mentre se l'altro vira, è meglio non virare. Si può però applicare un principio piú debole, di dominanza rispetto al rischio, che richiede di seguire il comportamento migliore quando l'altro fa il peggio. Poiché il peggio che l'altro possa fare è di non virare, è meglio non rischiare e virare: se non lo si fa, nel caso peggiore ci si schianta sicuramente.

Ora supponiamo, però, che uno dei due sia preveggente e l'altro lo sappia. Questi può allora sfruttare la situazione, e decidere di non virare a nessun costo. Poiché l'altro lo prevede, è costretto a virare, se non vuole schiantarsi. In altre parole, *la preveggenza può essere svantaggiosa*. Il che può essere un buon motivo per evitare, anzitutto, di affannarsi nel passatempo preferito di politici e fattucchiere: la previsione del futuro. Inol-

[6] Nell'originale, che si intitolava *Rebel without a cause*, «Ribelle senza causa», il gioco si chiamava *chickie run*, «corsa del pollo»: per gli anglosassoni i conigli sono dunque dei polli. Il protagonista del film era James Dean, che poco dopo si schiantò veramente e morí, uscendo di (auto)strada a 160 all'ora.

tre, la conclusione precedente può forse spiegare l'umano istinto di comportarsi in modo da sfidare Dio stesso: il quale, sembra, la preveggenza c'è l'ha di natura.

Non pensare troppo per la tua intelligenza.

Le speranze che la logica possa essere di aiuto nel prevedere il futuro sono dunque svanite. Anzitutto, le sue risposte sono condannate ad avere una affidabilità poco piú che casuale. Inoltre, le risposte corrette non si possono in generale riconoscere come tali. Infine, le risposte che sono dimostrabilmente corrette, potrebbero esserlo in maniera inaspettata.

Come se non bastasse, abbiamo poi scoperto che la logica, oltre a non essere utile, può addirittura risultare dannosa. Sapere troppo, o voler essere troppo furbi, può infatti risultare svantaggioso e paralizzare l'azione.

Ovviamente, queste conclusioni sono state anticipate da fior di pensatori. Aristotele afferma, nella *Metafisica* (IV, 1006a), che è segno di ignoranza non sapere quando si deve smettere di ragionare. La parabola dell'*asino di Buridano*, già citata da Dante nel *Paradiso* (IV, 1-3), mostra come la ragione possa creare dei nodi gordiani che si possono tagliare soltanto in modo arbitrario. Shakespeare critica, nell'*Amleto* (IV, 4), l'agire troppo meditato, perché nel pensiero ci sono tre parti di follia e una sola di saggezza. Voltaire conclude il *Candide* con un: «Lavorare senza ragionare è il solo modo di rendere la vita sopportabile». Dostoevskij inizia le *Memorie dal sottosuolo* sostenendo che l'intelligenza è una vera e propria malattia, e che si può essere uomini di azione soltanto se si è imbecilli. Wittgenstein ribadisce, nelle *Osservazioni sopra i fondamenti della matematica* (III, 56), che attraverso i paradossi gli dèi ci hanno ammonito che bisogna agire senza riflettere. Carlo

Emilio Gadda osserva, in *Per favore, mi lasci nell'ombra*, che «non tutti sono condannati ad essere intelligenti»...

Mentre, però, filosofia e letteratura possono mostrare le limitazioni della logica soltanto metaforicamente, quest'ultima è riuscita a far meglio e a dimostrarle tecnicamente, tramutando cosí in punti di forza proprio quei paradossi e teoremi che mostrano le sue debolezze.

Capitolo nono

Mucchi, smeraldi e corvi

Matematica e scienza sono imprese intellettuali complementari ma contrapposte, che si distinguono per la direzione del loro sguardo. La prima procede in avanti, dalle ipotesi alle conclusioni: cioè, dagli assiomi ai teoremi che ne derivano. La seconda risale all'indietro, dalle conclusioni alle premesse: cioè, dai dati sperimentali alle leggi fisiche da cui essi possono essere derivati.

Crea dunque confusione il fatto che il principio basilare della matematica venga chiamato nello stesso modo di quello della scienza: in entrambi i casi si usa infatti il termine *induzione*. In realtà, i due principî sono completamente diversi, e possono venire enunciati nel modo seguente:

- L'*induzione matematica* stabilisce che se una proprietà vale per il numero zero, e se quando vale per il numero n continua a valere per il numero $n + 1$, allora essa vale per tutti i numeri.
- L'*induzione scientifica* stabilisce che se una proprietà è confermata da tutti i fatti conosciuti, e non è falsificata da nessun fatto conosciuto, allora essa è vera in generale.

Ciò che accomuna, però, i due principî dal punto di vista della logica è che entrambi godono, come si dice in gergo, di proprietà paradossali. È appunto a causa di questa loro godereccia similitudine che vengono qui accomunati.

L'induzione matematica.

Il primo paradosso dell'induzione matematica risale al V secolo a.C. ed è dovuto a Zenone di Elea, nella forma del *sorite*[1]: se un granello di miglio non fa rumore cadendo, allora non può nemmeno far rumore un mucchio. Equivalentemente: poiché un mucchio fa rumore cadendo, allora dovrebbe far rumore anche un granello.

In realtà, l'ipotesi esplicita (che il rumore di un granello di miglio non si percepisca) è vera, ma quella implicita (che se non si percepisce il rumore di *n* granelli, allora non si percepisce neppure quello di $n + 1$) è falsa. Esiste infatti un livello di soglia sotto il quale non percepiamo rumore e sopra il quale sí.

La cosa è ancora piú evidente in altri casi. Ad esempio, come il detto popolare insegna, esiste una «goccia che fa traboccare il vaso»: essa impedisce di dedurre, dal fatto che una goccia sola non lo fa traboccare, che il vaso non traboccherà mai. O, come insegna invece una pagina nera della storia scientifica, esiste una «massa critica»: essa impedisce di dedurre, dal fatto che un atomo di uranio o plutonio non esplode, che nessuna concentrazione di atomi esploderà.

Nel IV secolo a.C. Eubulide di Mileto mostrò che il ragionamento di Zenone si può applicare anche in altre situazioni, in cui non sembra esserci una via d'uscita cosí agevole. Basta, ad esempio, sfrondare la versione del mucchio dalla distrazione del rumore e chiedersi quand'è che i granelli diventano un mucchio. Un solo granello non è un mucchio. E se *n* non sono un mucchio, allora neppure $n + 1$ dovrebbero esserlo.

[1] In greco *soros* significa «mucchio». «Sorite» è un mucchio di sillogismi, in cui la conclusione di ciascuno è la premessa del successivo.

Il problema sembra qui essere il fatto che la nozione di «mucchio» è vaga, e una possibile soluzione è che l'induzione matematica non si possa applicare a nozioni vaghe. Effettivamente, versioni del paradosso si possono costruire per parecchie nozioni vaghe o relative: ad esempio, «alto» e «basso» (un millimetro in piú o in meno non fa diventare alti o bassi), «lungo» e «corto», «ricco» e «povero», «capelluto» e «calvo»...

Una versione particolarmente accattivante è stata proposta nel 1969 da James Cargile[2]. Poiché un girino diventa una rana, se il tempo è discreto allora deve esserci un istante in cui il girino è ancora girino, ma all'istante successivo è già rana. In particolare, poiché un film provoca una discretizzazione del tempo, filmando la crescita del girino si dovrebbero ottenere due fotogrammi successivi, nel primo dei quali si vede ancora il girino, mentre nel secondo si vede già la rana.

Anche le nozioni matematiche non sono immuni dal paradosso dell'induzione. Ad esempio, zero è un numero piccolo, e se n è piccolo allora anche $n + 1$ è piccolo. Quindi, per induzione, *ogni numero è piccolo*[3].

Il paradosso diventa però particolarmente rilevante, e non una pura curiosità, nelle svariate situazioni della vita reale in cui sono coinvolte proprietà che non sono presenti a livello delle costituenti di un sistema, ma sembrano emergere in modo sconosciuto dalla complessità del sistema stesso. Ad esempio: la perdita di reversibilità temporale nel passaggio dal microscopico al macroscopico (seconda legge della termodinamica), la perdita di realtà nel passaggio inverso (teorema di Bell), la perdita di transitività delle preferenze nel passaggio dall'in-

[2] J. Cargile, «The sorite paradox», *British Journal for the Philosophy of Science*, 20 (1969): 193-202.

[3] Nel caso della matematica queste proprietà si possono sfruttare positivamente, costruendo ad esempio modelli non standard dell'aritmetica in cui esistono numeri infiniti Ω tali che $n < \Omega$, per ogni n finito.

dividuale al sociale (teorema di Arrow), la perdita di determinismo nel passaggio dal locale al globale (teorema della fermata di Turing), l'acquisto di una massa critica per l'apparizione della vita e della coscienza in organismi superiori, eccetera.

Si può forse dire che il paradosso dell'induzione mostra che i sistemi complessi, in cui il tutto è maggiore della somma delle parti, si differenziano dai puri aggregati, in cui il tutto è uguale alla somma delle parti, non tanto per il numero degli elementi, quanto per la struttura. Ad esempio, quattro mele affiancate non sono un mucchietto, ma tre a triangolo con una sopra sí.

L'induzione scientifica.

Secondo Aristotele (*Metafisica*, XIII, 4) è stato Socrate a scoprire l'induzione, come metodo di passaggio dal particolare al generale. Sempre secondo Aristotele (*Topici*, I, 12), l'induzione è uno dei due metodi della dialettica insieme alla deduzione, che è invece un passaggio dal generale al particolare.

Stoici ed Epicurei iniziarono una disputa su quale dei due metodi fosse quello corretto di ragionamento. In particolare, gli Stoici obiettavano che l'*induzione incompleta*, che generalizza a partire da un insieme parziale dei possibili dati, non potrà mai dare conclusioni certe. Invece l'*induzione completa*, che generalizza a partire dall'intero insieme dei dati possibili, non è altro che una forma (in genere impraticabile) di deduzione.

La disputa tra Stoici ed Epicurei fu ripresa secoli dopo da razionalisti ed empiricisti, in un periodo in cui i successi dell'induzione nella scienza ne rendevano ormai necessaria una giustificazione teoretica. A questo proposito, Hume suggerí che i rapporti causali e le generalizzazioni induttive non sono relazioni fra eventi fisici ma costruzioni mentali. Kant precisò che i principî di causalità e di induzione sono degli *a priori* che determinano la nostra visione del mondo.

Nel frattempo Leibniz aveva scoperto, nel 1703, il primo paradosso dell'induzione[4]: come *ci sono infinite curve che passano per un numero finito di punti*, cosí ogni insieme finito di dati è compatibile con un numero infinito di generalizzazioni induttive. Questa osservazione, quasi banale, è stata riproposta nel Novecento, con grande fracasso, da vari filosofi.

Nelson Goodman (1906-1998) ha anzitutto illustrato il paradosso di Leibniz con una efficace immagine[5], notando che il fatto che tutti gli smeraldi scoperti finora sono verdi permette di indurre due generalizzazioni contrapposte. La prima, piú ovvia, è che tutti gli smeraldi sono verdi. La seconda, piú balzana, è che *tutti gli smeraldi scoperti finora sono verdi, e quelli che saranno scoperti d'ora in poi sono blu*. Naturalmente, il problema è capire come mai la prima sembra piú sensata della seconda. La soluzione non sta semplicemente nel fatto che essa non dipende dal tempo, perché basta sostituire la seconda affermazione con quella che tutti gli smeraldi sono verdi, eccetto uno che è blu, per riottenere il problema.

Ludwig Wittgenstein (1889-1951) ha invece applicato il paradosso di Leibniz al problema dell'apprendimento[6], notando che *non è possibile imparare una regola generale sulla base di un numero finito di esempi*. Dal fatto evidente che comunque si impara, Wittgenstein trae la conclusione che seguire una regola costituisce una prassi che si apprende sulla base del comportamento collettivo della società. In particolare, un comportamento non può essere corretto individualmente, e un linguag-

[4] Lettera di Gottfried Leibniz a Jakob Bernoulli, del 3 dicembre 1703.
[5] N. Goodman, *Fact, fiction and forecast*, 1954.
[6] L. Wittgenstein, *Philosophische Untersuchungen*, 1953.

gio privato è impossibile.

Willard Quine (1908-2000) ha infine adattato il paradosso di Leibniz alla teoria naturalistica della conoscenza, riformulandolo in uno stesso saggio in vari modi[7]. Ad esempio, nella *tesi dell'indeterminatezza delle traduzioni*: la quantità di espressioni linguistiche finora formulate in una lingua è limitata, e non può determinare un manuale di traduzione che deve essere, per sua natura, di illimitata applicazione. E poi nella *tesi della sottodeterminazione delle teorie*: le prove sperimentali a favore di una teoria sono limitate, e non possono determinare univocamente una teoria che sia in grado di effettuare un numero illimitato di previsioni.

Questi sviluppi sono posteriori a un dibattito sulla natura e gli scopi dell'induzione, tenutosi negli anni Trenta. In particolare, i positivisti logici del circolo di Vienna avevano dapprima proposto una *teoria della verificabilità*, basata su un'idea di Wittgenstein: il significato di un'affermazione sta nelle condizioni per verificarla, e quindi solo affermazioni verificabili sono sensate. Come conseguenza, nessuna generalizzazione che richieda un numero potenzialmente infinito di dati per la propria verifica è sensata! Neppure questa conclusione sembrava però essere troppo sensata, perché risolveva il problema dell'induzione facendo piazza pulita di tutte le leggi scientifiche che avrebbe dovuto giustificare.

Karl Popper (1902-1994) aveva ribattuto con una *teoria della falsificabilità*[8]: benché, come aveva notato Leibniz, un numero finito di eventi in accordo non può mai verificare una generalizzazione infinita, un solo evento in disaccordo basta a falsificarla. Non si tratta

[7] W. Quine, «On the reasons for the indeterminacy of translation», *Journal of Philosophy*, 67 (1970): 179-183.

[8] K. Popper, *The logic of scientific discovery*, 1934.

quindi di giustificare una generalizzazione corretta sulla base dei dati disponibili, ma soltanto di scegliere fra le ipotesi che essi non contraddicono. In pratica, la scelta cadrà poi sulle ipotesi piú semplici, perché esse sono le piú facili da falsificare.

Rudolf Carnap (1891-1970) aveva infine accettato in parte le critiche di Popper, indebolendo la teoria della verificabilità in una *teoria della confermabilità*[9]: dalle osservazioni si ottiene non una vera e propria verifica, ma solo una conferma delle ipotesi scientifiche. Anche qui, non si tratta quindi di giustificare una generalizzazione corretta sulla base dei dati disponibili, ma soltanto di scegliere fra le ipotesi che essi confermano. È proprio nella teoria della conferma che sorgono però i paradossi piú noti dell'induzione, quand'essa venga accoppiata ai metodi usuali di deduzione.

Un paradosso devastante è stato trovato nel 1974 da Mary Hesse[10]: *qualunque proposizione ne conferma qualunque altra*! Ad esempio, il fatto che oggi piova a Londra è una conferma dell'affermazione che oggi piove a Londra e che c'è sole a Tahiti (piú in generale, un congiunto conferma una congiunzione). Ma se qualcosa conferma che oggi piove a Londra e c'è sole a Tahiti, dovrebbe confermare in particolare che c'è sole a Tahiti (piú in generale, la conferma di una congiunzione conferma ciascun congiunto). Dunque, *il fatto che piova a Londra conferma che c'è sole a Tahiti*.

Un paradosso meno generale, ma non meno fastidioso, era stato formulato da Carl Hempel (1905-1997) nel 1945[11]. Consideriamo l'affermazione che tutti i corvi sono neri: essa equivale all'affermazione che tutto ciò

[9] R. Carnap, «Testability and meaning», *Philosohical Science*, 3 (1936): 419-471, e 4 (1937): 1-40.

[10] M. Hesse, *The structure of scientific inference*, 1974.

[11] C. Hempel, «Studies in the logic of confirmation», *Mind*, 54 (1945): 1-16 e 97-121.

che non è nero non è un corvo, e quindi dovrebbe essere confermata da ogni conferma di quest'ultima. Ma questa è confermata ogni volta che troviamo qualcosa che non sia nero e non sia un corvo. Quindi, *ogni cigno bianco conferma che ogni corvo è nero*[12].

Deduzioni sull'induzione.

Lo sviluppo di strumenti formali per lo studio del ragionamento e del mondo passa per una stretta obbligata: la concentrazione su aspetti drasticamente semplificati, che ne permettano un trattamento matematico. Anche nell'ipotesi migliore, che questi aspetti siano cioè significativi, essi forniscono comunque soltanto una rappresentazione parziale dei fenomeni che vengono descritti.

Evidenti agli inizi della teorizzazione, queste limitazioni tendono però col tempo a essere dimenticate nell'inerzia dello sviluppo. I paradossi richiamano allora salutarmente all'ordine, ricordando al pensiero formale che esso è immune da contraddizioni soltanto all'interno di ben delimitati confini.

Questi confini vengono, in particolare, superati nelle applicazioni dell'induzione. Esse mostrano a sufficienza che, quando il linguaggio scientifico si illude di poter curare le imprecisioni e le ambiguità di quello naturale, rischia invece di risultarne a sua volta contaminato.

[12] In termini tecnici, la differenza fra i due paradossi precedenti sta nel fatto che il primo coinvolge soltanto la logica proposizionale (in particolare, soltanto congiunzione e implicazione), mentre il secondo coinvolge anche la logica del prim'ordine (in particolare il quantificatore universale, oltre a negazione ed equivalenza logica).

Capitolo decimo

Dai paradossi ai teoremi

Per tre volte, nella storia, i paradossi sono stati al centro dell'attenzione: nel periodo greco, nel Medioevo e a cavallo fra Ottocento e Novecento. I diversi nomi con cui vennero chiamati nei tre periodi riflettono i diversi atteggiamenti che si ebbero verso di essi. Per i Greci erano *paralogismi*, «oltre la logica»; per i medioevali *insolubilia*, «problemi insolubili»; per i moderni *antinomie*, «contro le regole», o, appunto, *paradossi*, «oltre l'opinione corrente».

Ci fu dunque un progressivo cambiamento di prospettiva. Da puri e semplici errori di ragionamento, i paradossi vennero dapprima rivalutati come dilemmi inspiegabili, e poi valorizzati come indizi di problemi del senso comune.

Oggi i paradossi sono appunto descritti come verità che stanno a testa in giú e gambe all'aria per attirare l'attenzione, e mostrano una discrepanza tra le credenze che rendono un'affermazione impossibile, e la logica che rende un argomento in loro difesa corretto. L'unica soluzione possibile, non indolore, richiede una revisione radicale delle credenze, della logica o di entrambe.

In matematica, la revisione provoca a volte una singolare reincarnazione. Alla luce dei nuovi concetti introdotti per risolverli, i vecchi paradossi non solo cessano di essere tali, ma si trasformano addirittura in nuovi teoremi o definizioni, e appaiono finalmente come pure e semplici verità, coi piedi per terra e la testa sul collo.

Pitagora.

Pitagora (585-500 a.C.) considerava l'aritmetica come base dell'ordine del creato, o almeno della conoscenza di esso, e sintetizzava la sua filosofia nel motto «tutto è numero (razionale)». I numeri descrivevano la natura, dalle forme geometriche agli intervalli musicali. Le leggi dei numeri riflettevano le leggi della natura. L'antitesi pari-dispari svolgeva un ruolo di paradigma degli opposti, analogo a quello del contemporaneo paradigma cinese *yang/yin*. E la contemplazione mistica si raggiungeva attraverso la meditazione sui numeri, cioè facendo matematica.

La visione pitagorica fu messa in crisi dal primo paradosso della storia: l'incommensurabilità della diagonale del quadrato rispetto al lato, ossia l'impossibilità di ridurre a un numero razionale una semplice parte della natura. La scoperta fu effettivamente traumatica, al punto che la sua rivelazione pubblica da parte di Ippaso di Metaponto gli procurò la radiazione dall'ordine, un mafioso avvertimento nella forma dell'erezione di una tomba in vita, e la morte per naufragio dietro intervento di Giove.

I Greci non risolsero il paradosso, e decisero invece di ribaltare l'approccio di Pitagora: se la geometria non era riducibile all'aritmetica, si sarebbe ridotta l'aritmetica alla geometria. Per ironia della sorte, essi avevano però il mezzo tecnico per la soluzione: la teoria delle proporzioni di Eudosso (408-355 a.C.), che evitando di trattare direttamente con gli incommensurabili, li riduceva all'insieme delle loro approssimazioni razionali.

Fu soltanto nel 1872 che, con un ulteriore ribaltone, Richard Dedekind[1] (1831-1916) definí come *nume-*

[1] R. Dedekind, *Stetigkeit und irrationale Zahlen*, 1872.

ri reali gli insiemi delle loro approssimazioni. Piú precisamente, egli definí come numero reale una *sezione*, ottenuta dividendo i numeri razionali in due insiemi disgiunti, esaustivi e chiusi (rispettivamente, uno all'insú e l'altro all'ingiú).

Nel momento dell'introduzione della nozione di numero reale, l'argomento dei pitagorici cessa di essere un paradosso e diventa la dimostrazione del teorema che $\sqrt{2}$ *è irrazionale*, dove $\sqrt{2}$ è la sezione costituita dai razionali il cui quadrato è rispettivamente minore o maggiore di 2.

Ma l'eco del paradosso rimane ancora oggi nelle parole «irrazionale» e «assurdo». La prima deriva da *ratio*, cioè «rapporto», e significa letteralmente «non esprimibile mediante una frazione». La seconda deriva da *surdus*, che è il nome con cui si chiamano le radici quadrate di interi non quadrati, e significa «derivabile dall'irrazionale».

Zenone.

Achille e la tartaruga contendono al mentitore la palma di protagonisti del paradosso piú famoso e venerabile. Poiché ai due personaggi abbiamo già dedicato un intero capitolo, ci limiteremo qui a ricordare la trasformazione del loro paradosso in un teorema matematico.

Sostanzialmente, i problemi degli eleatici, cosí come quelli dei pitagorici, si riconducevano tutti all'infinito. Da un lato, un segmento finito quale la diagonale di un quadrato risultava scomponibile all'infinito per divisione rispetto al lato. Dall'altro lato, un segmento finito arbitrario risultava scomponibile all'infinito per bisezione. In entrambi i casi, il paradosso nasceva dall'apparente impossibile coesistenza di finito e infinito in uno stesso ente.

Invece di affrontare il problema, i Greci preferirono rimuoverlo. Lo stesso Archimede (287-212 a.C.), che pur dovette calcolare direttamente somme di serie anche complicate quali

$$1 + \frac{1}{4} + \frac{1}{4^2} + \frac{1}{4^3} + \ldots = \frac{4}{3}$$

per determinare aree e volumi (nel caso specifico, l'area di un segmento parabolico), preferí sempre riformulare *a posteriori* i suoi argomenti in termini di indirette dimostrazioni per assurdo.

Come abbiamo già visto, fu soltanto nel 1647 che Gregorio di San Vincenzo (1584-1667) legittimò, nell'*Opus geometricum*, il concetto di convergenza di una serie infinita. L'argomento del paradosso di Zenone divenne, da allora, la dimostrazione di convergenza di una serie geometrica, cioè del teorema

$$\frac{1}{2} + \frac{1}{2^2} + \frac{1}{2^3} + \ldots = 1.$$

Eubulide.

Anche al paradosso del mentitore abbiamo dedicato un intero capitolo. Come nel caso precedente, ci limiteremo quindi a ricordarne ora la trasformazione in un teorema matematico.

Si ricorderà che, fra tutte le innumerevoli proposte di soluzione del paradosso, c'erano quelle che sostenevano che affermazioni come «questa frase è falsa» non hanno semplicemente senso, perché coinvolgono una confusione fra uso e menzione. Di queste proposte ha fatto giustizia nel 1931 Kurt Gödel[2] (1906-1978), mo-

[2] K. Gödel, «Über formal unentscheidbare Sätze der Principia Mathematica und verwandter Systeme I», *Monatshefte für Mathematik und Physik*, 38 (1931): 173-198.

strando come costruire versioni perfettamente sensate di tali affermazioni anche all'interno del linguaggio formale della matematica.

Piú precisamente, data una qualunque proprietà *P* esprimibile nel linguaggio, la frase

> «ha la proprietà *P* se preceduta dalla sua menzione»
> ha la proprietà *P* se preceduta dalla sua menzione,

in cui la menzione è esplicitamente indicata dalla presenza delle virgolette e l'uso dalla sua mancanza, afferma: «io ho la proprietà *P*».

L'argomento del paradosso del mentitore mostra allora che se la proprietà di essere falsa fosse esprimibile nel linguaggio, la frase precedente, che direbbe appunto «io sono falsa», sarebbe contradditoria. Per i sistemi formali matematici basati sulla logica si può dunque dedurre che o essi sono contradditori, oppure la falsità (e quindi anche la verità, che è la sua negazione) non è esprimibile nel sistema stesso. In termini piú tecnici, *in un sistema formale sufficientemente espressivo e consistente, la verità non è definibile*.

Simmetricamente, in un sistema in cui la (non) dimostrabilità sia definibile, è possibile produrre una frase che dice: «Io non sono dimostrabile». Se il sistema dimostra soltanto affermazioni vere, esso non può allora dimostrare tale frase. La quale, essendo appunto non dimostrabile, è allora vera. In altre parole, ci sono verità indimostrabili.

Si ottiene cosí una formulazione del famoso teorema di Gödel, secondo cui un sistema formale in cui la (non) dimostrabilità sia definibile, e che dimostri soltanto affermazioni vere, non può dimostrarle tutte. In termini piú tecnici, *un sistema formale sufficientemente espressivo e corretto è incompleto*.

Duns Scoto.

L'atteggiamento greco di non considerare l'infinito attuale come esistente incominciò a essere gradualmente rivisto a partire dal medioevo, non senza tenaci resistenze.

Un esempio di queste fu l'argomento del «dottor sottile» Giovanni Duns Scoto (1266-1308), rivolto a dimostrare che le curve geometriche non si possono considerare composte di punti infinitesimi. Se cosí fosse, infatti, due qualunque circonferenze (ad esempio, una minuscola e una gigantesca) dovrebbero avere lo stesso numero di punti. Lo si vede muovendole dapprima in modo da far sovrapporre i loro centri, e poi mettendo in corrispondenza i punti che stanno sugli stessi raggi (figura 54).

Una confutazione dell'argomento fu tentata nel 1638 da Galileo Galilei (1564-1642), nella Prima Giornata dei *Discorsi e dimostrazioni matematiche*. Egli sostenne, in verità in maniera assai poco convincente, che punti

Figura 54.
Due cerchi concentrici.

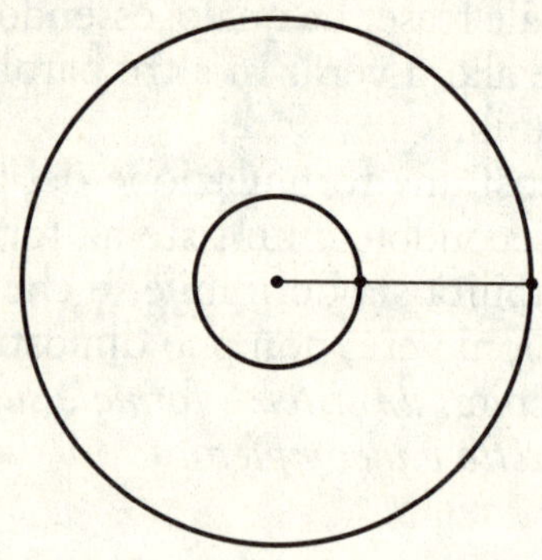

aventi le stesse dimensioni e in ugual numero possono costituire circonferenze «minori della luce dell'occhio di una pulce, o maggiori dell'equinoziale del primo mobile», a seconda che essi siano piú o meno ravvicinati.

In maniera matematicamente piú interessante, la frittata fu rivoltata nel 1851 da Bernhard Bolzano[3] (1781-1848), seguito nel 1878 da Georg Cantor[4] (1845-1918). I due presero la possibilità di mettere in corrispondenza biunivoca due insiemi come una *definizione* del fatto che essi abbiano lo stesso numero di elementi. L'argomento di Scoto diventa allora la dimostrazione del teorema che, effettivamente, *due circonferenze hanno lo stesso numero di punti*.

La definizione di Bolzano e Cantor è un esempio di soluzione di un paradosso per accettazione. Essa non elimina la sensazione di fastidio che si prova nel considerare due grandezze intuivamente diverse come matematicamente uguali, almeno fino a quando l'intuizione non venga sostanzialmente rieducata dalla pratica.

Ad esempio, lo stesso Cantor dimostrò che, secondo la sua definizione, un segmento e un quadrato hanno lo stesso numero di punti. E poiché non poté fare a meno di ammettere: «Lo vedo, ma non ci credo», cadde inavvertitamente dalla padella nella brace. Cioè nel paradosso di Moore, di cui abbiamo parlato in un capitolo precedente.

Cardano.

La soluzione dell'equazione generale di terzo e quarto grado mediante radicali fu la grande sceneggiata ma-

[3] B. Bolzano, *Paradoxien des Unendlichen*, 1851.

[4] G. Cantor, «Ein Beitrag zur Mannigfaltigkeitslehre», *Journal für die reine und angewandte Mathematik*, 84 (1878): 242-258.

tematica del secolo XVI, e coinvolse Scipione del Ferro (1465-1526), Niccolò Fontana (1499-1557), detto Tartaglia a causa dei postumi di una ferita infantile che l'aveva lasciato balbuziente, Gerolamo Cardano (1501-1576) e Ludovico Ferrari (1522-1565). I primi due risolsero indipendentemente un caso speciale dell'equazione di terzo grado, in cui manca il termine di secondo grado. Il terzo ridusse il caso generale a quello speciale. L'ultimo ridusse il quarto grado al terzo.

La sceneggiata consistette nel fatto che Tartaglia aveva comunicato il suo risultato a Cardano a condizione che egli lo tenesse segreto, il che impedí per anni la divulgazione dei successivi risultati sia di Cardano che di Ferrari. Quando Cardano venne a sapere della soluzione di Scipione egli pubblicò il tutto nell'*Ars magna* (1545), scatenando una reazione furibonda di Tartaglia.

Un paradosso stava comunque nascosto dietro la formula per la risoluzione della cubica. Essa faceva intervenire radicali quadratici e cubici, che a volte potevano coinvolgere numeri negativi. Ora, i numeri negativi erano già problematici di per sé. Ad esempio, tre capitoli successivi del libro di Cardano erano dedicati alla soluzione dei tre «diversi» tipi di equazione

$$x^3 + mx = n \qquad x^3 = mx + n \qquad x^3 + n = mx$$

con i coefficienti m e n sempre positivi[5]. Non parliamo dunque delle *radici* di numeri negativi!

[5] Si ricordi, a proposito di numeri negativi e paradossi, che ancora nel secolo XVII John Wallis (1616-1703) si chiedeva come potesse una quantità essere meno che niente. E dimostrava che i numeri negativi sono maggiori di infinito, perché se a è positivo allora $\frac{a}{0} = \infty$, e quando il denominatore di una frazione diminuisce il quoziente aumenta. Dal canto suo, Antoine Arnauld (1612-1694) vedeva un problema nell'uguaglianza $\frac{1}{-1} = \frac{-1}{1}$, perché il rapporto di una quantità piú grande con una piú piccola non può essere uguale al rapporto di una quantità piú piccola con una piú grande.

Naturalmente, anche la soluzione dell'equazione di secondo grado faceva intervenire radici quadrate di numeri che potevano essere negativi. Ma questo significava semplicemente che non c'erano soluzioni (reali). Nel caso dell'equazione cubica, invece, almeno una soluzione reale esiste sempre. Quindi il problema non poteva essere rimosso facilmente. Ad esempio, l'equazione

$$x^3 - 15x - 4 = 0$$

ha solo radici reali: precisamente, 4 e $-2 \pm \sqrt{3}$. Ma la formula dà come soluzione

$$x = \sqrt[3]{2 + \sqrt{-121}} - \sqrt[3]{-2 + \sqrt{-121}}$$

Cardano menzionò la possibilità di considerare *numeri complessi*, ma la scartò perché essi erano «sottili e inutili». Raffaele Bombelli (1526-1573) fu il primo a vedere tali espressioni come un ponte immaginario fra le equazioni cubiche a coefficienti reali e le loro soluzioni reali. Nell'*Algebra* del 1572 egli notò che elevando al cubo $\pm 2 + \sqrt{-1}$ si otteneva $\pm 2 + \sqrt{-121}$. Quindi l'espressione precedente in realtà equivaleva a

$$x = (2 + \sqrt{-1}) - (-2 + \sqrt{-1}) = 4.$$

Come già nel caso dell'irrazionalità di $\sqrt{2}$, anche la formula per la soluzione dell'equazione cubica portò dunque all'introduzione di un nuovo tipo di numeri. Da un lato, essi si rivelarono fondamentali per lo sviluppo della matematica. Dall'altro lato, però, continuarono a portare nel loro nome di «immaginari» il ricordo dei problemi che avevano generato in origine.

Fermat.

Nel 1629 Pierre de Fermat introdusse un metodo per trovare tangenti e risolvere problemi di massimo e minimo, che nel giro di due secoli si sarebbe poi pienamente sviluppato nel calcolo differenziale. Il metodo si basava sull'uso di quantità evanescenti dette *infinitesimi*, che si supponevano essere non nulle ma piccole a piacere. Cioè maggiori di zero ma minori di $\frac{1}{n}$, per ogni n.

Un esempio dell'uso paradossale che veniva fatto degli infinitesimi è illustrato dal modo in cui Fermat calcolò la derivata di x^2, come rapporto incrementale:

$$\frac{dx^2}{dx} = \frac{(x + dx)^2 - x^2}{dx} = \frac{2xdx + (dx)^2}{dx} = 2x + dx = 2x.$$

Qui dx viene considerato diverso da zero quando lo si semplifica come divisore, ma uguale a zero quando poi lo si elimina alla fine! Questo procedimento sollevò seri dubbi sulla consistenza del calcolo stesso, soprattutto nel periodo di crescita impetuosa in cui l'attività dei matematici si concentrò piú sull'edificio che sui fondamenti.

La critica piú spietata venne dal vescovo George Berkeley (1685-1753), che non si lasciò scappare l'occasione di tirar acqua al suo mulino, e pubblicò nel 1734 un'opera di cui almeno il titolo è un capolavoro: *L'analista, ovvero discorso indirizzato a un matematico infedele, dove si esamina se l'oggetto, i principî e le conclusioni dell'Analisi moderna siano piú chiaramente concepiti, o dedotti in modo piú evidente, dei misteri della religione e degli articoli di fede. «Prima estrai la trave dal tuo occhio, e poi ci vedrai chiaramente per estrarre la pagliuzza dall'occhio del tuo fratello».*

Berkeley parlava degli infinitesimi come di «fantasmi di quantità decedute», e del procedimento sopra descritto come di «un doppio errore che genera forse una verità, ma certo non una scienza». L'ultima osservazione rispondeva alla debole difesa dei matematici, che potevano solo limitarsi a notare che il calcolo dava risultati corretti e utili.

Il secolo XIX vide una rimozione degli infinitesimi da parte di Augustin Louis Cauchy (1789-1857). Nel 1821, nel suo *Corso di analisi algebrica*, egli definí i rapporti incrementali in termini non di infinitesimi, ma di limiti di quantità finite. Nel caso dell'esempio precedente si otteneva cosí

$$\frac{dx^2}{dx} = \lim_{\varepsilon \to 0} \frac{(x+\varepsilon)^2 - x^2}{\varepsilon} = \lim_{\varepsilon \to 0} \frac{2x\varepsilon + \varepsilon^2}{\varepsilon} = \lim_{\varepsilon \to 0}(2x + \varepsilon) = 2x.$$

In tal modo la semplificazione di *dx* viene sostituita con quella di ε, che è effettivamente una quantità diversa da zero. E la eliminazione di *dx* viene sostituita con un limite per ε tendente a zero, senza mai richiedere di considerarlo uguale a zero.

A coloro che potevano pensare che la soluzione di Cauchy spostasse soltanto il problema dagli infinitesimi ai limiti, rispose Karl Weierstrass (1815-1897) a metà del secolo XIX con la sua famosa definizione di limite in termini di ε e δ. La soluzione era però amara per la memoria dei padri fondatori del calcolo, che vedevano rivendicati i propri risultati, ma non i propri metodi.

La riabilitazione dei metodi venne soltanto nel 1965, da parte di Abraham Robinson (1918-1974). Nel suo libro *Analisi non standard* egli mostrò che la logica matematica, in particolare il cosiddetto teorema di compattezza, permette di trovare una classe di numeri *iperreali* che, pur contenendo oltre ai numeri reali soliti anche le loro varianti infinitesime (in modo analogo a quello in cui i numeri reali contengono oltre ai numeri interi anche le loro varianti decimali), ha le stesse proprietà dei numeri reali.

Nell'ambito dei numeri iperreali il calcolo di Fermat della derivata di x^2, cosí come i procedimenti degli analisti stigmatizzati da Berkeley, diventano perfettamente corretti. Ad esempio, dx è effettivamente diverso da zero, e si può quindi dividere per esso. E benché $2x + dx$ e $2x$ siano numeri iperreali diversi, hanno la stessa parte reale (cosí come due numeri decimali possono essere diversi, ma avere la stessa parte intera). Essi sono quindi uguali dal punto di vista dei numeri reali.

Galileo.

Nella già citata Prima Giornata dei *Discorsi e dimostrazioni matematiche*, Galileo affronta un articolato discorso sull'infinito. In particolare, egli enuncia chiaramente il paradosso secondo cui, nell'infinito, il tutto non è necessariamente maggiore della parte. Ad esempio, i quadrati sono tanti quanti i numeri interi, perché basta mettere in corrispondenza ciascun numero n col suo quadrato n^2.

Galileo prese la sua scoperta troppo seriamente, sostenendo ad esempio che essa mostrava che non ha senso dire di due insiemi infiniti che uno è maggiore dell'altro. Ma egli si era comunque imbattuto in una proprietà fondamentale degli insiemi infiniti. Quella di contenere, cioè, una parte propria con lo stesso numero di elementi del tutto.

In seguito, negli anni Ottanta del secolo XIX, Charles Peirce[6] (1839-1914) e Richard Dedekind[7] proposero

[6] C. Peirce, «On the algebra of logic, a contribution to the philosophy of notation», *American Journal of Mathematics*, 7 (1885): 180-202.

[7] R. Dedekind, *Was sind und was sollen die Zahlen?*, 1888.

indipendentemente di considerare tale proprietà come caratteristica degli insiemi infiniti, prendendola come definizione.

Questa definizione è equivalente a quella solita, secondo la quale un insieme è infinito se il numero dei suoi elementi non è finito. Cioè, se esso non ha *n* elementi, per nessun intero *n*. Ma la dimostrazione dell'equivalenza richiede il cosiddetto assioma della scelta, che permette di effettuare scelte arbitrarie.

In mancanza di tale assioma i due concetti sono invece distinti. Possono, cioè, esistere insiemi che non hanno *n* elementi, per nessun *n*, ma non contengono neppure una parte propria con lo stesso numero di elementi del tutto. Essi sono infiniti nel senso solito, ma finiti in quello di Peirce e Dedekind, e appartengono dunque a una specie intermedia.

Torricelli.

Nel 1644 Evangelista Torricelli (1608-1647) pubblicò il suo unico libro, l'*Opera geometrica*. Uno dei risultati in esso contenuti, che fece scalpore fra i suoi contemporanei, fu il calcolo del volume del solido ottenuto ruotando un ramo di iperbole attorno al suo asse (figura 55). Torricelli lo chiamò «solido acuto iperboli-

Figura 55.
Iperboloide di rotazione, detto «Tromba di Gabriele».

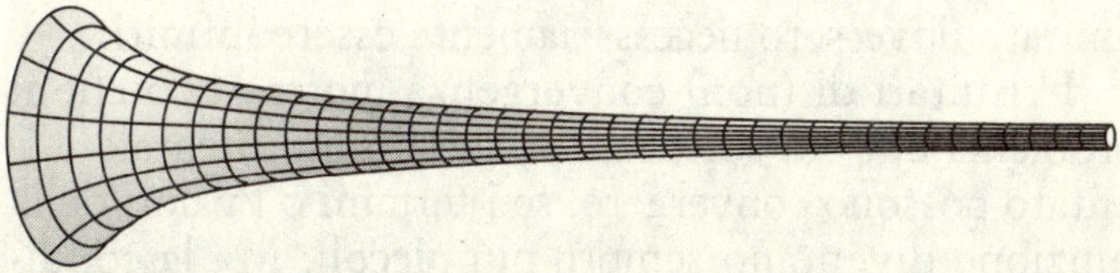

co», ma oggi si usano nomi piú fantasiosi, da «anfora di Zeus» a «tromba di Gabriele».

Il risultato era veramente inaspettato. Il solido ha infatti un volume finito, ma una superficie esterna e una sezione interna infinite. Il che significa, pensandolo come un recipiente, che si può riempire l'interno di vernice, ma non si può pitturare l'esterno! O, pensandolo come una torta, che si può mangiarla intera, ma non a fette!

La dimostrazione di Torricelli, che Cavalieri descrisse come «veramente divina», costituiva un analogo geometrico di risultati aritmetici sulle serie. Piú precisamente, l'infinitezza della sezione dell'iperboloide ha come conseguenza la non convergenza della serie

$$1 + \frac{1}{2} + \frac{1}{3} + \ldots,$$

dimostrata nel 1350 da Nicola Oresme (1323-1382), e riscoperta nel secolo XVII da Pietro Mengoli (1625-1686) e Johann Bernoulli (1667-1748).

La finitezza del volume dell'iperboloide è invece una conseguenza della convergenza della serie

$$1 + \frac{1}{2^2} + \frac{1}{3^2} + \ldots,$$

dimostrata da Jakob Bernoulli (1654-1705) nel *Trattato sulle serie infinite* del 1689. Il sorprendente valore della somma di questa serie è $\frac{\pi^2}{6}$, e fu calcolato da Leonhard Euler (1707-1783) nel 1734.

La paradossalità di questi risultati, in realtà, derivava soltanto da una visione ingenua dell'infinito. Dall'idea, cioè, che una serie infinita o un integrale illimitato dovessero necessariamente essere infiniti.

I risultati di (non) convergenza mostrarono che il problema era piú sottile. Una serie o un integrale illimitato possono convergere, se i termini o i valori della funzione diventano sempre piú piccoli. Ma la condizione è soltanto necessaria, e non sufficiente. E buona parte dello sviluppo successivo dell'analisi consistette appunto nel cercare di determinare condizioni sempre piú restrittive e precise per la convergenza.

Grandi.

Grazie all'approccio di Newton al calcolo infinitesimale, che consisteva nell'espandere funzioni in serie, e poi differenziarle o integrarle termine a termine, la nozione di somma infinita cessò poco a poco di essere considerata paradossale, e gradualmente si accettò l'idea che potesse corrisponderle un valore finito.

Non senza discussioni, però. Le piú accese delle quali furono generate dalla serie alternata

$$1 - 1 + 1 - 1 + \dots$$

Ridisponendo le parentesi, essa provoca infatti l'indisponente paradosso

$$0 = (1-1) + (1-1) + \dots = 1 + (-1 + 1) + (-1 + 1) + \dots = 1.$$

Guido Grandi (1671-1742) accettò di buon grado il risultato e sostenne, nel *Quadratura circuli et hyperbolae* (1703), che questa era una spiegazione del modo in cui Dio aveva creato il mondo dal nulla (l'affermazione avrebbe dovuto suonare blasfema, visto che riduceva la creazione a un fatto parentetico). Il buon Guido andò comunque oltre, e dalla formula per la somma delle progressioni geometriche

$$\frac{1}{1-x} = 1 + x + x^2 + x^3 + \dots$$

dedusse, ponendo $x = -1$, che

$$\frac{1}{2} = 1 - 1 + 1 - 1 + \dots$$

Leibniz sostenne che questo era effettivamente il vero valore della serie, sulla base del fatto che le somme parziali alternano 1 e 0, e il valore piú probabile è dunque la loro media aritmetica. Un ragionamento che, giustamente, egli ammise essere piú metafisico che matematico. Aggiungendo, però, che la matematica era comunque piú metafisica di quanto si ammettesse.

Euler concordò sul fatto che 1/2 fosse il vero valore della serie, con la diversa motivazione che il ragionamento di Grandi riduceva la serie infinita a una formula finita, e che questo era il modo corretto di dar senso alle serie infinite. Egli si lasciò però prendere la mano dall'entusiasmo e notò che, ponendo $x = 2$ nella formula precedente, si ottiene l'ancora piú eccitante

$$-1 = 1 + 2 + 4 + 8 + \dots$$

in cui infiniti numeri positivi hanno una somma negativa.

Jean Charles Callet (1744-1799) mostrò che l'idea di Euler, di ridurre le serie infinite a formule finite, era ambigua. Una stessa serie poteva infatti corrispondere a piú formule differenti, come mostrava

$$\frac{1}{1 + x + x^2} = 1 - x + x^3 - x^4 + x^6 - \dots,$$

da cui si poteva dedurre il valore 1/3 per la solita serie alternata.

Questi argomenti, oggi incredibili, sono naturalmente da valutare in prospettiva. I paradossi da essi generati permisero di arrivare in seguito alla definizione precisa di *somma di una serie*, come limite delle somme parziali, e alla realizzazione che le ambiguità precedenti derivano appunto dal voler assegnare una somma definita a serie divergenti.

Piú in generale, i termini delle serie non assolutamente convergenti, di cui quella di Grandi è un esempio, possono essere ridisposti in modo da ottenere come somma qualunque valore arbitrario. Questa è una versione *aritmetica* del paradosso *geometrico* di Banach e Tarski, sul quale torneremo in seguito, e nel quale la misurabilità prende il ruolo della convergenza assoluta.

La parola «fine» alla storia della serie alternata fu posta nel 1828 da Niels Henrik Abel (1802-1829). Tornando alla teologia, da cui Grandi era partito, egli dichiarò che le serie divergenti erano in realtà un'invenzione del diavolo e come tali andavano quindi trattate.

Leibniz e Johann Bernoulli.

Discutendo di problemi legati all'integrazione di funzioni razionali, nel 1712 Leibniz e Johann Bernoulli diedero vita a una disputa epistolare sul significato del logaritmo di numeri negativi, in particolare del logaritmo di -1.

Bernoulli dimostrò che esso doveva essere reale, e in particolare uguale a zero. Infatti, un numero x e il suo opposto $-x$ hanno lo stesso quadrato. Dunque, essi hanno lo stesso (doppio) logaritmo. Il logaritmo di -1 è allora uguale al logaritmo di 1, che è appunto zero.

Leibniz dimostrò invece che il logaritmo di -1 non può essere un numero reale. Altrimenti, poiché il quadrato del numero immaginario i è uguale a -1, anche il logaritmo di i dovrebbe essere reale. Ma allora lo sarebbe anche il numero i, che si ottiene elevando la base (reale) al logaritmo (reale).

A trovare l'inaspettata soluzione della contraddizione fu Euler[8], nel 1749. Dalla sua famosa formula $e^{i\pi} = -1$

[8] L. Euler, «De la controverse entre Messrs Leibniz et Bernoulli sur les logarithmes négatifs et imaginaires», *Histoire de l'Académie Royale de Berlin*, 5 (1749): 139-179.

si ha che il logaritmo naturale di -1 è $i\pi$, quindi immaginario. Ma poiché in generale $e^{i(\pi+2\pi n)} = -1$, tutti i numeri $i(\pi+2\pi n)$ sono valori del logaritmo di -1. In altre parole, *il logaritmo è una funzione a piú valori!* Piú precisamente, a infiniti valori complessi.

Jakob Bernoulli.

Si dice che a San Pietroburgo esistesse, al tempo degli zar, un casinò che permetteva di giocare qualunque gioco d'azzardo, in cambio di un prezzo. Ad esempio, il casinò era disposto a pagare 2^n rubli se, quando il giocatore tirava una moneta, usciva testa per la prima volta all'n-esimo tiro[9]. Quanto avrebbe dovuto essere disposto a pagare un giocatore per poter partecipare al gioco?

Da un lato, la probabilità che esca testa all'n-esimo tiro è $\frac{1}{2^n}$, perché a ogni tiro la probabilità è $\frac{1}{2}$, e le probabilità si moltiplicano. Una misura di quanto il giocatore può guadagnare in tal caso è data dal prodotto di quanto guadagnerebbe per la probabilità di guadagnarlo, cioè

$$2^n \cdot \frac{1}{2^n} = 1.$$

Una misura di quanto il giocatore può guadagnare nell'intero gioco si ottiene sommando quanto egli può guadagnare in ciascuna possibilità. Poiché ci sono infinite possibilità, cioè una per ciascun n, si ottiene in tal caso

$$2 \cdot \frac{1}{2} + 2^2 \cdot \frac{1}{2^2} + 2^3 \cdot \frac{1}{2^3} + \ldots = 1 + 1 + 1 + \ldots = \infty.$$

[9] Il gioco è stato riproposto negli stessi termini da Tom Stoppard, dapprima nella pièce teatrale *Rosencrantz e Guilderstern sono morti*, del 1966, e poi nell'omonimo film, del 1990. Esso viene in mente a uno dei protagonisti, dopo che è uscita croce per 99 volte di seguito.

Il giocatore dovrebbe dunque essere disposto a pagare tutto quello che ha, pur di poter partecipare al gioco.

Dall'altro lato, supponiamo che il giocatore abbia un capitale di X rubli, e consideriamo l'unico a tale che $2^{a-1} \leq X < 2^a$. Il giocatore può vincere una somma maggiore di X all'n-esimo tiro solo se $X < 2^n$, cioè se $n \geq a$, e la probabilità che questo avvenga è $\frac{1}{2^n}$. La probabilità che egli vinca una somma maggiore di X è dunque

$$\frac{1}{2^a} + \frac{1}{2^{a+1}} + \frac{1}{2^{a+2}} + \ldots = \frac{1}{2^a}\left[1 + \frac{1}{2} + \frac{1}{2^2} + \ldots\right] = \frac{1}{2^a} \cdot 2 < \frac{2}{X}$$

In altre parole, piú si gioca e meno ci si può aspettare di guadagnare.

La soluzione del problema proposta da Jakob Bernoulli nell'*Ars conjectandi*, pubblicata postuma nel 1713, fu di assegnare al denaro una misura decrescente di *utilità*, sulla base del principio secondo cui il valore del denaro non è assoluto, ma dipende da quanto se ne ha. Una stessa somma vale infatti di piú per chi ha poco, e di meno per chi ha tanto[10].

Ad esempio, assegnando una funzione di utilità logaritmica (in base 2) si ha che l'utilità di una somma di 2^n rubli è solo n, e quindi il giocatore può aspettarsi di guadagnare soltanto

$$1 \cdot \frac{1}{2} + 2 \cdot \frac{1}{2^2} + 3 \cdot \frac{1}{2^3} + \ldots = 2.$$

Poiché 2 è l'utilità che si assegna alla somma di $4 = 2^2$ rubli, il giocatore non dovrebbe essere disposto a pagare piú di 4 rubli per poter partecipare al gioco.

Il paradosso di San Pietroburgo, come esso viene

[10] In altre parole, costa di piú accontentare un ricco che molti poveri. Questa è un'ottima giustificazione per distribuire la ricchezza in basso, invece che in alto: con la stessa cifra, si accontenta piú gente.

chiamato, ha dunque stimolato l'introduzione della nozione di utilità, che è divenuta comune nell'economia. Il problema è, naturalmente, che la particolare misura proposta da Bernoulli ha il solo scopo tecnico di rendere convergente la serie considerata. La ricerca si è quindi concentrata sul piú difficile problema di definire una misura di utilità che sia adeguata.

Una metamorfosi del paradosso di San Pietroburgo è il cosiddetto *paradosso di Olbers*, scoperto nel 1610 da Johannes Kepler (1571-1648) e popolarizzato nel 1823 da Heinrich Olbers (1758-1840). Supponiamo che l'universo, euclideo e infinito, contenga una distribuzione uniforme di stelle identiche. Le stelle disposte su uno strato sferico di raggio r attorno alla terra sono in numero proporzionale alla superficie dello strato, cioè a r^2. Ma la loro luminosità decresce in modo proporzionale a r^2, e quindi ogni strato contribuisce una quantità fissa non nulla alla luminosità totale del cielo. Questo dovrebbe dunque apparire infinitamente luminoso la notte, e invece appare buio!

La soluzione del paradosso di Olbers data dalla teoria dell'espansione dell'universo[11] è simile a quella di Bernoulli. La luminosità apparente è inversamente proporzionale al quadrato della distanza per le stelle fisse. Ma è inferiore per le stelle che si allontanano da noi, con un fattore correttivo che permette alla serie in questione di convergere.

Kant.

Nel 1781 Immanuel Kant (1724-1804) pubblicò la *Critica della ragion pura*, la cui tesi principale era che le

[11] La soluzione originale di Olbers, oggi scartata, imputava l'effetto alla polvere interstellare. Altre soluzioni invocano la finitezza del numero di stelle o dell'età dell'universo. Ad esempio, se il Big Bang è avvenuto n anni fa, possiamo vedere soltanto le stelle che non distano piú di n anni luce da noi.

pretese di completezza della ragione sfociano necessariamente nell'inconsistenza.

In particolare, il quarto degli argomenti kantiani a sostegno di questa tesi passava attraverso l'antinomia della causa prima, definita dall'affermazione «io sono la mia causa». Da un lato, senza una causa prima la catena delle cause sarebbe infinita. Dall'altro lato, la nozione di causalità richiede che la causa e l'effetto siano distinti, e «causa prima» è dunque un ossimoro.

Le due parti dell'antinomia kantiana si fondano, rispettivamente, su concezioni dell'infinito e dell'autoreferenzialità che gli sviluppi della matematica hanno mostrato essere inadeguate. Ma sia l'assunto che il principio di dimostrazione di Kant sono stati annessi dalla moderna logica matematica.

Anzitutto, l'affermazione che la completezza implica l'inconsistenza equivale, per contrapposizione, all'enunciato del teorema di Gödel: *la consistenza implica l'incompletezza*. E la dimostrazione di Gödel si basa, in modo analogo a quella di Kant, sulla costruzione di una affermazione autoreferenziale del tipo «io non sono dimostrabile», la dimostrabilità della quale è autocontradditoria in sistemi che dimostrino soltanto affermazioni vere.

Inoltre, nel 1942 Haskell Curry[12] (1900-1982) ha costruito una forma logicamente corretta dell'antinomia della causa prima, intesa come una formula A che equivale a $A \to B$, per qualche formula falsa B.

Da una parte, di una tale formula si può dimostrare che è vera. Essendo essa equivalente a $A \to B$, basterà dimostrare che B segue da A. Assumiamo dunque A, per ipotesi. Da essa discende $A \to B$, visto che le due sono equivalenti. E da entrambe discende B, per *modus ponens*.

[12] H. Curry, «The inconsistency of certain formal logics», *Journal of Symbolic Logic*, 7 (1942): 115-117.

Dall'altra parte, A non può essere vera. Altrimenti lo sarebbero anche $A \rightarrow B$, ad essa equivalente, e B, che segue da entrambe. Ma B è falsa per ipotesi.

L'argomento di Curry mostra che *la logica è incompatibile con l'assunzione di una causa prima*. Piú precisamente, consideriamo un sistema come il Lambda Calcolo, discusso piú oltre, in cui ogni operatore ammette un punto fisso. Allora una formula A equivalente a $A \rightarrow B$ esiste per ogni B, in particolare per qualche B falsa. Il sistema è dunque incompatibile con la logica. Anzi, lo è già con le poche proprietà dell'implicazione usate nell'argomento di Curry.

Fourier.

Benché i Greci conoscessero, ovviamente, alcune curve specifiche, quali le sezioni coniche e le spirali, essi non ebbero mai la necessità di considerare la nozione di funzione in modo sistematico. Questa necessità sorse invece con la nascita della scienza moderna. Lo studio del moto richiedeva infatti di considerare una vasta classe di curve, comprendente in modo naturale la parabola, l'ellisse e la cicloide, rispettivamente come traiettorie di un proiettile, di un pianeta e di un punto su una ruota che scorre.

Per un lungo periodo l'unico modo permesso di definire funzioni fu attraverso *formule*, anche se la classe di queste si arricchí costantemente con lo sviluppo della matematica. Nel secolo XVII Cartesio richiedeva di limitarsi a equazioni algebriche, cioè a polinomi di grado arbitrario in x e y. Nel secolo XVIII Euler, motivato dallo studio della corda vibrante, permise la considerazione di espressioni analitiche comprendenti funzioni trigonometriche, esponenziali e logaritmiche, che egli vedeva come versioni infinitarie di funzioni algebriche, attraverso espansioni in serie di potenze. Nel secolo XIX Joseph Fourier (1768-1830), motivato a sua volta dallo studio della propagazione del calore, incluse infine anche le serie trigonometriche.

Fu in una memorabile sessione dell'Accademia delle Scienze, tenuta il 21 dicembre 1807 a Parigi, che Fourier propose una tesi che fece scalpore: *ogni funzione periodica si può esprimere come una somma infinita di seni e coseni*. Gli accademici manifestarono apertamente il loro scetticismo, perché seni e coseni sono funzioni altamente regolari (cioè, infinitamente differenziabili), mentre le funzioni periodiche possono essere altamente irregolari (ad esempio, discontinue o non differenziabili).

Il lavoro di Fourier venne rifiutato dal comitato dell'Accademia, che includeva matematici del calibro di Giuseppe Lagrange (1736-1813), Pierre Simon de Laplace (1749-1827) e Adrien Legendre (1752-1833). Fourier lo ripresentò, in versione riveduta e corretta, nel 1811. Questa volta esso fu giudicato dallo stesso comitato degno di un premio, ma non ancora di pubblicazione, per mancanza di rigore. Il lavoro fu stampato soltanto nel 1824, quando ormai Fourier era diventato segretario dell'Accademia.

Col tempo la tesi apparentemente paradossale di Fourier fu confermata per classi di funzioni via via piú ampie, e una buona parte della matematica moderna (gli integrali di Riemann e di Lebesgue, la teoria degli insiemi di Cantor, gli spazi di Hilbert, l'analisi armonica generalizzata di Wiener, la teoria delle distribuzioni di Schwartz) è nata o si è sviluppata attorno a problemi connessi con la rappresentazione delle funzioni in serie di Fourier.

La teoria di Fourier ricevette anche un'inaspettata conferma in acustica. Da un lato, l'analisi matematica di un suono in termini di funzioni trigonometriche risultò corrispondere perfettamente all'analisi musicale in termini di armoniche. Dall'altro lato, l'orecchio risultò essere un vero e proprio analizzatore di Fourier, in grado di effettuare automaticamente la decomposizione dei suoni e di percepirne separatamente le varie armoniche.

Non meno sorprendenti risultarono le applicazioni allo studio del mondo fisico. La decomposizione di funzioni discrete in serie di funzioni trigonometriche costituisce infatti un analogo matematico della decomposizione della realtà macroscopica in termini di particelle elementari, il cui comportamento viene appunto descritto mediante funzioni d'onda che soddisfano l'equazione di Schrödinger.

Dirichlet.

Fu proprio nel tentativo di dimostrare la tesi fondamentale di Fourier, che cioè ogni funzione (periodica) si potesse rappresentare in un intervallo mediante una serie trigonometrica, che Peter Dirichlet (1805-1859) trovò nel 1829 un famoso esempio di funzione non rappresentabile:

$$f(x) = \begin{cases} 1 & \text{se } x \text{ è razionale} \\ 0 & \text{altrimenti.} \end{cases}$$

Questa funzione totalmente discontinua era paradossale, appunto perché non definita mediante formule di nessun genere. Nel 1837 Dirichlet[13] fece di necessità virtú e propose la definizione moderna di *funzione*, come corrispondenza che assegna a ciascun x uno e un solo valore della y, indipendentemente dal modo in cui questa corrispondenza viene definita.

Il passaggio dalle funzioni definibili a quelle arbitrarie è, in un certo senso, analogo al passaggio dai numeri reali algebrici a quelli arbitrari. In entrambi i casi

[13] P. Dirichlet, «Über die Darstellung ganz willkürlicher Functionen durch Sinus-und Cosinusreihen», *Repertorium der Physik*, 1 (1837): 152-174.

si provoca un incremento esponenziale del numero di elementi, la maggior parte dei quali sarà comunque inaccessibile alle descrizioni, proprio a causa della limitatezza numerica di queste.

In pratica, però, le funzioni e i numeri di uso comune tendono a essere definibili in qualche modo esplicito. E la stessa funzione di Dirichlet non fa eccezione! René Baire (1874-1932) e Giuseppe Peano (1858-1932) dimostrarono infatti che essa è rappresentabile analiticamente come

$$f(x) = \lim_{m\to\infty} \lim_{n\to\infty} (\cos m!\pi x)^n.$$

Se infatti $x = \frac{a}{b}$ è razionale, e m è sufficientemente grande, allora b si semplifica con $m!$ e $m!\pi x$ risulta essere un multiplo pari di π, il cui coseno è 1. Se invece x è irrazionale, il coseno di $m!\pi x$ è minore di 1, e le sue potenze tendono a zero.

Ancora Dirichlet.

La teoria dei numeri è la Regina della Matematica, diceva Carl Gauss (1777-1855), che a sua volta veniva chiamato il Principe dei Matematici. Se il Re della Matematica è il metodo di generalizzazione, la famiglia reale non poteva che concepire una generalizzazione della teoria dei numeri a opera di Gauss stesso.

Infatti, nella seconda decade del secolo XIX il Principe introdusse gli interi complessi del tipo $m + ni$, con m e n interi positivi o negativi. E provò che gli interi complessi soddisfano proprietà analoghe a quelle degli interi soliti, compreso il teorema di decomposizione unica in fattori primi.

Naturalmente, le nozioni della teoria degli interi complessi devono essere appropriatamente generalizzate. Ad esempio, le unità sono ora, oltre a 1 e -1, anche i e $-i$. E i numeri primi sono quelli che non si possono decomporre in prodotti i cui fattori siano diversi da loro stessi e dalle unità. In particolare, molti numeri che sono primi come interi soliti, cessano di esserlo come interi complessi. Ad esempio,

$$2 = 1 + 1 = (1+i)(1-i).$$

Le idee di Gauss furono riprese da Ernst Kummer (1810-1893). Egli estese la teoria dai numeri del tipo $m + ni$ a quelli del tipo $m + n\alpha$, con α algebrico: soluzione, cioè, di polinomi a coefficienti interi. E nel 1843 usò la decomposizione unica in fattori primi di tali numeri, e di alcune loro estensioni, per dimostrare l'ultimo teorema di Fermat.

Purtroppo per Kummer, Dirichlet notò che la fattorizzazione non era sempre unica. Ad esempio, nel caso di $\alpha = \sqrt{-5}$,

$$6 = 2 \cdot 3 = (1 + \sqrt{-5})(1 - \sqrt{-5}),$$

e tutti e quattro i fattori sono primi. L'osservazione era tanto inaspettata da apparire paradossale. Lo prova il fatto che anche altri, fra cui Cauchy, erano in precedenza cascati nello stesso errore di Kummer.

Questi intravide però una scappatoia. Nel caso precedente, basta considerare come primi i numeri

$$\sqrt{2} \qquad \frac{1 + \sqrt{-5}}{\sqrt{2}} \qquad \frac{1 - \sqrt{-5}}{\sqrt{2}}$$

per ottenere

$$6 = \sqrt{2} \cdot \sqrt{2} \cdot \frac{1 + \sqrt{-5}}{\sqrt{2}} \cdot \frac{1 - \sqrt{-5}}{\sqrt{2}},$$

questa volta in maniera unica[14].

[14] Si noti che i precedenti quattro primi diventano ora fattorizzabili: $6 = \sqrt{2} \cdot \sqrt{2}$; $3 = \frac{6}{2} = \frac{1 + \sqrt{-5}}{\sqrt{2}} \cdot \frac{1 - \sqrt{-5}}{\sqrt{2}}$; e $1 \pm \sqrt{-5} = \sqrt{2} \cdot \frac{1 \pm \sqrt{-5}}{\sqrt{2}}$.

L'unico problema è che i tre nuovi primi non sono piú del tipo $m + n\sqrt{-5}$. Kummer, che prima di diventare matematico era stato un teologo, li chiamò quindi *numeri ideali* (rispetto al dominio dato). Usandoli, fu comunque in grado di dimostrare il teorema di Fermat in vari casi particolari, comprendenti tutti gli esponenti fino a 100. Il caso generale rimase invece aperto fino al 1995, quando fu dimostrato da Andrew Wiles.

La teoria di Kummer fu sistematizzata da Dedekind nel 1871, in un'appendice al libro di Dirichlet *Teoria dei Numeri*. In modo analogo a quello con cui aveva definito i reali come insiemi di razionali, questa volta Dedekind definí gli *ideali* di un anello come insiemi di suoi elementi. Invece di parlare di nuovi divisori ideali, come Kummer, egli considerò cioè insiemi di possibili multipli, caratterizzati dal fatto di essere chiusi rispetto a combinazioni lineari[15].

Ad esempio, invece di considerare un intero n, egli considerò l'ideale principale (n) costituito da tutti i suoi multipli. E definí il prodotto di ideali in modo tale che $(n) \cdot (m) = (n \cdot m)$, cosí che l'ideale (n) divide l'ideale $(n \cdot m)$, benché come insieme esso sia piú grande (perché ogni multiplo di $n \cdot m$ è un multiplo di n).

Sostituendo i numeri con ideali e i numeri primi con ideali primi, definiti originariamente appunto come ideali indivisibili, Dedekind poté dimostrare un analogo del teorema fondamentale dell'aritmetica. Sotto certe condizioni generali, ogni ideale di un anello si può infatti decomporre in maniera unica come prodotto di ideali primi.

Le conseguenze sul paradosso di Dirichlet furono duplici. Da un lato, esso veniva risolto mediante un'estensione dagli elementi di un dominio ai suoi ideali. Dall'al-

[15] L'idea è che se un numero ideale divide un elemento, divide anche ogni suo multiplo. E se divide due elementi, divide anche la loro somma.

Figura 56.
Cilindro.

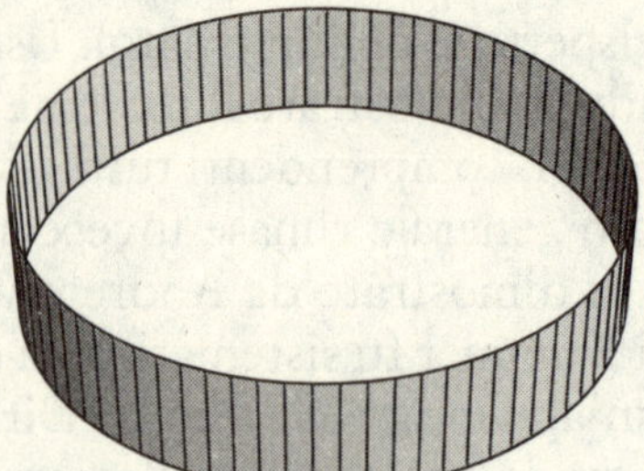

Figura 57.
Toro.

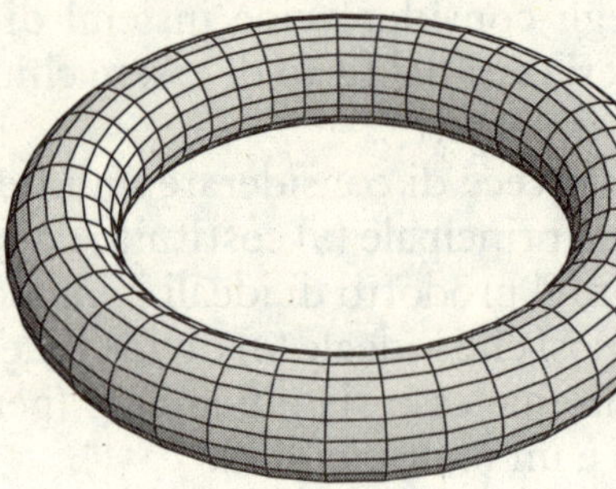

Figura 58.
Striscia di Möbius.

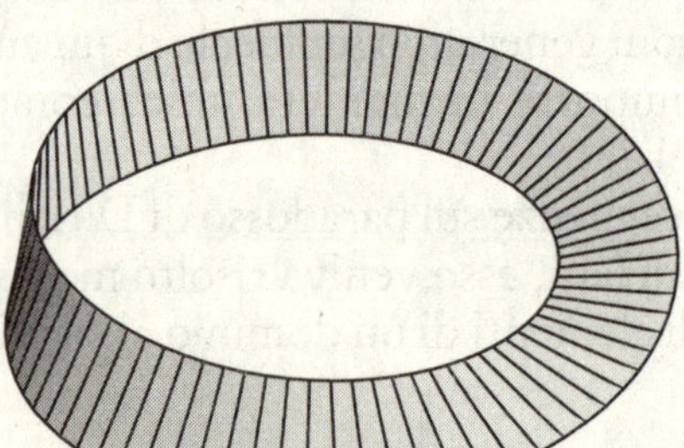

tro lato, era situato in prospettiva dall'osservazione che la decomposizione unica valeva già nel dominio di partenza, se ogni ideale primo è principale. In questo caso l'introduzione degli ideali diventa superflua, e si può evitare.

Möbius.

Se si prende una striscia di carta rettangolare e si congiungono fra loro i due lati lunghi, si ottiene un *cilindro* a due facce, una esterna e una interna, e due bordi costituiti di due cerchi (figura 56).

Se poi si congiungono fra loro gli estremi del cilindro, cioè i lati corti della striscia, ora piegati a formare un cerchio, si ottiene un cosiddetto *toro* a un esterno e un interno, ma senza nessun bordo (figura 57).

Nel 1858 Augustus Möbius (1790-1868) scoprí che, congiungendo fra loro i due lati corti della striscia, dopo averle però fatto fare mezzo giro, si ottiene una superficie paradossale, nota appunto come *striscia di Möbius* (figura 58). Essa ha, sorprendentemente, una sola faccia e un solo bordo, e la si può percorrere interamente senza doverne mai attraversare il bordo.

Inoltre, se si fa scorrere su di essa un cerchio che ruota parallelamente alla superficie in senso orario, alla fine di un percorso completo il cerchio ruoterà in senso antiorario, e sarà necessario un altro percorso completo per farlo ritornare a ruotare in senso orario. O, se si preferisce, dopo un giro un guanto per la mano destra è diventato un guanto per la mano sinistra e viceversa.

Infine, se si taglia la superficie a metà, parallelamente ai lati, se ne ottengono non due dello stesso genere, come nel caso di una striscia rettangolare, ma una sola di lunghezza doppia: che non è piú dello stesso genere, perché ha due facce.

Nel 1882 Felix Klein (1849-1925) immaginò un'altra superficie paradossale, oggi nota come *bottiglia di Klein* (figura 59). Essa è l'analogo del toro, nello stesso modo in cui la striscia di Möbius lo è del cilindro. E ha una sola faccia e nessun bordo. In particolare, non ha esterno né interno.

La bottiglia è difficile da visualizzare, anche perché la sua costruzione non si può fare nello spazio a tre dimensioni. Si dovrebbero, infatti, congiungere fra loro gli estremi di un cilindro, dopo aver però invertito l'orientamento di uno di essi. Nello spazio tridimensionale la cosa si può fare solo penetrando all'interno del cilindro, mentre invece la superficie non deve avere autointersezioni.

Si può, però, usare un metodo di visualizzazione indiretto, programmando il computer in modo tale che quando il cursore arriva a un lato dello schermo, riappaia sul lato opposto. Se la riapparizione avviene sempre nella posizione corrispondente a quella di uscita, lo schermo è equivalente a un toro. Se invece questo avviene su due lati opposti, ma sugli altri due il cursore riappare invece in posizione simmetrica a quella di usci-

Figura 59.
Bottiglia di Klein.

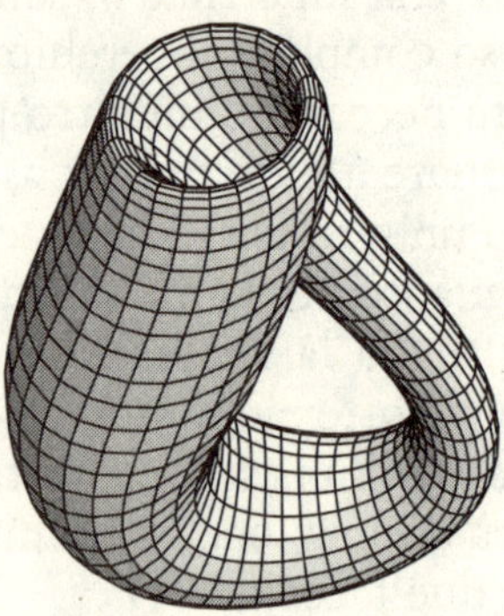

ta (ad esempio, in alto se usciva in basso, e viceversa), lo schermo è equivalente a una bottiglia di Klein.

Lo studio delle proprietà delle superfici paradossali portò allo sviluppo della *topologia* da parte di Möbius stesso[16], e alla caratterizzazione completa delle superfici chiuse. La cosa interessante è che la striscia paradossale di Möbius è risultata essere cruciale per la caratterizzazione, che dice appunto che ci sono soltanto i seguenti tipi di superfici chiuse, oltre alla sfera:

– la sfera con *n* manici aggiunti

– la sfera con *n* cerchi su di essa sostituiti da strisce di Möbius.

Nel primo caso, aggiungere un manico significa sostituire due cerchi sulla sfera mediante un cilindro che li congiunge. Nel secondo caso, sostituire un cerchio con una striscia di Möbius significa far combaciare la circonferenza del primo con l'unico bordo della seconda.

Il toro è un esempio di sfera a un manico. La bottiglia di Klein è un esempio di sfera con due cerchi so-

[16] A. Möbius, «Theorie der elementaren Verwandschaft», *Königlich Sächsischen Gesellschaft der Wissenschaften zu Leipzig*, 15 (1863): 18-57.

Figura 60.
Piano proiettivo.

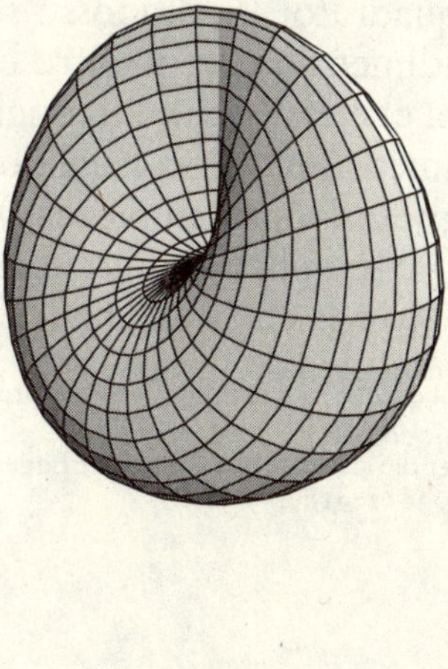

stituiti da due strisce di Möbius. La superficie che si ottiene dalla sfera sostituendo un solo cerchio con una striscia di Möbius si chiama invece *piano proiettivo* (figura 60), e si può rappresentare sullo schermo facendo sí che il cursore riappaia sempre, dal lato opposto dal quale esce, in posizione simmetrica a quella di uscita.

Peano.

Benché la nozione di curva (nel piano) sia fondamentale in matematica, in particolare in geometria e analisi, la sua prima vera definizione sembra essere stata data solo nel 1887, nel *Cours d'analyse* di Camille Jordan.

Precisamente, una curva è l'insieme dei punti le cui coordinate sono immagini di due funzioni reali continue di un parametro in un certo intervallo. Ad esempio,

$$\{(f(t), g(t)): 0 \leq t \leq 1\}.$$

Forte della sua definizione, Jordan poté enunciare il teorema che oggi va sotto il suo nome: una curva chiusa e non autointersecantesi divide il piano in due parti connesse, una interna e una esterna.

Nel 1890 Peano[17] scoprí però che la definizione di Jordan è paradossale, nel senso che una curva può riempire un intero quadrato. Il paradosso sta nel fatto che il quadrato è bidimensionale, mentre è implicito nella nozione di curva che essa debba in qualche modo essere un ente unidimensionale (già Euclide parlava, al proposito, di «lunghezza senza ampiezza»).

Un esempio piú semplice di una curva analoga a quella di Peano fu dato nel 1891 da David Hilbert[18] (1862-

[17] G. Peano, «Sur une curbe, qui remplit toute une aire plane», *Mathematische Annalen*, 36 (1890): 157-160.

[18] D. Hilbert, «Über die stetige Abbildung einer Linie auf ein Flächenstück», *Mathematische Annalen*, 38 (1891): 459-460.

1943). Si divide anzitutto il quadrato in quattro parti, che vengono numerate: esse corrispondono ciascuna a un quarto del segmento di partenza. Si ripete poi il procedimento per ciascun quarto, e si numerano i sedici quadratini cosí ottenuti. Poiché ciascuno corrisponde a un sedicesimo del segmento di partenza, la numerazione dovrà essere consecutiva, nel senso che si può solo passare da un quadratino a uno adiacente a esso. Si ripete poi il processo, all'infinito. Se a ogni passo si congiungono i centri dei vari quadratini con una poligonale, si ottengono approssimazioni di quella che sarà la curva finale (figura 61).

Le curve di Peano e Hilbert, cosí come il risultato di Cantor citato in precedenza, secondo cui un segmento e un quadrato hanno lo stesso numero di punti, reclamano una definizione di *dimensione*. Questa fu data in modo soddisfacente negli anni Venti da Karl Menger[19] (1902-1985) e Paul Urysohn[20] (1898-1924). Precisamente, uno spazio topologico ha dimensione *n*, se *n* è il piú piccolo numero intero tale che esiste una base di aperti la cui frontiera ha dimensione *n*-1.

[19] K. Menger, «Über die Dimensionalität von Punktmengen», *Monatshefte für Mathematik und Physik*, 33 (1923): 148-160.

[20] P. Urysohn, «Mémoire sur les multiplicités Cantoriennes», *Fundamenta Mathematicae*, 7 (1925): 30-137.

Figura 61.
Curva di Peano.

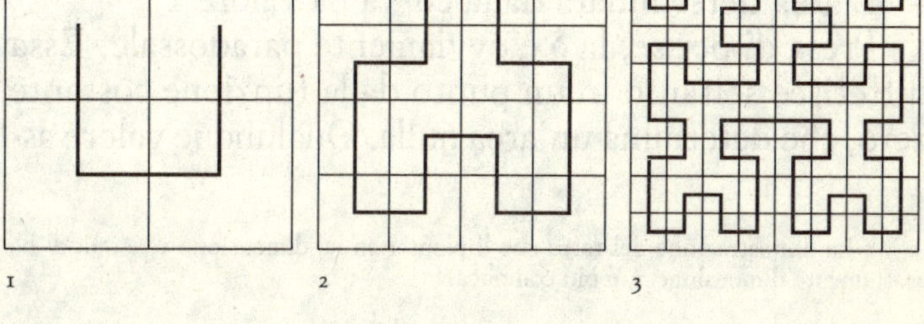

1 2 3

Ad esempio, per dimostrare che il piano (o un quadrato) ha dimensione 2, si può considerare la solita base data dai cerchi aperti, e ci si riduce a dimostrare che le loro frontiere, cioè le circonferenze, hanno dimensione 1.

Per dimostrare che una circonferenza ha dimensione 1, si può considerare la solita base data dai segmenti di circonferenza aperti, e ci si riduce a dimostrare che le loro frontiere, cioè le coppie di punti isolati, hanno dimensione zero.

Per dimostrare che una coppia di punti isolati ha dimensione zero, ci si riduce a dimostrare che la sua frontiera, cioè l'insieme vuoto, ha dimensione −1, e questo si assume per definizione[21].

Una volta definita la dimensione, si può definire una *curva* come un insieme chiuso e connesso di dimensione 1. Il paradosso di Peano diventa allora il teorema che la sua corrispondenza tra il segmento unitario e il quadrato non definisce una curva in questo senso.

Heaviside.

Nel 1893 Oliver Heaviside (1850-1925) introdusse, in *Electromagnetic theory*, una funzione oggi nota come la *delta di Dirac*, che è definita dalle seguenti due proprietà:
- I suoi valori sono sempre zero, eccetto nell'origine, in cui il valore è infinito.
- L'area determinata dalla curva ha valore 1.

Presa di per sé, la δ è ovviamente paradossale. Essa differisce soltanto in un punto dalla funzione costante zero, che determina un'area nulla. Qualunque valore as-

[21] La dimostrazione del fatto che il piano non ha dimensione 1, e quindi ha esattamente dimensione 2, è piú complicata.

segnato in quel punto non dovrebbe, dunque, far cambiare il valore dell'area. Un solo valore, per giunta in(de)finito, produce invece un'area finita.

Funzioni improprie come la δ permettono, però, di esprimere derivate di funzioni discontinue. Ad esempio, la δ stessa può essere considerata la derivata della *funzione H di Heaviside*, che descrive un impulso istantaneo unitario, e vale zero per argomenti minori di zero, e 1 altrimenti.

La giustificazione di tale affermazione si ottiene mediante un procedimento al limite. La δ è approssimata da una funzione che vale zero quasi sempre, eccetto in un intervallo attorno all'origine, in cui il valore è determinato dalla condizione che l'area totale sia appunto 1. La *H* è invece approssimata dalle aree determinate delle approssimazioni della δ, che valgono appunto zero prima dell'intervallo e 1 dopo, ma che nell'intervallo collegano questi due valori in maniera continua (figura 62).

Le nozioni e i procedimenti euristici usati da Heaviside sollevarono un grande scandalo fra i benpensanti ma-

Figura 62.
Approssimazioni delle funzioni *H* e δ.

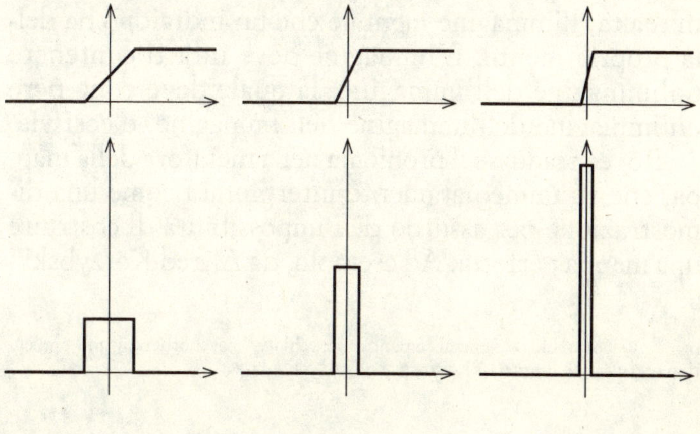

tematici, ed egli fu addirittura espulso dalla *Royal Society of London* per indegnità teorica. Il risultato fu che oggi, come abbiamo preannunciato, la δ viene associata non al suo nome, ma a quello di Paul Dirac (1902-1984), che la usò nel suo classico *I princìpi della meccanica quantistica*.

Anche Dirac ricevette comunque la sua dose di severe critiche. In particolare, da John von Neumann (1903-1957), autore di una formulazione matematica alternativa della meccanica quantistica. Grazie alla reputazione di Dirac, la δ attecchí comunque immediatamente fra i fisici, e in seguito anche fra i matematici.

L'idea di considerare funzioni improprie come possibili derivate di funzioni proprie fu sistematizzata negli anni Quaranta da Laurent Schwartz, mediante la *teoria delle distribuzioni*. In particolare, è stato possibile dimostrare che ogni funzione continua in senso classico ha una distribuzione come derivata. Questo include anche casi patologici come la curva di Koch, della quale parleremo tra poco, che classicamente non ha invece derivata in alcun punto!

Royce.

Abbiamo già parlato del paradosso della mappa, introdotto da Josiah Royce nel 1899. Il suo problema era, in realtà, l'immagine mentale che un individuo ha della propria mente. L'immagine deve infatti contenere un'immagine dell'immagine, la quale deve contenere un'immagine dell'immagine dell'immagine, e cosí via.

Royce tradusse il problema nella metafora della mappa, che fu immediatamente interpretata come una dimostrazione per assurdo dell'impossibilità di costruire una mappa perfetta. Ad esempio, da Alfred Korzybski[22]

[22] A. Korzybski, «General semantics, psychiatry, psychotherapy and prevention», *American Journal of Psychiatry*, 98 (1941): 203-214.

(1879-1950), che coniò anche il noto aforisma: «La mappa non è il territorio, e non rappresenta tutto il territorio».

Dal punto di vista matematico, in realtà, una mappa che rappresenti tutto il territorio non è affatto una contraddizione, bensí una *contrazione*. Piú precisamente, definisce una funzione f (su uno spazio metrico completo) tale che

$$|f(x) - f(y)| \leq c \cdot |x - y|,$$

per qualche costante c maggiore di zero e minore di 1.

Nel 1922 Stefan Banach[23] (1892-1945) ha dimostrato che ogni contrazione ha un unico punto fisso, che viene lasciato invariato. Nel caso della mappa perfetta, questo significa che ci dev'essere un punto del territorio che coincide con la sua immagine sulla mappa. Sarà dunque anche vero che la mappa non è il territorio in generale, ma esiste certamente un punto particolare in cui essa coincide con il territorio.

Russell.

Abbiamo già parlato anche del paradosso che Bertrand Russell (1872-1970) comunicò a Gottlob Frege (1848-1925) nel 1902[24], e che minò la teoria degli insiemi intuitiva che nelle loro intenzioni avrebbe dovuto servire da fondamento per l'intera matematica.

Il ragionamento di Russell divide gli insiemi in due classi, a seconda che essi appartengano o no a se stessi, e considera l'insieme R di tutti gli insiemi che non apparten-

[23] S. Banach, «Sur les operations dans les ensembles abstraits et leurs applications aux equations integrales», *Fundamenta Mathematicae*, 3 (1922): 7-33.

[24] B. Russell, «Letter to Frege», in *From Frege to Gödel*, a cura di J. Van Heijenoort, Harvard University Press, 1967, pp. 124-125.

gono a se stessi. Se R appartenesse a se stesso, dovrebbe essere uno degli insiemi che non appartengono a se stessi. E se esso fosse un insieme che non appartiene a se stesso, dovrebbe appartenenere a R, e dunque a se stesso.

In simboli, R è definito dalla proprietà seguente:

$$x \in R \Leftrightarrow x \notin x.$$

Allora

$$R \in R \Leftrightarrow R \notin R.$$

Il paradosso di Russell, per la sua semplicità e per l'opera di incessante propaganda fattane dal suo stesso autore, divenne il simbolo della crisi dei fondamenti della matematica di inizio secolo. In particolare, stimolò la formulazione del sistema assiomatico per la teoria degli insiemi ancora oggi in voga.

Negli anni Trenta Alonzo Church (1903-1995) tentò un approccio alternativo ai fondamenti della matematica, chiamato Lambda Calcolo, e basato questa volta non sul concetto di insieme, ma su quello di funzione. I concetti basilari della teoria di Church erano analoghi a quelli della teoria di Cantor e Frege, secondo il seguente schema:

- una funzione corrisponde a un insieme;
- un argomento di una funzione corrisponde a un elemento di un insieme;
- l'applicazione di una funzione a un argomento corrisponde all'appartenenza di un elemento a un insieme;
- la definizione di una funzione mediante una descrizione dei valori corrisponde alla definizione di un insieme mediante una descrizione degli elementi, cioè mediante una proprietà.

Se ci fosse un operatore n corrispondente alla negazione, si potrebbe quindi riprodurre l'argomento di Russell nel modo seguente. Definiamo r come la funzione

$$r(x) = n(x(x)).$$

Allora

$$r(r) = n(r(r)).$$

In questo caso, però, l'argomento di Russell cessa di essere contradditorio, e diventa semplicemente la dimostrazione del fatto che nella teoria di Church tutte le funzioni *n* hanno un punto fisso.

Questo fatto può essere interpretato negativamente, come l'impossibilità di inglobare la logica nel Lambda Calcolo. Risulta infatti già impossibile trovare un analogo della negazione, che è ovviamente un operatore senza punti fissi: la negazione del vero è falsa, e la negazione del falso è vera.

Ma è piú interessante interpretare il fatto positivamente, come la possibilità di salvaguardare le idee fondamentali della teoria intuitiva degli insiemi, semplicemente traducendole in una teoria delle funzioni che non pretenda di inglobare la logica. In tal modo il Lambda Calcolo diventa il fondamento, benché non dell'intera matematica, almeno della teoria delle funzioni astratte, e come tale della moderna informatica. E il paradosso di Russell, nella forma del teorema del punto fisso, ne diventa uno dei punti di forza essenziali.

Richard.

Nel 1905 Jules Richard[25] (1862-1913) riformulò in forma paradossale l'argomento diagonale che Cantor[26] aveva usato nel 1874 per dimostrare che l'insieme dei

[25] J. Richard, «Les principes des mathématiques et le problème des ensembles», *Revue générale des sciences pures et appliquées*, 16 (1905): 541.

[26] G. Cantor, «Über eine Eigenschaft des Inbegriffes aller reellen algebraischen Zahlen», *Journal für die reine und angewandte Mathematik*, 77 (1874): 258-262.

numeri reali non ha lo stesso numero di elementi dell'insieme dei numeri interi.

Richard considerò le possibili definizioni finite dei numeri reali fra zero e 1, le enumerò mediante i numeri interi *n*. Indicò poi con r_n il numero definito dall'*n*-esima definizione. E definí un nuovo numero reale *r*, prendendo come sua *n*-esima cifra decimale una cifra diversa dall'*n*-esima cifra decimale del numero r_n.

Da un lato, *r* è diverso da ogni r_n, perché i loro sviluppi decimali differiscono all'*n*-esima cifra. Dall'altro lato, *r* dovrebbe essere uguale a qualche r_n, perché la sua definizione è finita.

Lo stesso Richard propose immediatamente una soluzione del suo paradosso, sostenendo che la definizione di *r* è solo apparentemente finita. Essa coinvolge in realtà tutte le possibili definizioni finite, ed è dunque sostanzialmente infinita.

Nel 1906 Peano[27] sentenziò, nel suo colorito linguaggio: «Exemplo de Richard non pertine ad mathematica, sed ad linguistica». In sostanza, la nozione di «definizione finita» era per Peano soltanto una vuota espressione linguistica e non un preciso concetto matematico. Egli proponeva, drasticamente, di dividere i paradossi in logico-matematici da una parte e linguistico-psicologici dall'altra, e di disinteressarsi di questi ultimi.

Benché la proposta di Peano trovasse i favori di molti, essa era in realtà affrettata. Il paradosso di Richard, infatti, «pertine ad mathematica» eccome! Il primo ad accorgersene fu Gödel. Nell'introduzione al suo famoso articolo del 1931, egli notò esplicitamente che l'analogia dei suoi argomenti con quelli di Richard (e del mentitore) «saltava agli occhi».

L'uso piú esplicito e convincente del paradosso di

[27] G. Peano, «Additione» a «Super theorema de Cantor-Bernstein», *Revista de mathematica*, 8 (1906): 143-157.

Richard fu fatto nel 1936 da Alan Turing[28] (1912-1954). In termini moderni, egli considerò questa volta non piú le possibili definizioni finite nel linguaggio naturale, ma i possibili programmi (a un solo argomento numerico) di un linguaggio di programmazione universale fissato. Li enumerò mediante i numeri interi n. Indicò con p_n l'n-esimo programma. E definí il programma p che sull'argomento n calcola il valore del programma p_n sullo stesso argomento, e poi restituisce un output diverso da quel valore.

Questa volta il programma p è certamente uno dei programmi p_n, perché il linguaggio di programmazione è universale. E l'argomento di Richard diventa la dimostrazione che p non può avere un valore per l'argomento n. In altre parole, per difendersi dal paradosso di Richard la programmazione deve abbandonare le funzioni sempre definite, di uso corrente nella matematica, e introdurre *funzioni parziali*, che possono anche essere indefinite sui loro argomenti.

Koch.

Le definizioni di dimensione e di curva date da Menger e Urysohn, pur soddisfacenti sotto molti aspetti, non escludono comunque curve paradossali in un senso piú debole di quello di Peano, come mostrò nel 1906 Helge von Koch[29] (1870-1924).

Basta considerare un triangolo equilatero, e dividere ciascun lato in tre parti uguali. Poi si considera il terzo centrale di ciascuno come la base di un nuovo trian-

[28] A. Turing, «On computable numbers with an application to the Entscheidungsproblem», *Proceedings of the London Mathematical Society*, 42 (1936): 230-265.

[29] H. von Koch, «Une méthode géométrique élémentaire pour l'étude de certaines questions de la théorie des courbes planes», *Acta Mathematica*, 30 (1906): 145-176.

golo equilatero e si ripete il processo all'infinito (figura 63). Il risultato finale è una figura a forma di fiocco di neve, che ha un'area finita ma un bordo infinito. Infatti, a ogni passo la lunghezza del bordo si moltiplica per $\frac{4}{3}$.

Il paradosso, questa volta, sta nel fatto che è implicito nella nozione di curva chiusa che essa debba avere una lunghezza finita. Piú precisamente, se si attribuisce dimensione 1 a un insieme di punti limitato quando esso ha una lunghezza finita non nulla, e dimensione 2 quando esso ha area finita non nulla, la curva di Koch sembra definire un insieme con dimensione maggiore di 1 ma minore di 2. Il che sembra contraddire la nozione stessa di dimensione.

A causa della simmetrica ripetitività del procedimento che lo definisce, il bordo della figura di Koch ha la proprietà di essere autosimile. Se si trasformano due qualunque dei segmenti delle varie approssimazioni, per esempio un lato del triangolo di partenza e un lato dei triangolini ottenuti al primo passo, si ottiene sempre la stessa curva al limite, soltanto in scala diversa. In particolare, è infinita non soltanto la curva stessa, ma anche ogni sua porzione fra due suoi punti qualunque.

Poiché curve come la precedente non si possono misurare nel modo solito, avendo appunto lunghezza infi-

Figura 63.
Curva di Koch.

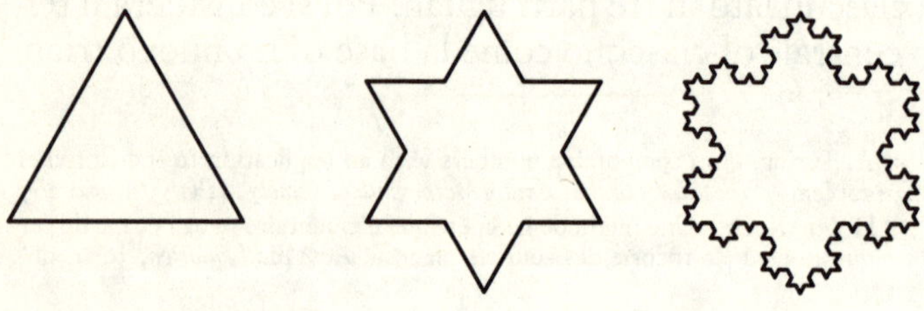

nita, nel 1918 Felix Haussdorff[30] (1868-1942) propose di misurarne almeno il grado di autosomiglianza, estendendo la nozione di dimensione nel modo seguente.

Un segmento è una figura autosimile unidimensionale, che si può ottenere ponendo insieme due parti di grandezza un mezzo. Analogamente, un quadrato è una figura autosimile bidimensionale, che si può ottenere ponendo insieme quattro parti di grandezza un mezzo. E un cubo è una figura autosimile tridimensionale, che si può ottenere ponendo insieme otto parti di grandezza un mezzo (figura 64).

In generale, si può allora dire che una figura autosimile di dimensione d è ciò che si può ottenere ponendo insieme n^d parti di grandezza $\frac{1}{n}$. La curva di Koch si ottiene ponendo insieme 4 parti di grandezza $\frac{1}{3}$, poiché si divide un segmento in 3 parti e si sostituisce quella centrale con due uguali. Questo significa che la sua dimensione d è tale che $4 = 3^d$, cioè

$$d = \frac{\log 4}{\log 3} \approx 1{,}26.$$

In modo analogo al paradosso pitagorico dell'irrazionalità di $\sqrt{2}$, che venne risolto introducendo un nuo-

[30] F. Haussdorff, «Dimension und äußeres Maß», *Mathematischen Annalen*, 79 (1918): 157-179.

Figura 64.
Il segmento, il quadrato e il cubo come figure autosimili.

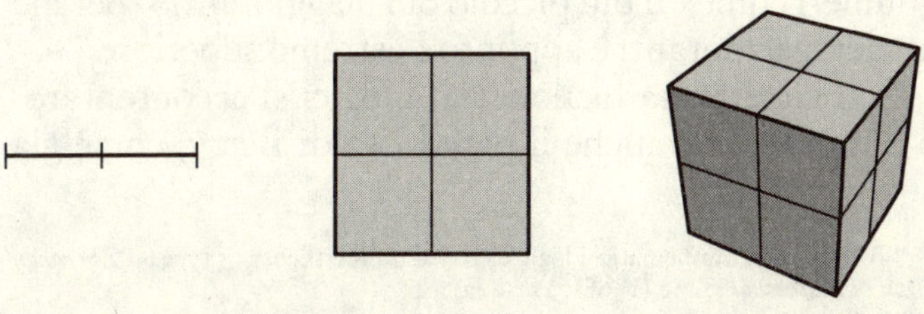

vo tipo di numero, cioè appunto gli irrazionali, il paradosso di Koch venne risolto introducendo un nuovo tipo di curve, dette *frattali*. Si tratta appunto delle curve la cui dimensione di Haussdorff è maggiore di 1, e ce ne sono a bizzeffe. Ad esempio, per ogni reale d tale che $1 < d < 2$, c'è una curva frattale con dimensione di Haussdorff uguale a d.

Per inciso, in fisica esistono almeno due analoghi dell'apparente paradosso matematico di una dimensione frazionaria. Precisamente, la carica frazionaria dei *quark* e lo *spin* frazionario dei fermioni.

Berry.

Nel 1908 Bertrand Russell[31] pubblicò il seguente paradosso, che gli era stato riferito dal bibliotecario G. G. Berry. Se definiamo un numero come «il piú piccolo intero non definibile in meno di trenta sillabe», lo abbiamo appunto appena definito in meno di trenta sillabe.

Russell rimosse il paradosso con facilità, o faciloneria. La definizione precedente coinvolge infatti la totalità delle definizioni, che contiene in particolare quella appena data. In termini tecnici, la definizione è *impredicativa*. Se si decide di fare a meno di definizioni impredicative, o di considerarle insensate, il paradosso svanisce.

Sfortunatamente, con esso svanisce però anche una buona parte della matematica. Ad esempio, non sarebbe piú possibile definire l'estremo superiore di un insieme di numeri come «il piú piccolo dei maggioranti», perché uno dei maggioranti è appunto l'estremo superiore.

Con altrettanta faciloneria, i logici si accontentarono di notare che anche il paradosso di Berry, come già

[31] B. Russell, «Mathematical logic as based on the theory of types», *American Journal of Mathematics*, 30 (1908): 222-262.

quello di Richard, non «pertine ad mathematica». Essi se ne disinteressarono dunque fino al 1974, quando Gregory Chaitin[32] ne recuperò le idee in termini puramente formali.

Chaitin partí dalla seguente riformulazione del paradosso. Se definiamo un numero come «il piú piccolo intero non definibile in meno di *n* caratteri», abbiamo dato una definizione che usa $c + |n|$ caratteri, dove *c* è una costante (piú precisamente 59, contando anche gli spazi) e $|n|$ è la lunghezza della rappresentazione decimale di *n*. La definizione è paradossale per ogni *n* tale che $c + |n| \leq n$, cioè quasi sempre.

Chaitin proseguí definendo la *complessità* di un numero come la posizione del primo programma che ne stampa la rappresentazione decimale, in un ordinamento di tutti i programmi scritti in un linguaggio di programmazione universale[33], intendendo sia il linguaggio che l'ordine arbitrari ma fissati. Un numero la cui complessità non sia minore del numero stesso, si chiama *casuale*.

Il ragionamento del paradosso di Berry diventa ora la dimostrazione del teorema che ci sono infiniti numeri casuali. Dato un numero *n*, si considerino infatti i numeri stampati dai primi $n + 1$ programmi, cioè quelli nelle posizioni da zero a *n* comprese. Se *x* è diverso da tali numeri, la sua complessità deve essere almeno $n + 1$. Se inoltre *x* è il minimo di tale numeri, esso è minore o uguale di $n + 1$, perché abbiamo considerato $n + 1$ programmi, che nel caso peggiore stampano esattamente tutti i numeri da zero fino a *n*. Allora tale *x* è minore o uguale di $n + 1$, ma la sua complessità è maggiore o

[32] G. Chaitin, «Information-theoretic limitations of formal systems», *Journal of the Association for Computing Machinery*, 21 (1974): 403-424.

[33] L'ordine dei programmi può essere stabilito in modo da riflettere una qualunque misura di complessità, ad esempio la lunghezza. La terminologia astrae dal caso specifico, e definisce la complessità in base all'ordine.

uguale di $n + 1$. Dunque, x è casuale. Poiché abbiamo dimostrato che c'è un numero casuale di complessità almeno $n + 1$, per qualunque n, ci devono essere infiniti numeri casuali.

Skolem.

Nel 1923 Thoralf Skolem[34] (1887-1963) provò che ogni teoria matematica usuale che sia consistente ammette un modello numerabile, cioè con tanti elementi quanti sono i numeri interi.

Il risultato segue sostanzialmente da due osservazioni. Da un lato, ciò di cui una teoria può parlare deve essere espresso nel suo linguaggio. Dall'altro lato, i linguaggi usuali, basati cioè su un numero finito di simboli, dispongono soltanto di una quantità numerabile di nomi.

Il risultato vale, in particolare, anche per la teoria degli insiemi. Se essa è consistente, esiste dunque un suo modello numerabile. Ma questa conclusione, come notò esplicitamente lo stesso Skolem, è paradossale. La teoria dimostra, infatti, l'esistenza di insiemi non numerabili, che dovrebbero far parte del modello numerabile.

La spiegazione formale del paradosso non è difficile. Dire che un insieme è non numerabile, significa dire che non esiste un modo per metterlo in corrispondenza biunivoca coi numeri interi. E dire che un insieme è non numerabile in un modello, significa dire che non esiste *nel modello* un modo per metterlo in corrispondenza biunivoca coi numeri interi del modello.

È dunque possibile che un insieme sia, allo stesso tempo, numerabile in assoluto, perché contenuto in un modello numerabile, ma non numerabile relativamente al

[34] T. Skolem, «Einige Bemerkungen zur axiomatischen Begründung der Mengenlehre», *Matematikerkongressen i Helsingfors den 4–7 Juli 1922*, 1923, pp. 217-232.

modello stesso. In altre parole, che esistano corrispondenze biunivoche coi numeri interi, ma che nessuna di queste corrispondenze stia nel modello. Il paradosso scompare, dunque, e lascia il posto a una sottigliezza.

Le conseguenze filosofiche della sottigliezza sono però inattese. Anzitutto, la teoria degli insiemi di Cantor, che a prima vista sembrava introdurre nella matematica una metafisica cornucopia di infiniti, in realtà non richiede altro che una sola nozione di infinito (numerabile).

Inoltre, i risultati di esistenza di infiniti sempre maggiori, sono in realtà risultati di inesistenza di corrispondenze biunivoche. Essi mostrano, cioè, non tanto la ricchezza dell'universo matematico, quanto piuttosto l'intrinseca limitatezza della nostra possibilità di conoscerlo.

Banach e Tarski.

Uno dei principî piú discussi della formalizzazione della teoria degli insiemi è il cosiddetto *assioma della scelta*. Data una collezione arbitraria di insiemi, esso permette di scegliere in un sol colpo un elemento da ciascun insieme non vuoto della collezione.

L'assioma è risultato essere equivalente a un numero enorme di altre proposizioni, tra le quali:

a) il teorema di Zermelo in teoria degli insiemi (ogni insieme può essere ordinato in modo tale che ogni sottoinsieme dell'ordinamento abbia un primo elemento);

b) il lemma di Zorn in algebra (ogni insieme parzialmente ordinato in cui ogni catena è limitata, ha un elemento massimale);

c) il teorema di Tychonoff in topologia (ogni prodotto di spazi compatti è compatto).

Sfortunatamente, dall'assioma di scelta non derivano soltanto risultati positivi. Ad esempio, esso permise a Giuseppe Vitali (1875-1932) di dimostrare, nel 1905, l'esistenza di superfici e solidi non misurabili: che non hanno, cioè, un'area o un volume ben definito. Si scoprí poi che con questi insiemi non misurabili si possono fare cose che non è possibile fare con quelli misurabili. Al punto che, a causa dell'abitudine a trattare con insiemi misurabili, gli insiemi non misurabili possono apparire paradossali.

Ad esempio, nel 1914 Haussdorff[35] dimostrò che, data una sfera, è possibile suddividere la sua superficie in un numero finito di pezzi che possono essere ricomposti in modo tale da costituire *due* sfere, ciascuna con la stessa superficie di quella iniziale. E nel 1924 Stefan Banach e Alfred Tarski[36] (1902-1983) dimostrarono un risultato analogo per i volumi.

Naturalmente, il taglio della sfera non si può fare nel modo solito. I procedimenti di Haussdorff e di Banach e Tarski usano appunto l'assioma della scelta per isolare punti in ordine sparso, senza che questi debbano (o possano) essere connessi fra loro. In termini piú precisi, i pezzi non sono misurabili.

Ma anche cosí specificato, il risultato rimane poco intuitivo, tanto che esso viene spesso descritto come una versione matematica dell'evangelico miracolo della moltiplicazione dei pani e dei pesci. Anche se, in realtà, non è molto piú sorprendente del fatto che un insieme infinito si possa dividere in due insiemi aventi lo stesso numero di elementi di quello di partenza. O i termini di una serie non assolutamente convergente si possano ridisporre in modo da ottenere come somma qualunque valore arbitrario.

[35] F. Haussdorff, *Grundzüge der Mengenlehre*, 1914.

[36] S. Banach e A. Tarski, «Sur la décomposition des ensembles de points en parties respectivement congruentes», *Fundamenta Mathematicae*, 6 (1924): 244-277.

Non molto piú sorprendente, abbiamo detto, ma un po' di piú sí. Negli esempi precedenti, infatti, gli elementi dell'insieme o i termini della serie vengono scelti e risistemati. Nei paradossi di Haussdorff e di Banach e Tarski, invece, i punti della superficie o del volume rimangono nella stessa posizione in cui erano. In altre parole, i vari pezzi vengono usati nell'identica maniera in cui sono stati tagliati.

Per evitare le spiacevoli conseguenze, piú o meno paradossali, dell'assioma di scelta, in anni recenti una parte degli insiemisti ha concentrato l'attenzione su assiomi alternativi. Fra questi il piú interessante sembra essere l'*assioma di determinatezza*[37], che asserisce l'esistenza di strategie vincenti per una vasta classe di giochi matematici. Oltre a offrire una ricca e coerente immagine del continuo, questo assioma permette anche di dimostrare che ogni insieme è misurabile, e dunque di risolvere drasticamente il paradosso di Banach e Tarski.

Vivano i paradossi!

Secondo Thomas Kuhn, la storia della scienza è simile a quella politica. A periodi di «scienza istituzionale, o normale», in cui si lavora all'interno di paradigmi stabiliti e accettati, seguono periodi di «rivoluzione scientifica», provocati da crisi dei paradigmi stessi, dai quali emergono nuovi paradigmi e nuovi periodi di stabilità temporanea.

Gli esempi che abbiamo visto in questo capitolo mostrano che, benché diversa dalla scienza in altri aspetti, la matematica non ne differisce comunque in questo. Anzi, spesso le crisi dei paradigmi e le scintille per le ri-

[37] J. Mycielski e H. Steinhaus, «A mathematical axiom contradicting the axiom of choice», *Bulletin of the Polish Academy of Science*, 10 (1962): 1-3.

voluzioni matematiche sono appunto stimolate e innescate dai paradossi. Al loro apparire essi provocano tragedie personali e collettive. Ma col passare del tempo, magari dopo millenni, i paradossi finiscono per essere integrati nel corpo della matematica, occupandone non di rado un posto d'onore.

Questa conclusione ci sembra paradigmatica del ruolo dei paradossi in generale, non soltanto nella matematica. Possiamo dunque considerarla come un viatico appropriato per la nostra storia.

Bibliografia

Sui paradossi in generale:

R. Aragona (a cura di), *Enigmatica*, Edizioni Scientifiche Italiane, 1996.
S. Bartezzaghi, *Lezioni di enigmistica*, Einaudi, 2001.
A. De Morgan, *A budget of paradoxes*, 1872.
R. Genovese (a cura di), *Figure del paradosso*, Liguori, 1992.
N. Falletta, *Paradossi*, Longanesi, 1993.
G. Lolli, *Il riso di Talete*, Bollati Boringhieri, 1998.
W. Poundstone, *Labyrinths of reason*, Doubleday, 1988.
M. Sainsbury, *Paradoxes*, Cambridge University Press, 1995.
R. Smullyan, *Qual è il titolo di questo libro?*, Zanichelli, 1981.

Sulla percezione:

A. Frova, *Luce, colore, visione*, Rizzoli, 2000.
R. Gregory, *Occhio e cervello*, Cortina, 1998.
M. Luckiesh, *Visual illusions*, Dover, 1965.
R. Pierantoni, *L'occhio e l'idea*, Bollati Boringhieri, 1981.
J. Pierce, *La scienza del suono*, Zanichelli, 1988.

Sull'arte:

J. Baltrušaitis, *Anamorfosi*, Adelphi, 1978.
S. Del-Prete, *Illusorisms*, Bentelli, 1981.
S. Del-Prete, *Illusoria*, Bentelli, 1989.
B. Ernst, *Lo specchio magico di M. C. Escher*, Taschen, 1978.
B. Ernst, *The eye beguiled*, Taschen, 1986.
B. Ernst, *Avventura con figure impossibili*, Taschen, 1990.
E. Gombrich, *Arte e illusione*, Einaudi, 1965.
M. Kemp, *La scienza dell'arte*, Giunti, 1994.
L. Maffei e A. Fiorentini, *Arte e cervello*, Zanichelli, 1995.

Sulle religioni orientali:

L. Arena, *Storia del Buddhismo Ch'an*, Mondadori, 1992.

S. Heine e D. Wright (a cura di), *The koan*, Oxford University Press, 2000.

Mumon, *La porta senza porta*, Adelphi, 1987.

R. Smullyan, *The Tao is silent*, Harper Collins, 1977.

D. Suzuki, *Saggi sul Buddhismo Zen*, Volume II, Edizioni Mediterranee, 1977.

A. Watts, *La via dello Zen*, Feltrinelli, 1960.

Sulle filosofie orientali:

J. Koller, *Oriental philosophies*, Charles Scribner's Sons, 1985.

S. Radhakrishnan, *La filosofia indiana*, Einaudi, 1974.

B. A. Scharfstein (a cura di), *Philosophy East, Philosophy West*, Oxford University Press, 1978.

A. Schweitzer, *I grandi pensatori dell'India*, Ubaldini, 1983.

H. Zimmer, *Filosofie e religioni dell'India*, Mondadori, 2001.

Sulla psicologia:

G. Bateson, *Verso un'ecologia della mente*, Adelphi, 1976.

C. G. Jung, *La sincronicità*, Bollati Boringhieri, 1980.

C. G. Jung, *Mysterium Coniunctionis*, Bollati Boringhieri, 1989.

S. Morita, *Morita therapy and the true nature of anxiety-based disorders*, To Do Institute Bookstore, 1998.

M. Selvini Palazzoli, L. Boscolo, G. Cecchin e G. Prata, *Paradosso e controparadosso*, Feltrinelli, 1975.

P. Watzlawick, J. Beavin e D. Jackson, *Pragmatica della comunicazione umana*, Astrolabio, 1971.

G. Weeks e L. L'Abate, *Psicoterapia paradossale*, Astrolabio, 1984.

Sul tempo:

P. Davies, *I misteri del tempo*, Mondadori, 1996.

A. Einstein, *Relatività*, Boringhieri, 1967.

P. Nahin, *Time machines*, Springer Verlag, 1998.

I. Novikov, *Il fiume del tempo*, Longanesi, 2000.

C. Pickover, *Tempo*, Cortina, 1999.

G. Whitrow, *The natural philosophy of time*, Clarendon Press, 1980.

Sulla meccanica quantistica:

J. Bell, *Speakable and unspeakable in Quantum Mechanics*, Cambridge University Press, 1987.

J. Cushing e E. McMullin, *Philosophical consequences of Quantum Theory*, University of Notre Dame Press, 1989.

P. Davies e J. Brown (a cura di), *The ghost in the atom*, Cambridge University Press, 1986.

B. d'Espagnat, *I fondamenti concettuali della Meccanica Quantistica*, Bibliopolis, 1977.

G. C. Ghirardi, *Un'occhiata alle carte di Dio*, Saggiatore, 1997.

R. Gilmore, *Alice nel paese dei quanti*, Cortina, 1996.

J. Wheeler e W. Zurek, *Quantum Theory and measurement*, Princeton University Press, 1983.

Sulla menzogna:

J. Barwise e J. Etchemendy, *The liar*, Oxford University Press, 1987.

M. Bettetini, *Breve storia della bugia*, Cortina, 2001.

A. Crowley, *The book of lies*, 1913.

R. Martin (a cura di), *The paradox of the liar*, Ridgeview, 1978.

R. Martin (a cura di), *Recent essays on truth and the liar paradox*, Oxford University Press, 1984.

F. Rivetti Barbò (a cura di), *L'antinomia del mentitore*, Jaca Book, 1986.

V. Sommer, *Elogio della menzogna*, Bollati Boringhieri, 1999.

A. Tagliapietra, *Filosofia della bugia*, Bruno Mondadori, 2001.

Sulla politica:

K. Arrow, *Equilibrio, incertezza, scelta sociale*, Mulino, 1987.

R. Balducci, C. Candela e A. Scorcu, *Introduzione alla politica economica*, Zanichelli, 2001.

D. Black, *The theory of committees and elections*, Cambridge University Press, 1971.

S. Brams, *Paradoxes in politics*, Free Press, 1976.

M. Dummett, *Voting procedures*, Clarendon Press, 1985.

M. Resnik, *Scelte*, Muzzio, 1990.

A. Sen, *Scelta, benessere, equità*, Mulino, 1986.

A. Taylor, *Mathematics and politics*, Springer Verlag, 1995.

Sulla matematica:

B. Bolzano, *I paradossi dell'infinito*, 1847 (Feltrinelli, 1965).

W. Salmon (a cura di), *Zeno's paradoxes*, Bobbs-Merrill, 1970.

S. Shanker (a cura di), *Il teorema di Gödel*, Muzzio, 1991.

R. Smullyan, *Forever undecided*, Knopf, 1987.

Indice dei nomi

Stampato per conto della Casa editrice Einaudi
presso Mondadori Printing S.p.A., Stabilimento N.S.M., Cles (Trento)

C.L. 17507

Edizione						Anno			
9	10	11	12	13		2008	2009	2010	2011